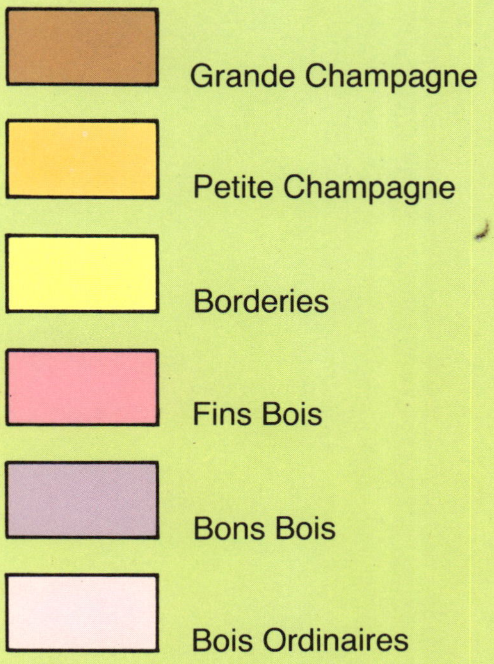

Erläuterung der verschiedenen Lagen auf Seite 57 ff.

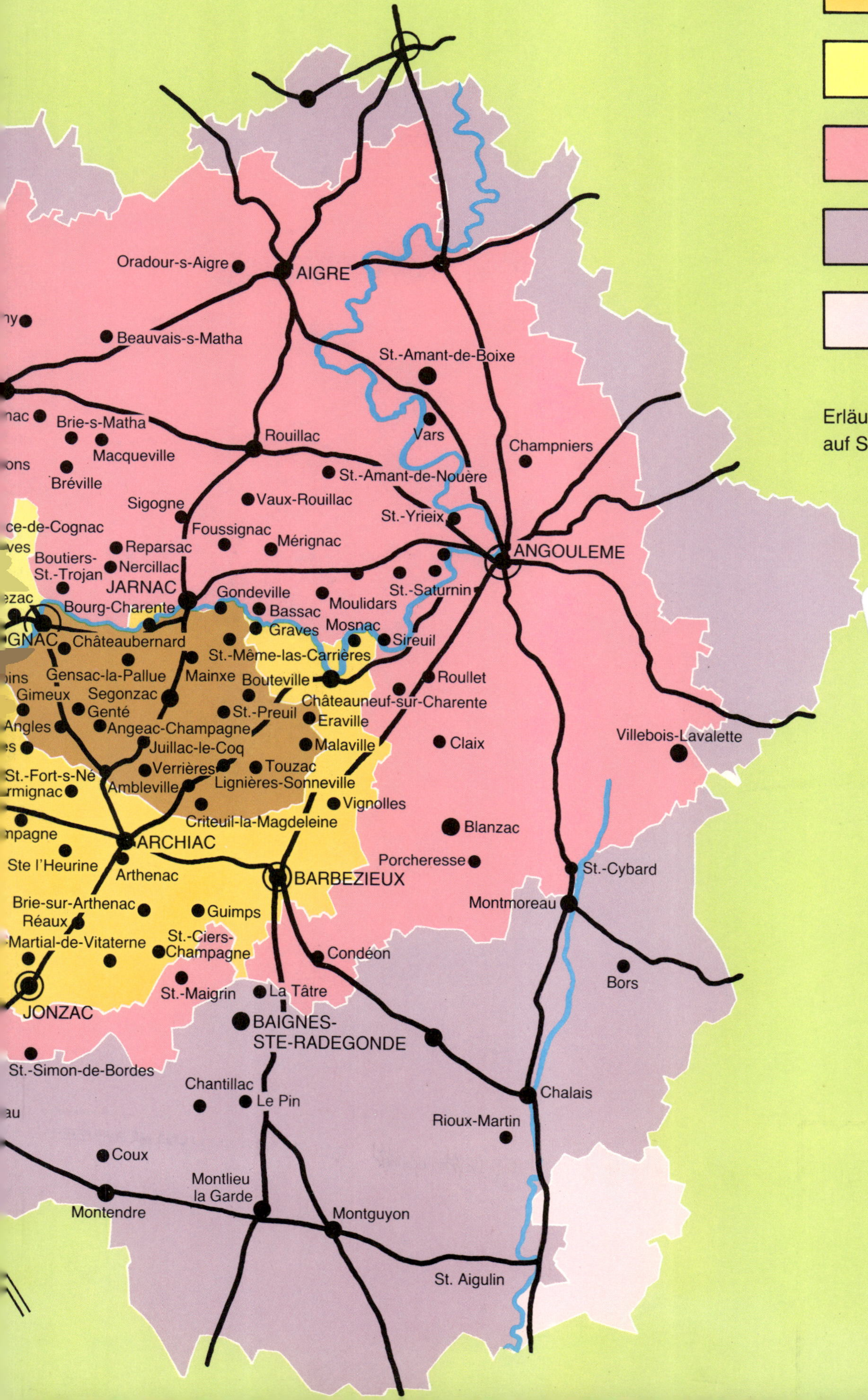

Dieses Buch hätte nicht entstehen können ohne die freundliche Unterstützung des Bureau National Interprofessionnel du Cognac, des Syndicat des Viticulteurs Vendeurs Directs und der vielen liebenswürdigen Menschen in großen und kleinen Unternehmen, die uns geduldig Auskunft gegeben haben.

Gert v. Paczensky

COGNAC

Fotos von Jürgen D. Schmidt
Aquarelle und Zeichnungen von Jean-Pierre Haeberlin

HÄDECKE VERLAG

2. erweiterte Auflage, 1986
ISBN 3-7750-0129-8

Reproduktionen: Meyle + Müller, Pforzheim
Printed in Germany. Gesamtherstellung: SVA, Ludwigsburg

INHALT

Vorstellung:

Jürgen D. Schmidt, Gastronom zu Bremen und Fotograf für dieses Buch, schenkt dem Autor Gert v. Paczensky eine jener Cognacproben ein, mit denen die beiden seit vielen Jahren ihre Zunge schulen. Jean-Pierre Haeberlin, den Besuchern des elsässischen Drei-Sterne-Restaurants «Auberge de l'Ill» als liebenswürdiger Hausherr bekannt, hatte einst Maler und Architekt werden wollen, malt und zeichnet nun nur noch in seiner Freizeit und brachte von der Charente Illustrationen für «Cognac» mit.

Lieferbare politische Bücher von Gert v. Paczensky:

Nofretete will nach Hause (Gert v. Paczensky und Herbert Ganslmayr), Bertelsmann

Weiße Herrschaft (Geschichte des Kolonialismus), Fischer TB 3418

Faustrecht am Jordan? (Geschichte des Nahost-Konflikts), Erdmann/ Thienemanns

...Über Fernsehen, Bucher

Das Ölkomplott (wie wir von Erdöl-Multis ausgenommen wurden), Fischer TB 4325

Fotobände von Jürgen D. Schmidt:

Wenn man es glaubt, ist es noch schöner (Text Ken Kaska), Coppenrath

Wer anderen eine Rede hält (Text Karl-Heinz Wocker), Coppenrath

Über Jean-Pierre Haeberlin und die Auberge de l'Ill:

Paul und Jean-Pierre Haeberlin – Meisterköche aus dem Elsaß, Econ

VORWORT

Eine köstliche Mahlzeit ist zu Ende, leider. Euphorisch, behaglich (hoffentlich), entspannt, vom Wein leicht beschwingt sitzen die Gäste da, in Paaren, in Gruppen, allein; Espresso oder Mokka steht schon auf den Tischen – läßt sich das Vergnügen nicht noch ein bißchen verlängern?
Gewiß. Nun schlägt die Stunde des Digestif. Das Wort ist gräßlich. Vermutlich brauchen wir eine Verdauungshilfe, aber bestellen möchten wir lieber einen Genuß. Nach den Feinheiten der Speisen und der bisherigen Getränke (ich unterstelle, wir sitzen in einem guten Lokal) würde jetzt kein grober Schnaps passen. Das einzige Getränk, das auch den besten Weinen ebenbürtig sein kann zu dieser Stunde: das ist der Cognac.
Ich höre schon, die Damen hätten lieber Likör. Einige Herren auch. Es bestätigt, auf welchen Irrweg eine falsche kulinarische Tradition viele Menschen gebracht hat. Zukker könnte man ja im Kaffee haben; Obst und noch mehr Süßes bot schon das Dessert. Diejenigen, die meinen, jenes sanfte, aber die Blutbahn erregende Vergnügen, das sie nun so gern hätten, nur im Likör zu finden, der in Wirklichkeit eher plump wirken wird, haben nie den richtigen Cognac kennengelernt Es gibt einen, für jede und jeden.
Jetzt ist ein milder, zarter aber nuancenreicher am Platze, mit ei-

nem außerordentlichen Bukett, der die bisherigen Genüsse des Gaumens, aber auch der Nase und des Auges, logisch weiterführt, gar noch steigern kann. Ein Cognac, der all Ihren Geschmackssinnen klarmacht, was einige Jahrzehnte ehrwürdigen Eichenlagers und eichengefilterter Charenteluft in ihm an Liebenswürdigkeit geweckt haben – daß er Ihnen nicht den Magen brennt wie ein Rachenkratzer oder auch ein Magenbitter, heißt ja nicht, daß nicht auch er Ihrer Verdauung helfen wird.

Aber ach – dieser da und jener und der andere und so viele andere, die Ihnen beweisen könnten, daß ich nicht übertreibe, gibt es sie denn überhaupt in unserem Lokal? Ich fürchte nach langer mißlicher Erfahrung: nein, oder kaum. Hunderte von Produzenten, tausende von Cognacs... und unsere Restaurants, die meisten, bieten uns eine lächerliche Wahl, zwei, drei oder vier, meist nicht der Stufe, die allein jetzt in Betracht käme, und dann noch von Lokal zu Lokal immer dieselben... Solange sich das nicht ändert, bleibt in unserer kulinarischen Kultur ein weißer Fleck.
Gottlob gibt es leuchtende Ausnahmen, überall, auch bei uns. Als Beispiel, wie es sein könnte, was möglich ist, zeigen wir das Cognac-Angebot einiger bemerkenswerter Restaurants.*) Den Interessierten zum Staunen, den Gastronomen als Mahnung. Sie werden ja sehen, was Sie davon schon kennen. Nachdem so viele deutsche Restaurants in den vergangenen zehn Jahren bewiesen haben, daß ihre Kochkunst keinen internationalen Gütevergleich mehr zu scheuen braucht, wobei sie ja zunächst den Erwartungen ihrer Gäste regelrecht vorauseilten, ist es nun wohl auch Zeit, den letzten weißen Fleck verschwinden zu lassen.
Dazu soll dieses Buch einen Beitrag leisten.

*) Seite 92 ff.

rue Cormereau in Cognac, mitten im Viertel der Cognac-Riesen

I. COGNAC ZUM KENNENLERNEN

Erste Begegnung

Das ist Cognac:

Zunächst einmal eine Stadt, der man den Reichtum, den ihr berühmtestes Produkt ihr gebracht hat, mitnichten anmerkt. Sie ist klein, laut, teilweise häßlich, wenn auch mit hübscher und entlang der Charente sehr schöner Umgebung, geradezu betont unauffällig. Die Häuser wirken mit wenigen Ausnahmen nicht gerade einladend, viele Hausmauern und Dächer sind schwarz. Wer in der Stadt reich ist, was hübsch oder gar schön ist, bleibt hinter großen Mauern verborgen. Der Fluß und einige Parks lockern das Gesamtbild kaum auf. Dafür gibt es einige alte, pittoreske Straßen. Über den Mangel an ordentlichen, komfortablen Hotels täuschen rote Hotel-Hinweisschilder hinweg, einige bis vor kurzem so niedrig auf Bürgersteigen angebracht, daß unaufmerksame Passanten sich an ihnen den Schädel beschädigen konnten. Der von Lokalen umgebene Hauptflanierplatz war bis vor kurzem Nadelöhr für Schlangen donnernder und stinkender überschwerer Lastkraftwagen. Viele von diesen transportieren natürlich jenen Weinbrand, dem die Stadt ihren Namen gegeben und der ihr Umland berühmt gemacht hat, so weltberühmt, daß in abgelegenen Winkeln fremder Kontinente der Name Cognac auch da noch gekannt wird, wo man längst nicht mehr weiß, was Paris ist.

Diesen Ruhm hätte das Getränk Cognac nicht erreicht, wenn nicht Einigkeit über seine hohe Qualität bestünde. Es unterscheidet sich von allen anderen Weinbränden durch die genau kontrollierten Vorbedingungen und Eigentümlichkeiten seiner Herstellung in ebenso besonderen Klima- und Bodenverhältnisen.

Cognac entsteht in einem genau umrissenen, gesetzlich definierten Anbaugebiet. Es liegt im Südwesten Frankreichs und umfaßt die beiden Departements Charente und Charente Maritime, reicht also an den Atlantik; die beliebten Ferieninseln Oléron und Ré gehören dazu, außerdem zwei kleine, an das Charentegebiet grenzende Stücke der Departements Deux Sèvres und Dordogne. Die größten Städte der Cognac-Region sind La Rochelle und Royan im Westen, Angoulême im Osten, doch für den Freund dieses Getränks weit wichtiger sind die wesentlich kleineren Orte Cognac, Jarnac, Segonzac, Barbezieux, Jonzac, Matha und Aigre nebst einigen kaum weniger berühmten Dörfern. Die leicht hügelige, schöne, gemächliche Landschaft erfreut sich eines günstigen Klimas ohne Extreme, mehr maritim als kontinental, aber doch anders, im Inneren geschützter, eine Übergangszone, mit überdurchschnittlichem Regenfall, aber in vielen kleinen Mengen. Im Durchschnitt bringen 130 bis 150 Regentage im Jahr etwa achthundert Millimeter Niederschlag. Die Temperatur beträgt im Jahresmittel 13,5 Grad Celsius; im Winter liegt der Temperaturdurchschnitt bei 6,5 und im Sommer bei 21,5 Grad. Heiße Jahre ergeben meist keinen so guten Cognac wie mäßigere.

In diesem Gebiet, der sogenannten «région délimitée», muß der Wein gewachsen sein, aus dem Cognac destilliert werden darf. An Wein ist kein Mangel – hier war noch vor etwas mehr als einem Jahrhundert eine der größten Qualitätsweinzonen der Welt, mit etwa dreihunderttausend Hektar. Das heutige größte Anbaugebiet für Qualitätswein, Bordeaux, hat etwa hunderttausend Hektar. Noch heute ist die Charente (vereinfacht nach dem Fluß benannt) das größte Anbaugebiet für Weißwein. Die Erfahrung mit Weinbau reicht hier schon mehr als anderthalb Jahrtausende zurück.

Weit zurück reicht auch das Trauma einer Vergangenheit der Kriege, der Verwüstungen. Weniger aus der gallisch-romanischen Epoche, die im Gegenteil viele eindrucksvolle Spuren hinterlassen hat (besonders sehenswert: Saintes) – das Tal der Charente litt besonders im hundertjährigen Krieg, der für diese Gegend eher hundertunddreißig Jahre dauerte (1327 bis 1453), und dann fast die ganze zweite Hälfte des sechzehnten Jahrhunderts unter den Religionskriegen. In der Schlacht von Jarnac (1569) siegten die Katholiken über die Protestanten, doch ein großer Teil der Bevölkerung wurde bzw. blieb protestantisch, was frühzeitig die Handelskontakte zu Nordeuropa erleichterte.

Als Erbe dieser Vergangenheit gilt der Hang der «Charentais», sich abzukapseln. Anwesen, Gehöfte sehen von außen möglichst belanglos aus, unauffällig, umgeben von Mauern mit einem einzigen Tor, oft eher Portal. Von außen sieht man nicht, welche Großzügigkeit, welcher Wohlstand innen häufig anzutreffen ist, gebracht vom Wein und dann vom Cognac; von den noch früheren Zeiten des blühenden Salzhandels zeugt nun doch nicht mehr so viel. Eindrucksvolle Anwesen liegen allein, weitab vom Nachbarn, die Dörfer sind klein. Hier wohnen die Familien oft in noch winzigeren Häusergrüppchen zusammen, manchmal nur zwei oder drei, winzige Unter-Ortschaften, fast immer mit eigenem Namen. Eine dunkle Fassade, die der Außenwelt zugekehrt ist, schützt innen oft fröhliches und farbiges Leben, doch gelten die Charenteser ihren Landsleuten als eher schwer von Blut und Temperament, jedenfalls als besonders individualistisch und auf sich selbst bezogen.

Abkapselung prägt auch das Bild der meisten Städte, sagen wir lieber Städtchen; in ihren alten Vierteln mit den dunklen Mauern wirken die verschlossenen Fensterläden noch abweisender als anderswo in Frankreich.

Ein Hang zur Verschlossenheit, sogar zur Geheimhaltung prägt auch die Cognac-Wirtschaft; er hat wohl weniger mit dem Erbe der düsteren Vergangenheit zu tun als mit dem traditionellen Hang der Franzosen, der allgegenwärtigen staatlichen Reglementierung und dem Fiskus ein Schnippchen zu schlagen, und inzwischen wohl auch der Konkurrenz. Was für Steueroasen wie Liechtenstein oder die Bahamas Briefkastenfirmen darstellen, sind für den Wirtschaftsraum der Charente, ganz besonders aber die Stadt Cognac, die Postfach-Firmen. Man glaubt kaum, wie viele Cognac-Marken keine eigene Adresse haben, sondern zu ziemlich wenigen großen Häusern gehören. Dort freilich deutet für den Besucher wenig oder nichts auf sie hin; nur die Telefonistinnen wissen automatisch, wohin sie verbinden sollen; fast immer ist es das gleiche Büro.

Der Unzahl von Cognac-Marken entspricht nur ein Bruchteil von Unternehmen. Aber ihrem Produkt entlocken diese eine bemerkenswerte, von keinem vergleichbaren Getränk erreichte Vielfalt von Qualitäten.

Bis ins siebzehnte, achtzehnte Jahrhundert wurde der gebrannte Wein aus Cognac und weiterer Umgebung so hell getrunken, wie er aus der Destillation gekommen war. Da jedoch der Absatz oft stockte, gewöhnten sich die Hersteller daran, eher widerwillig, den Weinbrand in Eichenholzfässern aufzubewahren – und sie entdeckten, wie gut ihm das bekam. So entstand der dunklere Cognac, den wir heute kennen.

Die Zahl der Rebsorten, aus denen der für Cognac bestimmte Weißwein gewonnen wird, ist seit damals auf drei Hauptsorten geschrumpft, die als die wesentlichen gesetzlich verankert sind: Ugni blanc (auch St. Emilion des Charentes genannt), Colombard und Folle blanche. Aus ihnen (auch wenn es nur eine ist) müssen neunzig Prozent des zu brennenden Weines bestehen. An den restlichen zehn Prozent können folgende zugelassene Sorten beteiligt sein: Sémillon, Sauvignon, Meslier-Saint-François/Blanc Ramé, Jurançon blanc, Montils und Sélect. Früher wurden sehr viel Colombard und Folle blanche angebaut. Aber sie werden hier etwas zu schnell reif und sind sehr fäulnisempfindlich. Die vieltragende Ugni blanc beherrscht heute das Feld fast allein.

Der Weißwein der Charente ist sehr trocken (durchschnittlich weniger als ein Gramm Zucker pro Liter), sehr säurereich, aber schwach an Gerbsäure. Sein Alkoholgehalt ist

gering, normalerweise zwischen acht und zehn Prozent. Für Feinschmecker bietet er wenig Reiz, solange er nicht destilliert ist.

Das Produkt dieser Reben unterliegt weiteren strengen Vorschriften. Die Pressung ist vorgeschrieben: der Wein darf nur in gewöhnlicher Pressung grob gekeltert werden, nicht in der sogenannten kontinuierlichen Kelter, mit der man sehr viel mehr Most erzielen würde, die aber auch Traubenkerne zerpressen und Öl und Gerbsäure freimachen würde, auf die man keinen Wert legt. Der Most darf nicht gezuckert werden (was den Alkoholgehalt erhöhen würde). Die Gärung darf nicht durch Schwefeldioxyd gestoppt, sie darf nicht verzögert werden. Der gewonnene Wein muß so, wie er ist, zur Destillation kommen, mit seinem Bodensatz, seiner Feinhefe. Er wird zweimal destilliert.

Cognac muß mindestens vierzig Prozent Alkohol enthalten. Die strenge Reglementierung, der er unterliegt und deren Wesentliches in den folgenden Kapiteln steht, ist

nur zum Teil bürokratisch erdacht worden. Selbstverständlich würde Cognac auch noch mit 39 oder 38 Prozent gut sein – aber dann verlöre er unter der französischen Gesetzgebung das Recht, sich Cognac zu nennen. Die meisten anderen Regelungen haben einfach festgeschrieben, was die Praxis lehrte, die Erfahrung bestätigte. Jahrzehnte, Jahrhunderte des Vergleichs mit unzähligen Konkurrenten und Nachahmungsversuchen bewiesen, daß der Cognac überlegen blieb an Vielfalt des Aromas, an der Breite möglicher Geschmacksfacetten, an der soliden Beständigkeit seiner großen Qualität. Also lag nahe, darin das Ergebnis der Gesamtheit von Traditionen und Regelungen zu sehen, die man bisher befolgt hatte – vom Faßholz über die Reben und das Keltern bis hin zum Destillierverfahren und der Lagermethode.
Günstiges Klima, geeigneter Boden taten, tun noch heute das übrige.

Der Altstadt von Cognac sieht man nicht viel Reichtum an. Seitenansicht des Schlosses Valois (gehört Otard)

Gelegenheit macht Appetit

Wann man Cognac trinkt

Wann immer man Lust hat, natürlich. Zu oft wird das kaum sein; dies Buch ist keine Säufer-Anleitung. Doch in der Tat: Cognac ist ein Getränk für viele Gelegenheiten. Als ich ihn Anfang der fünfziger Jahre in Paris für mich entdeckte, war gerade «Fine à l'eau» in Mode, Cognac mit Wasser, aus der Leitung oder aus der Mineralwasserflasche, mit Eisstücken oder auch nicht – ein Erfrischungsgetränk, ein Apéritif, ein «long drink» für den langen Abend.
Mehrere Cognacfirmen hatten dafür eine besondere Qualität hergestellt, durchweg von der Dreisternesorte (die Güteskala der Cognacs erläutere ich in späteren Abschnitten), meist etwas härter im Geschmack, manchmal stärker im Alkohol. Die sind fast alle wieder verschwunden. Jeder konnte ja die Erfahrung machen, daß ein feinerer Cognac auch mit Wasser feiner schmeckt und daß es sehr auf die Verdünnung ankommt, ein eigens zum Verdünnen hergestellter Cognac also überflüssig ist außer für Firmen, die mit einem Sinn für Spezialitäten glänzen wollen. Die Spezialflasche hat sich in die Firmenmuseen zurückgezogen, von wenigen Ausnahmen abgesehen. Die Mischung selbst bleibt ein erfrischendes, belebendes, sauberes Getränk, dem Whisky mit Wasser durchaus ebenbürtig. Es hat den Vorteil, den Genießer nicht zu jenem Bruch in der Getränkefolge zu bringen, den viele, die vorher zum Essen Wein tranken oder derartiges vor sich haben, mit Kopfschmerzen bezahlen würden, und gegen den die Anti-Misch-Regel «grape to grape, grain to grain» geprägt worden ist: man kann ziemlich gefahrlos verschiedene Getränke auf Weinbasis aufeinander folgen lassen oder auch solche, die aus Getreide gewonnen sind, nicht aber beide Kategorien. Und Cognac ist nun mal – aber das wissen Sie ja – ein Weinbrand.

1811 Roi de Rome – ein Stück Cognac-Geschichte

Wenn schon Cognac mit Wasser, warum nicht auch mit anderen Zusätzen? Der Frage haben sich die Barmixer natürlich schon seit langem angenommen. Es gibt ebenso viele Cognac-Cocktails wie solche aus anderen Spirituosen. Besonders erfrischend erschien mir im Sommer das Rezept des Courvoisier-Barchefs Etienne in Jarnac: ein Teil Cognac, anderthalb Teile frischer Orangensaft, ein halber frischer Grapefruitsaft, Eiswürfel. Bei Hitze eine Köstlichkeit.
Freilich ist auch hier klar, daß bei dieser wie bei jeder anderen Mischung das Bessere als Feind des Guten auftritt. Das gilt natürlich nicht nur für die Qualität der Früchte. Doch ist unverkennbar, daß die Cognacleute selbst, jedenfalls die meisten, die Dreisternecognacs als hauptsächlich für Mischgetränke geeignet betrachten. Sonst – allenfalls gegen die Kälte, auf die Schnelle, gegen Schock, als Medikament oder so würden sie ei-

nen davon pur kippen. Sie würden ihn nicht dann wählen, wenn Cognac seine bei Genießern und in der Gastronomie höchstgeschätzte Güte entfaltet: nach dem Essen, direkt nach dem Kaffee, sei es mittags oder abends. Da gehen sie auf der Qualitätsskala höher.
Im Gegensatz zu den französischen Erfindern des Cognac haben die Deutschen und verwandte Völker mit ihrer Sitte des nachmittäglichen Kaffees (oder Tees) mit Kuchen noch eine ideale Gelegenheit mehr, sich dieser gelungenen Umwandlung des Weines zu freuen. Dafür praktizieren manche asiatische Völker eine Rückkehr zur Cognac-Uridee. Sie trinken ihn, mit Wasser verdünnt, also wie in mehr oder minder starken Wein zurückverwandelt, zum Essen, und zwar viel davon, keineswegs immer mit sehr viel Wasser, ähnlich wie die Türken ihren Raki oder die Griechen den Ouzo. Besonders Chinesen scheint Cognac auf diese Weise besonders zu munden. Ein Exportchef in Cognac sagte mir, wo immer in asiatischen Ländern chinesische Siedlungen seien, verdoppele sich sofort der Cognacumsatz.

Spätherbst an der Charente. Blick aus dem «Chai du Moulin» von Courvoisier in Jarnac

Die Welt gewinnt Geschmack

Wie Cognac wurde, was er ist

Das heutige Cognac-Gebiet betrieb früh regen Handelsverkehr mit Nordeuropa. Es lieferte schon im zehnten Jahrhundert über die Häfen von La Rochelle, Saintes und St. Jean d'Angély Wein und Salz. Im siebzehnten Jahrhundert begann freilich die Kundschaft im Norden und anderswo, den bisher eingeführten Weinen von der Charente die aus dem Gebiet um Bordeaux vorzuziehen. Die von der Charente waren wohl dünner geworden. Wegen ihres geringen Alkoholgehalts vertrugen sie auch den Transport übers Meer nicht so gut. Der Verkauf ließ stark nach. Etwa um diese Zeit begann die Destillation. Weinbrand litt nicht unter dem Seegang, und wegen des geringeren Volumens war er auch billiger zu transportieren – die Ausfuhr nahm wieder zu. Ende des siebzehnten Jahrhunderts war die nördliche Kundschaft für das neue Getränk gewonnen, der Rest der Welt folgte.

Zunächst schien dieser Weinbrand ein geeignetes Mittel zu sein, durch Zusatz von Wasser wieder Wein zu gewinnen. So wurde er auch lange verwendet. Aber schnell entdeckte man, daß er unverdünnt besser schmeckte als die anderen Brände und Schnäpse, die bisher den Markt beherrscht hatten.

Der schnell aufblühende Cognachandel wurde mehrmals zurückgeworfen, Frankreich immer wieder durch Kriege und Zollmauern isoliert. Kurz nach dem deutsch-französischen Krieg von 1870/71 erreichte die Produktion einen Höchststand: 478 000 Hektoliter, ermittelt in reinem Alkohol, was etwa 170 Millionen Flaschen 40prozentigen Cognacs bedeutet. Da zerstörte die aus Amerika eingeschleppte Reblaus innerhalb eines reichlichen Jahrzehnts von Mitte der siebziger bis Ende der achtziger Jahre fast den gesamten Rebenbestand (nicht nur in der Charente). Bei Ausbruch des ersten Weltkrieges war erst etwa ein Sechstel der alten Fläche neu gepflanzt.

Dank gewaltiger Bestände schon destillierten Cognacs konnten damals ziemlich viele Cognac-Häuser überleben. Aber das Gebiet hatte doch lange zu tun, den alten Wohlstand zurückzugewinnen. Die Jahre der Weltwirtschaftskrise brachten neue Rückschläge. Dafür konnte Cognac mit dem Sieg der «Entente» über die «Mittelmächte» auch über deutsche und andere Weinbrände triumphieren, die seinen Namen usurpiert hatten: der deutsche «Kognac» ist seither illegal. Im Versailler Vertrag (Artikel 274 und 275 über den unlauteren Wettbewerb) verpflichtete sich Deutschland, die in den Siegerländern geschützten Lage- und Markenbezeichnungen zu respektieren und vor unlauterem Wettbewerb zu schützen, also vor Imitationen, und das war in erster Linie auf den «Kognac» gemünzt. Immerhin sah der Vertrag gegenseitigen Marken- und Lagenschutz vor. Seither hat Frankreich in der ganzen Welt Rechtsschutz für den Cognac durchgesetzt.

Im zweiten Weltkrieg besetzten die Deutschen auch die «région délimitée». Aus der Tragik des Krieges entstand paradoxerweise für den Cognac abermals Nützliches. Zunächst war er wieder einmal von der ausländischen Kundschaft abgeschnitten. Was, wenn nun auch noch die deutschen Besatzer die Lager als anheiternde Beute leeren, also die Produzenten und Händler hindern würden, das für ihre weitere Existenz erforderliche Minimum zu verdienen? Die Besatzungs-

La Rochelle, alter Wein- und dann Cognac-Exporthafen, beliebtes Ziel vieler Touristen

behörden sahen ein, daß es im Interesse des inzwischen von Vichy aus regierten Landes sein müsse, wenigstens ein Mindestmaß von Aktivität und Absatz zu bewahren und nicht etwa allen Cognac in deutschen Kehlen verschwinden zu lassen. Im Einvernehmen zwischen französischen und deutschen Behörden wurde ein «Bureau de Contact» eingerichtet, aus dem dann ein «Bureau de Répartition» wurde, also formell ein Verteilungsbüro. Auf deutscher Seite zuständig war ein Spezialist: Gustav Klaebisch, dessen Familie einst die Cognac-Firma Meukow (siehe ABC) gehört hatte, bis sie im ersten Weltkrieg als Feindeigentum enteignet worden war; Klaebisch hatte seine Kindheit an der Charente verlebt.

Das Büro muß wohl auch nach Auffassung der Franzosen fair gearbeitet haben: nach Kriegsende konnten die Cognac-Unternehmen beachtliche Bestände aus den Lagern holen und ihren neuerlichen Aufschwung beginnen. An diesem nicht unbeteiligt war dann die Firma, die Gustavs Bruder Otto gehörte und von 1923 bis zum Krieg Importeur für Martell gewesen war, das größte Unternehmen der Branche überhaupt – sie wurde abermals Importeur für den Riesen, nunmehr unter Mitarbeit Gustav Klaebischs, bis Ende 1973.

Ein Mitarbeiter Klaebischs während seiner Zeit in Cognac, Gustav

C.T 480
Cognac

Schneider, konnte viele Jahre das ebenfalls nicht kleine Haus Rémy Martin in der Bundesrepublik vertreten.
Aus dem Verteilungsbüro des Oberstleutnant Klaebisch aber, dessen Nützlichkeit den französischen Partnern eingeleuchtet hatte, wurde nach dem Krieg, unter Beteiligung der Pariser Regierung, das Bureau National Interprofessionel du Cognac. Es bestimmt seither die juristischen, finanziellen und organisatorischen Geschicke des Cognac. Mit dem Wachsen des B.N.I.C. ging übrigens auch die lange Zeit zu Ende, in der allein die beiden größten Unternehmen, also Martell und Hennessy, in enger Zusammenarbeit jährlich die Brennweinpreise festgesetzt hatten. Womit nicht behauptet werden soll, daß sie heute keinen Einfluß auf die Preise mehr hätten.
Noch an anderer Stelle der Charente hat man an deutsche Besatzer neben der üblichen trüben eine bessere Erinnerung: in Matha, dem beachtlichen Cognac-Zentrum im Norden der Region des Fins Bois und Sitz der Firma Brugerolle. Dort brach eines Tages während der Besatzungszeit ein Brand aus, ganz nahe den riesigen Cognacvorräten. Wenn deutsche Pioniere ihn nicht rechtzeitig gelöscht hätten, wäre Matha wohl in einer Katastrophe untergegangen.
Nach Kriegsende setzte für das Nobelgetränk von der Charente eine prächtige Blütezeit ein. In den 25 Jahren von 1947 bis 1972 kletterte der Verkauf in der ganzen Welt auf mehr als das Fünffache: 334 046 Hektoliter, ausgedrückt in reinem Alkohol. Neuer Wein wurde angepflanzt, um nicht hinter der Nachfrage zurückzubleiben. Ernte- und Kellermethoden wurden systematisch verbessert, der Hektarertrag der Winzer stieg von 6,6 hl (reinen Alkohols) in den sechziger Jahren auf etwa 8,2 in den siebziger, zunächst zur hellen Begeisterung der Cognac-Gemeinde – plötzlich merkte man, daß sich die Lager letzthin nicht mehr so zügig leerten.
Fünf Jahre lang blieb der Verkauf hinter der Rekordzahl von 1972 zurück, sank sogar. Ab 1978 ging es wieder ein bißchen aufwärts. 1979, 1980 und 1981 wurden mehr als vierhunderttausend Hektoliter verkauft (immer in reinen Alkohol umgerechnet), am meisten 1979. Da waren es, wenn man auch Faßlieferungen auf Flaschen umrechnet, insgesamt mehr als 131 Millionen Flaschen (nicht gerechnet Cognac für Brennweine, Pineau des Charentes und Cognac-Früchte).
Die Produktion ließ sich freilich nicht so ohne weiteres drosseln. Sie ist hoch geblieben, obwohl ein großer Teil vom Staat aufgekauft und zu gewöhnlichem Alkohol destilliert wird, um den Winzern wenigstens eine Mindestabnahme zu verschaffen. Das Cognac-Geschäft ist schwerer geworden, die unverkauften Vorräte wachsen und wachsen. 1985 wurden (inklusive Faßware) 130,6 Millionen Flaschen verkauft –

Als die Destillerien noch mit Kohlefeuer betrieben wurden, schlief der Brennmeister neben dem Kessel, um jederzeit das Feuer regulieren zu können. Heute sorgt fast überall Gasfeuerung für Gleichmäßigkeit. Dies ist eine der letzten Destillerien nach dem alten Verfahren, die «Domäne des Gatinauds» des Brenners Gaston Rivière, erbaut 1925

für den Zuschnitt der Cognac-Wirtschaft nicht genug; Maßnahmen zu Verringerung der Produktion wirken nur langsam. 1983 waren die Lagerbestände auf das Volumen von einer Milliarde Flaschen gewachsen.
In den Restaurants, Bars, Cafés der Gegend würde der Fremde übrigens kaum auf den Gedanken kommen, daß dort jemand gern den Absatz von Cognac ankurbeln möchte. Die Auswahl verschiedener Sorten ist meist lächerlich klein. Mit ganz wenigen Ausnahmen sieht man hinter den Theken eher Whisky, Apéritifs und Liköre. In Cognac selbst findet man die beste Auswahl im «Coq d'Or» (place François 1er).
Der Cognac war von Anfang an auf ausländische Kundschaft angewiesen. Heute werden etwa 88 Prozent der Produktion exportiert. Mehr als ein Jahrhundert lang hielten die Briten unter den Abnehmern die Spitze, doch nun sind sie von den Amerikanern überflügelt. Die Bundesrepublik liegt an vierter Stelle. 1985 fand Cognac seine Hauptkundschaft in:

USA: 31,4 Millionen Flaschen
Großbritannien: 15,8 Millionen
Frankreich: 12 Millionen
Bundesrepublik: 10,5 Millionen
Japan: 7 Millionen (42mal so viel wie 1953)
Hongkong: 6,7 Millionen
Holland: 5 Millionen
Belgien: 4,1 Millionen
Kanada: 4 Millionen
Singapur: 3,1 Millionen
Malaysia: 2,8 Millionen
Finnland: 2,5 Millionen
Italien: 1,8 Millionen
Schweiz: 1,5 Millionen
Dänemark: 1,5 Millionen
Thailand: 1,1 Millionen

Fast interessanter als der Anstieg der Ausfuhr nach Amerika ist zweifellos der stürmisch zunehmende Cognac-Appetit im Fernen Osten, einem Markt, um den sich die Produzenten und Händler der Charente letzthin auch mit besonderem Nachdruck kümmern – und mit offensichtlichem Erfolg, obwohl auch dort beträchtliche Zoll- und Steuerhindernisse zu überwinden sind.
Unter den Spirituosen der Welt bleibt Cognac ein Elitegetränk, sicher nicht nur wegen des Preises. Nach einer Berechnung des französischen Rum-Syndikats wurden 1982 in der Welt getrunken:

9,5 Millionen Hektoliter Rum
9,0 Millionen Hektoliter Whisky
9,0 Millionen Hektoliter Wodka
4,1 Millionen Hektoliter Weinbrände aller Art
3,2 Millionen Hektoliter Reis-Alkoholika und Sake
0,8 Millionen Hektoliter Anisgetränke und Liköre
0,4 Millionen Hektoliter Cognac
(alles in reinem Alkohol).

Besonders mächtige Cognac-Trinker unter den Europäern sind die Luxemburger und ihre Gäste mit einem Jahresverbrauch von etwa einer Flasche pro Kopf (Bundesrepublik 0,18, Großbritannien 0,27 Flaschen). Rekord der übrigen Welt: Hongkong, knapp 1,3 (Zahlen für 1984/85).

Vom Vorteil der Mäßigkeit

Was hilft oder schadet Cognac?

Es ist nicht nur amüsant, sondern auch bezeichnend, daß in der Cognacliteratur viel über die gesundheitlichen Aspekte gesprochen wird. Seine Rolle als «Digestif» macht ja schon vom Namen her klar, daß mindestens seine Hersteller Cognac als eine Verdauungshilfe betrachten, besonders nach schwerem Essen, und Cognacfreunde haben sich dieser Meinung gern angeschlossen. Aber natürlich ist es ehrlicher, zuzugeben, daß es auch Fälle geben kann, in denen das nicht stimmt – und daß, wenn es stimmt, diese Eigenschaft auch vielen anderen Spirituosen zuerkannt werden kann.

Traum des Cognac-Sammlers: uralte Flaschen, die nicht leer sind (diese stehen bei Frapin, Segonzac)

Freilich betont das größte der Cognacunternehmen, Martell, der Cognac verdanke «die Wirksamkeit seiner belebenden und therapeutischen Eigenschaften» (die es für wissenschaftlich erwiesen hält) «den nichtalkoholischen Bestandteilen» (Firmenschrift aus dem Jahr 1975). Da denken wir denn doch beeindruckt daran, daß Cognac, der weniger als vierzig Prozent Alkohol enthielte, gar keiner mehr wäre … Der mißliche Kern dieser Variationen zum immer gleichen Thema ist der Wunsch aller Hersteller von alkoholischen Getränken, mit der völlig unbestreitbaren Tatsache fertig zu werden, daß

Die Frage ist eher, wieviel Cognac man braucht, um dieser löblichen Wirkung teilhaftig zu werden. Auch das wird individuell verschieden sein. Aber ganz sicher wird es keine sehr große Dosis sein dürfen.

Dann gibt es noch die häufig vertretene These, Cognac sei gut für den Kreislauf und beuge dem Herzinfarkt vor. Wenn es stimmt, wäre es sicher keine Exklusivdomäne des Cognac. Allenfalls könnte man sagen, daß es für Alkoholfreunde kaum eine besser schmeckende Medizin gebe.

Alkohol, ohne den ihr Getränk nicht ihr Getränk wäre, im Übermaß schadet. Und bekanntlich fällt es vielen Menschen leider schwer, dieses Übermaß zu vermeiden. Oft kennen sie zwar aus trauriger Erfahrung ihre Grenze, noch öfter aber nicht die Folgen, die das Über-

maß in ihrem Körper anrichtet. Auch das ist keineswegs nur dem Cognac eigen, es betrifft andere alkoholische Getränke eher mehr und die schwächerprozentigen keineswegs viel weniger.
Ich habe verschiedenen Veranstaltungen beigewohnt (und von anderen Protokolle gelesen), in denen die Weinwirtschaft unter reichlichem Aufgebot von Professoren eigentlich beweisen wollte, daß wenn schon nicht der Alkohol, so doch der Wein gesund sei. Solche Kongresse, Symposien, Debatten sind auch von jeder anderen Branche ausrichtbar. Aber natürlich stoßen sie immer sehr schnell an die von den ebenso verbindlichen wie unbeirrbaren Wissenschaftlern aufgezeigte Grenze des Übermaßes. In winzigen Dosen würde dem Gesunden kaum ein alkoholisches Getränk schaden.
Über die Grenze gibt es nur so allgemeine Durchschnittswerte, daß man mit ihnen recht wenig anfangen kann. Die verbreitetste Angabe ist, das vom Alkohol besonders strapazierte Organ, die Leber, könne beim Mann täglich bis zu 80 Gramm reinen Alkohol vertragen, bei der Frau nur 25 Gramm. Das wären also bei 40prozentigem Cognac 200 Gramm bzw. 62,5 Gramm. Bei 12prozentigem Wein käme der Mann auf eine knappe Flasche (0,66 Liter), die Frau auf kein Viertel (0,2 Liter) – täglich, wohlgemerkt, aber nicht eben viel. In Wirklichkeit aber gibt es in beiden Gruppen weite Schwankungen vom Überhauptnichtsvertragen bis zu einem Vielfachen der angeführten Menge. Wieviel Sie vertragen, kann Ihnen mit keineswegs großer Sicherheit nur ein Arzt sagen, der Sie selbst untersucht hat und (nicht nur) Ihre Leberwerte regelmäßig überprüft. Bekanntlich gibt es traurige Beispiele, wie totale Abstinenzler dennoch an Leber- oder Pankreas- oder Herzschäden leiden, und freundlichere, beneidete (Winston Churchill war eines), in denen ziemlich unmäßige Zecher ein hohes Alter erreichen (allerdings nicht in unkontrollierter, krankhafter Trunksucht). Die sind natürlich mehr nach unserem Geschmack. Wir erinnern uns dann gern, daß Branntwein, ob Cognac oder nicht, «eau de vie» heißt, aqua vitae schon bei den alten Römern, Lebenswasser. Und wir hören lieber die Meinung eines Kölner Arztes, der zum Auftakt der Faschingssaison in der Zeitschrift «Essen & Trinken» erklärte, die menschliche Leber verarbeite schadlos 0,1 Gramm reinen Alkohol pro Kilogramm Körpergewicht in der Stunde – fraglos ein höherer Wert als die Formel von den 80 oder 25 Gramm pro Tag.

Es sei fern von mir, positive Ratschläge zu geben. Das mag ein Arzt tun, andere sollten sich zurückhalten. Ärzte tun es ja auch. Während der Prohibition in Norwegen nach dem ersten Weltkrieg, um nur ein Beispiel zu nennen, wurde Cognac wenigstens an norwegische Apotheken geliefert, um den Rezepten der dortigen Ärzte entsprechen zu können.
Das war natürlich nur die Fortsetzung älterer Tradition. Im achtzehnten Jahrhundert empfahlen Ärzte für die Seefahrt Weinbrand, als Mittel gegen Skorbut. Die holländischen Seeleute, die sich schon im siebzehnten Jahrhundert in den Cognac-Häfen reichlich damit eindeckten, werden schon genug Erfahrungen gesammelt haben.
In einer Schrift zu diesem Thema zählt Martell noch eine ganze Reihe beeindruckender Leistungen von Cognac auf. Er sei von Nährwert wegen seines Reichtums an Mineralen und Vitaminen, er fördere die Tätigkeit der Nieren und sei das harmloseste aller Schlafmittel. Ein Glas Cognac zur rechten Zeit sei empfohlen, um Erkältungen vorzubeugen oder sie zu bekämpfen (ist mir nie gelungen); Cognac helfe gegen Erkrankungen der Atemwege, sei gut gegen Fieber, für das Herz und den Blutkreislauf, gegen Arthritis, Gicht, Zuckerkrankheit und Asthma und verlängere, so ganz allgemein, das Leben.
Für diese ansprechenden Behauptungen werden auch ärztliche Autoritäten zitiert. Man kann sie nicht leicht beurteilen oder überprüfen, muß aber auch nicht, denn die Voraussetzung für all diesen Segensreichtum ist eben große Mäßigkeit, siehe oben...

Entlang der Charente leben Originale und Individualisten, Aktive und beschauliche Rentner. Sie werden eher überdurchschnittlich alt

Kunst mit Holz, Kunst der Sinne

Die Cognac-Macher

Etwa 36 000 Winzer pflegten und züchteten 1984 Reben im Gebiet, das Cognac herstellen kann, aber darunter beschränkten sich eine ganze Menge nur auf Tischwein. Brennweine für Cognac erzeugten nur rund 25 000, und da nun schon seit einem Jahrzehnt der Verkauf stagniert, geht ihre Zahl weiter zurück. In der Saison 1982/1983 waren etwa 92 000 Hektar Wein für Cognac angepflanzt, 1984 nur noch etwa 79 000.
Bei weitem das meiste der Brennweine und der Destillate geht an die größten bekannten Cognac-Häuser und wird von ihnen verarbeitet und verkauft. Sie besorgen sich teils den Wein, um ihn selbst zu destillieren, teils fertigen Cognac verschiedenen Alters zur weiteren Verarbeitung. Einige der Markenriesen wie Martell, Rémy Martin, Hennessy, Bisquit oder Polignac besitzen eigene Weinberge, andere nicht, aber alle Großen müssen zukaufen, um ihr Geschäftsvolumen halten zu können. Da die zehn größten Häuser allein schon mehr als siebzig Prozent des hergestellten Cognacs vermarkten, bleibt vergleichsweise wenig für die anderen: in die letzten dreißig Prozent teilen sich rund 250

Den Cognacfässern gilt ein eigener Kult

mittlere und kleine Unternehmen, die nicht alle selbst destillieren, rund zweihundert Destillerien aller Größen, die ihr Produkt fast durchweg an die Markenhäuser liefern, rund 17 000 Winzer, die selbst destillieren dürfen, aber ihren jungen Cognac ebenfalls an die Handelshäuser weiterverkaufen müssen; sie unterhalten kein Lager und füllen nicht selbst auf Flaschen – und schließlich rund fünfhundert kleine bis winzige Produzenten, die ihre Ernte auch selbst destillieren, den Cognac lagern, altern lassen und schließlich selbst verkaufen, in Flaschen an Einzelkundschaft oder im Faß an die Großen.
Rechnet man alle Zulieferaktivitäten mit, Faßherstellung, Transport, Flaschen, Korken usw., dann kommt man auf rund 60 000 Menschen, die in diesem Gebiet an und für Cognac arbeiten. Die wichtigsten Zweige sind in Syndikaten organisiert, und die Hauptgruppen sind im schon erwähnten B.N.I.C. vertreten, das die höchste regelnde und kontrollierende Instanz für den Cognac ist. Im B.N.I.C. sitzt auch ein Kommissar der Zentralregierung. Dem B.N.I.C. steht die seit 1892 bestehende «Station Viticole» zur Verfügung, eine wissenschaftliche Versuchsstation mit Labor und Technik, die seinerzeit bei der Überwindung der Reblauskrise eine große Rolle spielte und heute die Produktion kontinuierlich überwacht. Ferner gibt es eine «Quali-

Patrick Quien, Internationaler Sprecher für Rémy Martin, Cognac, mit Kellermeister Maurice Bergeron im «Paradis» ▷

Ohne ihre besonderen Eichenholzfässer wäre ihr Cognac nicht so gut, sagen die Produzenten. Die größten Firmen haben eigene Faßfabriken, aber die Fässer entstehen in Handarbeit

tätskommission», die im Rahmen des B.N.I.C. arbeitet und jede neue Marke oder Qualität prüfen soll; sie hat schon so einiges abgelehnt. In diesem Fall bekommt der Produzent keine Genehmigung für sein Etikett, die er aber braucht; es bleibt ihm nur, sich nach einer Weile mit besserer Qualität zu melden oder aufzugeben. Doch fand ich viele Marken, die dem B.N.I.C. unbekannt waren, was nicht gerade lückenlose Kontrolle beweist.

Cognac darf nur in Eichenfässern aus dem Limousin oder dem Tronçais-Forst lagern. Seit langem sind die benötigten Faßfabriken an Ort und Stelle angesiedelt. Die größten gehören großen Cognac-Firmen. Das beste Faßholz kommt, sagt man, von Bäumen im Alter zwischen 70 und 150 Jahren. Die Fässer dürfen keinerlei Metall enthalten, auch keinerlei Leim oder Plastik. Die Verarbeitung hat sich seit den frühen Tagen kaum geändert. Für die Fässer wird gespaltenes Daubenholz verwendet, nicht gesägtes. Bevor das Holz überhaupt verarbeitet wird, lagert es jahrelang, bis zu fünf oder sechs Jahren, im Freien, in Wind und Wetter, auch bei knallender Sonne. Zu frisches Faßholz mit seinem Überschuß an Gerbsäuren ist nicht gefragt, es würde den Cognac zu bitter machen. Erst durch die jahrelange Lagerung im Freien wird das Holz Cognac-geeignet. Ohne gute Fässer und Faßmacher kein ordentlicher Cognac...

Der ganz junge Cognac, der frisch aus der Destillerie kommt, wird in neue Fässer gefüllt, aber schon bald (nach einigen Monaten bis zu einem Jahr, je nach Stil des Hauses) in ältere umquartiert. Die »Keller«-technik (es sind ja keine Keller, sondern Hallen über dem Boden, teilweise in höheren Stockwerken) ist stark unterschiedlich. Jeder «Maître de chai» rotiert die Cognacs in den Fässern in einem anderen Rhythmus. Die am meisten verwendeten Lagerfässer zum Altern fassen etwa 350 Liter, aber dank ihrer handwerklichen Herstellung haben nicht zwei von ihnen genau gleiches Fassungsvermögen. Die Unterschiede können bis sechzig, siebzig Liter ausmachen. Mischungen finden in wesentlich größeren «tonneaux» statt – in den großen Unternehmen mit zehnfachem oder hundertfachem Inhalt.

Cognac der Handelshäuser und -marken, ob klein oder groß, ist fast immer eine Mischung verschiedener Altersklassen und Lagen. Damit ist zum wohl wichtigsten Cognac-Beruf eben der «Maître de chai» geworden. Der Herr über die Vorräte ist für weit mehr verantwortlich als nur für den guten Zustand seines Lagers, was in großen Häusern schon Verantwortung genug wäre; bei den Branchenriesen lagern jeweils mehr als hunderttausend Fässer. Er ist auch der Mischmeister: Er und seine Gehilfen müssen den Geschmack und das Bukett sämtlicher lagernder und sämtlicher dazukommender neuer Cognacs kennen, hunderte von

Neuangeboten beschnuppern und verkosten und aus all diesen Vorräten die jeweilige Mischung herstellen. Diese «coupe» soll durch Jahre hindurch den genau gleichen Geschmack haben, obwohl sie in Abständen, den Vorräten und dem Bedarf entsprechend, immer wieder neu zusammengestellt werden muß. Keine Kleinigkeit bei Häusern, die von hunderten verschiedener Winzer und Brenner beliefert werden, deren Ernte keineswegs Jahr für Jahr geschmacklich oder qualitativ gleich ausfällt.

Der Maître de chai heißt heute in den großen Unternehmen eher «Directeur Technique», was seine gewaltige Verantwortung unterstreicht. Aber der Beruf, die Arbeit sind die gleichen: Kosten, prüfen, vergleichen, notieren, ein phänomenales Gedächtnis von Zunge, Gaumen, Nase und Augen nutzen und auf dem laufenden halten. Kein Wunder, daß in manchen Häusern der Maître de chai seit Generationen aus der gleichen Familie kommt, wie etwa bei Hennessy und Martell: die Begabung vererbt sich anscheinend, und die Lehre beginnt früh.

Welches Risiko, wenn ein Maître de chai aus dieser langen Reihe, der ja auch Mischungen verwaltet, die lange vor seiner Zeit entstanden sind, nun eine neue «coupe» komponieren will oder soll. Es dauert etwa zwei Jahre, eine neue zusammenzustellen und verkaufsfertig zu machen. Ob und wie sie der Kundschaft gefällt, erfährt man also erst, wenn man nichts mehr ändern kann und stattliche Vorräte zusammengemischt haben muß. Denn da wird ja nicht einfach eine Anzahl verschiedener Cognacs zusammengegossen und dann in die Flaschen gefüllt: Man mischt in Etappen und läßt dem entstandenen Produkt dann wieder eine Ruhezeit im Faß, bis man es weiter ergänzt, und die fertige «coupe» muß dann auch noch einmal in Ruhe lagern...

Raymond Lacombe, Chef-Kellermeister von Otard, verantwortlich dafür, daß die Qualitäten des Hauses immer gleich gut schmecken

Die Regeln der Einmaligkeit

Wie Cognac gemacht wird

Damit das angestrebte Getränk Cognac heißen darf, sind auch für die Destillation strenge Vorschriften zu beachten. Erstens darf nur die in der Charente seit jeher übliche Brennblase («alambic charentais») verwendet werden, mit Heizkessel, Destillierkolben aus handverarbeitetem gehämmerten Kupfer, eventuell zusätzlichem Wein-Heizbehälter und schließlich der Kühlschlange. Das Fassungsvermögen darf nicht dreißig Hektoliter übersteigen, die Füllmenge nicht fünfundzwanzig. Ausnahmen (Kapazität bis 140 hl) sind nur für den ersten Brenngang zugelassen.

Cognac muß in zwei Brenngängen destilliert werden. Im ersten Durchlauf entsteht der Rohbrand («brouillis») mit 24 bis 30 Prozent Alkohol. Dieser wird dann ein zweites Mal destilliert. Von diesem Feinbrand muß der Brennmeister den «Vorlauf» (la tête) ausscheiden. Dann kommt der zu verwendende Mittellauf (le coeur, das Herz). Er darf höchstens 72 Prozent stark sein. Das Herzstück endet, wenn die Alkoholstärke auf etwa 60 Prozent gesunken ist. Der verbleibende Rest (la queue, der Schwanz) darf ebenfalls nicht verwendet werden, darf aber ebenso wie der Vorlauf von neuem als Rohbrand dienen. Die Destillation geht langsam vonstatten; beide Gänge zusammen dauern etwa 24 Stunden.

Im Probenraum von Unicoop in Cognac (Hauptmarke: Prince Hubert de Polignac), Maître de Chai Roustide

Die Verwendung anderer Brennapparate, die in einem einzigen, kontinuierlichen Vorgang destillieren, also den Wein direkt ohne das Zwischenstadium des Rohbrandes in Weinbrand verwandeln, ist verboten – außer auf Ré und Oléron. Der dem Weinbrand dieser Inseln oft nachgesagte Geschmack nach Jod, nach Boden, gar nach Algen usw. ist mit diesem Verfahren leichter wegzudestillieren. Dabei freilich gehen auch willkommenere Aromabestandteile verloren, und jedenfalls ist dies eine eng begrenzte Ausnahme für die am wenigsten geschätzten Cognacs (siehe Hierarchie, Seite 57 ff.).

Der nunmehr mit durchschnittlich siebzig Prozent Alkoholgehalt ins Faß gebrachte Cognac (72 % sind die zulässige Obergrenze, darüber würde er das Recht auf den Namen verlieren) ist für alle praktischen Zwecke noch immer keiner, nämlich noch kein verkäuflicher. Nun kommt erst ein Zwangsaufenthalt von fünfundzwanzig bis neunundzwanzig Monaten im Faß, und, wie gesagt, in keinem beliebigen: nur Eichenholz aus dem Limousin (benachbarte Region im Osten) oder aus den Forst von Tronçais (am Allierfluß, in der Mitte Frankreichs) darf dafür verwendet werden.

Die Lagerstätte ist auch reglementiert. Die Cognac-chais müssen sowohl «aus Prinzip» als auch, um Panscherei auszuschließen, von anderen Lagern, die andere Spirituosen enthalten, durch eine öffentli-

◁ Moderne Destillerie, im Prinzip nicht anders als die ältesten. Diese gehört Tiffon in Jarnac

Jean-Luc Pasquet, kleiner Produzent mit großem Qualitätsstreben in der Grande Champagne (bei Eraville), und Bernard Lavenat, Winzer und Destillateur in Châteauneuf-sur-Charente

che Straße getrennt sein. In ein Cognac-Faßlager dürfen keinerlei andere Spirituosen kommen. Passiert das doch, betrachtet der Gesetzgeber den Cognac als «angesteckt», und sei es auch nur durch Osmose, durch die Faßwände hindurch: er verliert automatisch das Recht, als Cognac in den Handel gebracht zu werden. Ebenso würde Cognac, den man in ein Lager anderer Spirituosen bringt, sogleich sein Namensrecht verlieren, er dürfte ebenfalls nur noch als «Weinbrand» in den Handel gebracht werden. Freilich haben sich die Gerichte dieser sehr strengen Auslegung nicht immer angeschlossen.

Die chais, in denen Cognac lagert, sind der Kontrolle durch das Bureau National Interprofessionel unterworfen. Für Cognac-Transport gelten von Anfang an strenge bürokratische Vorschriften. Er benötigt stets Begleitpapiere, von denen die Behörde Kopien erhält und die, da auf gelbem Papier gedruckt, stolz «jaune d'or» genannt werden, «goldgelb». Theoretisch kann niemand von einem Produzenten oder Lagerverwalter eine Flasche ohne einen solchen Begleitschein mitnehmen, auf dem sogar die Uhrzeit und die voraussichtliche Dauer des Transports vermerkt ist. Faßtransport ist noch komplizierter.

Dem lagernden Cognac dürfen legal dann nur noch beigemischt werden:

Anderer Cognac. Meist stellen die Produzenten eben eine «coupe» aus Cognac verschiedener Lagen und Jahrgänge zusammen, um den gewünschten Geschmack zu erzielen. Diese Mischung nennen die Cognacleute gern «assemblage» (Gemisch, aber auch Vereinigung) oder noch lieber «mariage» (Vermählung), meist eine mit vielen Partnern. Anderer Cognac wird auch zugegeben (von der gleichen Qualität), um den Verlust durch die Verdunstung (siehe Seite 47) auszugleichen und die Fässer voll zu halten;

Destilliertes Wasser, um das Destillat von seinen rund siebzig Prozent auf die Trinkstärke von mindestens vierzig Prozent zu bringen, die weitaus am meisten verbreitete Kategorie. Das Wasser wird nicht einfach hereingegossen, sondern ist seinerseits mit Cognac angereichert, und der Verdünnungsprozeß erstreckt sich über viele Monate.

Regelmäßige Qualitätsprobe im Chai: André Menuet, St.-Même-les Carrières (Grande Champagne)
unten: Abfüllkontrolle bei Martell in Cognac

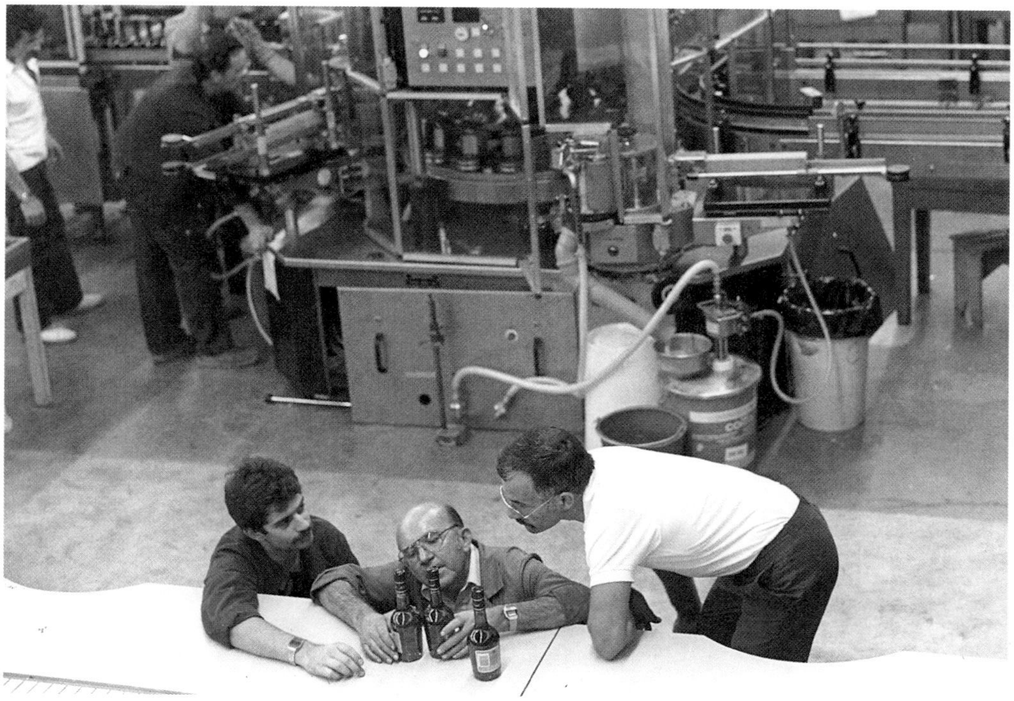

Zuckerlösung, um den Geschmack abzurunden, maximal 2 Prozent; für Exportcognac bis 3,5 Prozent.
Karamel, um eine dunklere Farbe zu erzielen, maximal 2 Prozent (es süßt nicht).
Mancher Cognac enthält auch noch Lösung von Eichenholzspänen, durch die eine dunklere Färbung und ein «älterer» Geschmack bewirkt wird.
Der frisch destillierte Cognac ist ganz hell. Um ihm Farbe zu geben, wird er anfangs in neue Fässer gefüllt, die besonders viel Farbstoffe hergeben (auch Aroma). Aber die zweieinhalb bis drei Jahre, nach denen ein ★★★ Cognac oft schon aus dem Faß kommt, sind ja doch verhältnismäßig kurz. Karamel wird daher sehr oft zugesetzt. Die Spänelösung hingegen will heute niemand mehr wahrhaben, so lange Tradition sie auch hat.
Rund dreißig Monate nach der Destillation ist der Cognac also legal fertig, verkehrsfähig. Was nicht wesentlich länger im Faß reifen und sich verbessern soll, kann nun auf Flaschen gefüllt und verkauft werden. Ungeachtet der Qualitätsunterschiede, auf die wir noch zu sprechen kommen – eines ist der ganzen Gattung eigen: An ihrer Überlegenheit über den Rest der Weinbrände in der Welt «ist kein Zweifel» (Jane MacQuitty, Decanter, November 1982). Oder, in den Worten des Professor Ravaz: «Überall in der Welt kann man mit den gleichen Methoden wie in der Charente Wein kultivieren. Man kann überall genau so destillieren wie in Cognac. Den erzeugten Weinbrand kann man in ebensolche Fässer tun, wie sie im Cognacgebiet benutzt werden. Aber der Boden und das Klima kommen nirgendwo anders so zusammen, daß sie dem Weinbrand denselben Charakter geben würden. Daher kann kein anderes Gebiet Cognac machen.»
Je länger man den Cognac im Faß lagern läßt, desto mehr verbessert er sich. Durch die Poren des Holzes verdunsten flüchtige Stoffe, die seinen Geschmack beeinträchtigen. Die Verringerung der Menge, als Folge der Verdunstung durch das poröse Holz hindurch, bewirkt eine Konzentration der eigenen Aromastoffe. Aus dem Holz des Fasses werden weitere, bereichernde Substanzen gezogen, im Lauf von zwei, drei Jahrzehnten etwa ein Pfund

Von heller Jugend zur dunkleren Reife: Proben, im Abstand von jeweils einem Jahr aus dem Faß genommen (fotografiert bei Rémy Martin)

Schwarze Mauern zeigen, daß hier Cognac altert und verdunstet: ein Pilz lebt gut davon und ist gleichzeitig Signal (Chai von Tiffon, Jarnac)

pro Hektoliter, von größter Bedeutung für Bukett und Geschmack.
Wo Cognac lagert, besonders wo man ihn alt werden läßt, ist leicht an der schwärzlichen Fassade vieler Mauern und Dächer in Cognac und anderswo in der Region zu entdekken: Die Verdunstung erzeugt im Zusammenwirken mit dem Salpetergehalt der Steine die ideale Lebensgrundlage für einen Pilz, *Torula compniacensis,* der in der Außenluft über den Lagern prächtig gedeiht. Im Inneren der Chais entspricht ihm ein anderer Pilz, der ihm ebenfalls als Nährboden dient, *cladosporium.*
Bevor der Cognac in die Flaschen kommt, wird der jüngere in vielen Unternehmen stark gekühlt, auf minus acht Grad, um ihn stabil gegen Temperaturschwankungen zu machen; außerdem verleiht ihm der Kälteschock angeblich größere Brillanz. Es gibt aber auch Produzenten, die das ablehnen – bei dieser Behandlung gehen manche Aromastoffe verloren, und seien es noch so wenige, und mit ihnen etwas vom Reichtum des Geschmacks.

Vorsicht: Genußräuber!

Wie man Cognac trinkt

... wenn nicht als Cocktail oder mit Wasser, sondern «so».

Nicht selten erlebt man, gerade in gern feinen Lokalen, wie der Ober liebevoll einen großen Cognacschwenker des Glasballontyps anwärmt, mit einer Kerze! Dann holt er die Flasche nicht etwa aus einem eisigen Keller oder gar dem Kühlschrank (wo sie nicht hingehört). Sie steht ja meist schon da, in dem warmen, eher zu warmen Gästeraum. Diesen Cognac noch wärmer zu machen ist eine Barbarei und ruiniert seinen feinen Geschmack. Es läßt alle seine wunderbaren, nur ihm eigenen, aber sehr flüchtigen Duftstoffe eiligst verfliegen und bringt stattdessen den weniger begehrenswerten Aspekt gewärmten Alkohols hervor: der sticht in die Nase, gar nicht mehr edel.

Die Anwärmerei läuft auf Schädigung des Gastes hinaus. Der hat für sein Geld Anspruch auf ein einwandfreies Produkt mit bestmöglichem Geschmack. Cognac erhitzen wäre, wie wenn man Tee mehrere Minuten lang brodeln lassen würde, als wollte man seine Blätter garbekommen. Doch im Jahr 1983 ergab eine Umfrage für Rémy Martin und seinen Importeur in der Bundesrepublik unter vierhundert Inhabern und Geschäftsführern «gehobener» deutscher Restaurants, daß nicht weniger als 21 Prozent die Cognacgläser anwärmen. Das sind 84 Lokale zu viel! 1985 waren es gottlob nur noch 18 Prozent, die anwärmten. Drei Prozent der 1983 befragten benutzten dafür sogar einen Rechaud...

Probeschluck für Jean-Paul Camus von Philippe Camus. Der Familie gehören außer der bekannten Marke in Cognac noch die Schlösser du Plessis (Borderies) und d'Uffaut (Grande Champagne)

Richtig, da gibt es doch jene mehr oder minder edlen Gestelle, in die man das Ballonglas schön schräg einlegt, und darunter flackert schon die Kerze im Halter, gewiß. Aber warum sollen wir uns den Geschmack verderben lassen, weil Kitschfabrikanten für ihre unsinnigen Waren unwissende oder gedankenlose Kundschaft finden, auch oder gerade in der Gastronomie?

Cognac schmeckt am besten bei einer Trinktemperatur zwischen siebzehn, achtzehn und etwa einundzwanzig Grad. Wenn er kühler gebracht wird, schadet das nichts, er erwärmt sich schnell, zumal man uns ja im allgemeinen recht wenig in das große Glas gießt. Am Polarkreis im Freien werden Sie ihn kaum je angeboten bekommen. Zu kalt schmeckt er jedenfalls noch besser als zu warm, wenn auch eine zu tiefe Temperatur dem Gast die besten Geruchs- und Geschmacksnuancen verschlossen hält.

Das gewaltige Ballonglas ist nicht nur auf jenem Gestell falsch, sondern überhaupt – es sei denn, es werde zu einem Viertel bis zu einem Drittel gefüllt. Form und Volumen des Glases müssen in einem guten Verhältnis zur Menge des aromatischen Inhalts stehen. Die Kugelform beschert uns fast immer zu wenig Cognac. Lassen Sie sich mal die üblichen zwei cl und dann getrost die weniger üblichen vier cl in einen jener grandiosen «Schwenker» gießen. Der Cognac, sofern Sie ihn überhaupt noch bemerken, ist dann hauptsächlich damit beschäftigt, das Glas zu verwöhnen, nicht Ihre Nase. Damit der Ballonschwenker es an angenehmer Wirkung nicht für sich, sondern für Sie mit einem schmaleren, dafür höheren Glas aufnehmen könnte, wie scheint uns der pseudosachverständig klingende Name «Schwenker» doch aufzufordern. 1985 verwendeten ihn noch 39 % der von Rémy Martin befragten Restaurants.

Da erbrachte die Umfrage von 1983 ein noch weit schlimmeres, noch gästefeindlicheres Ergebnis. Es kam heraus, daß in sage und schreibe zwei Dritteln der befragten Lokale es der Ober ist, der das eingelieber ein Viertel nennen würde – gegen diese Zustände gilt es ja nicht nur die Cognacliebhaber zu verteidigen, sondern auch die fast aller anderen Digestifs, jedenfalls solcher, von denen offensichtlich angenommen wird, daß sie «geschwenkt» werden sollen. Aber am empfindlichsten gegen diese Art Behandlung, besser gesagt Mißhandlung ist der Cognac.

Château Fontpinot, im Besitz (und Marke) von Frapin

ich es gleich beschreiben werde und wie wir es auf dem Umschlag dieses Buches abgebildet haben, müßte er im Verhältnis sehr viel mehr Cognac enthalten. Da wäre ich auf die Rechnung gespannt, und später auch auf den Gang des Gastes, ganz abgesehen davon, daß man ein so reichlich gefülltes Glas schlecht «schwenken» kann, und dazu schenkte Digestifglas «schwenkt». Ich übernehme hier lieber den Originaltext: «Zwei Drittel lassen die gefüllten Gläser nach dem Einschenken vom Service schwenken. Nur ein Drittel (26 Prozent) stellt das Glas ohne Schwenken ab, und der Rest (9 Prozent) gießt in das auf dem Tisch stehende Glas ein.» Abgesehen davon, daß ich 26 Prozent Jene sich ganz schnell verflüchtigenden Duftstoffe werden also im Raum verteilt, bevor sie eine Chance haben, dorthin zu gelangen, wo sie hingehören: in die Nase des Gastes. Dort kann natürlich nur er selbst sie hinbringen, indem er das Glas nicht etwa direkt unter seinen Nasenlöchern, aber doch so nahe vor seinem Gesicht leicht bewegt

Chai «Renard» von Courvoisier an der Charente in Jarnac

(Schwenken paßt eher für einen Diskus), daß er das Bukett einatmen kann. Es verschwindet ganz schnell, jedenfalls sein bester Teil, und es gehört ganz wesentlich zum Cognacgenuß. Es gibt genug Enthusiasten, denen dieser erste Eindruck, den ihnen ihr Geruchssinn vermittelt, wichtiger ist als der erste Schluck.

Aus der Umfrage läßt sich noch mehr Mißvergnügliches entnehmen. Sie macht klar, daß «der Service» das Glas in der Luft einschenkt, vielleicht sogar außer Sicht des Gastes, wie ich oft genug erlebt habe. Richtig machen es nur die erwähnten neun Prozent, ganze 36 von 400 «gehobenen» Restaurants, in denen das Glas auf den Tisch gestellt und dann eingegossen wird – hoffentlich, nachdem der Gast die Flasche bzw. das Etikett zu sehen bekam.

All jene, die den Ballon in der Luft eingießen, werden ihn schon wegen seiner Größe nicht am Stil anfassen. Er wird so gut wie immer voll in die Hand genommen – aus so einem Glas würde ich nicht trinken mögen. Dem Cognac mit seiner desinfizierenden Kraft ist es wohl eher einerlei. Dafür leidet er um so mehr unter einem anderen Aspekt der Behandlung. In vielen Fällen (nämlich hundert von den vierhundert Lokalen) benutzen die Einschenker ja noch den bekannten winzigen Portionsbecher, da sie sich nicht zutrauen oder nicht die Übung haben, die vom Wirt berechnete Portion (wenn man Pech hat, null komma zwei Deziliter) genau abzumessen. In diesen Fällen widerfährt dem Cognac mit seinem ersten Bukett:

Akt 1. An der Bar oder am Tresen Entkorken der Flasche und Eingießen in den Meßbecher. Ein Teil des Buketts verweht bereits.
Akt 2. Umgießen in den Schwenker. Dabei verschwindet das Beste vom Bukett.
Akt 3. Der «Service» «schwenkt». Zum dritten Mal soll die Flüssigkeit ihren duftigen Geist hergeben.
Akt 4. Jetzt erst wird dem Gast, meist ist er ja ein zahlender, der Rest überlassen. Eigentlich steht ihm nun ein beträchtlicher Preisnachlaß zu.

Richtig ist, wie gesagt, das Glas auf dem Tisch zu lassen und es vor dem Gast einzuschenken. Es gibt Gäste, die dann noch eine Weile warten. Aber wenn man optimalen Genuß haben will, ist das ein Fehler. Das erste Bukett verflüchtigt sich ziemlich schnell, auch ohne daß man das Glas schüttelt. Ziemlich langsam wird es durch ein zweites, aus weniger flüchtigen Stoffen zusammengesetztes abgelöst bzw. überlagert, das dann wesentlich beständiger ist, auch voller, wenn auch nicht ganz so nuanciert wie das erste. Es erklärt, warum Cognac-Liebhaber ihr Glas, auch nachdem sie schon gekostet haben, noch viel später immer wieder unter der Nase kreisen lassen.

Wie schon gesagt, ist die Entwicklung der im Cognac vorhandenen Duftstoffe sehr von der Temperatur abhängig. Je wärmer der Cognac ist, desto schneller verfliegt das Eleganteste, auch wenn die Flüssigkeit eine ganze Weile immer Neues hergibt und anderes noch sehr lange bewahrt (siehe Ende dieses Abschnitts). Jedenfalls soll man dem Genießer überlassen, die Entwicklung mit seiner Nase zu verfolgen, und nicht der Zimmerluft. Die Cognacs werden von den maîtres de chai im allgemeinen auf den ersten Eindruck aus der frisch geöffneten Flasche hin komponiert. Ausgerechnet dieses Erlebnis sollte man sich nicht nehmen lassen.

Handelte es sich um billigen Fusel, wäre kein Wort zu verlieren. Aber Cognac ist bekanntlich nicht billig, sondern wesentlich teurer als viele andere Spirituosen. Warum das so ist, finden Sie im nächsten Kapitel. Aber weil das so ist, sollte sich niemand den teurer bezahlten Genuß ohne Not schmälern lassen.

Zu dem Umschulungskursus, zu dem sich viele Wirte, Geschäftsführer und Service-Mitarbeiter schleunigst bequemen sollten, würde dann am besten auch gleich eine

Quai de l'Orangerie in Jarnac, eine der bedeutendsten Cognac-Adressen. Das Bisquit-Schild hat den Wegzug der Firma (nach Rouillac) überdauert. Nr. 16, weiter links (das Haus links vom Doppelbaum) ist Sitz des berühmten Cognac Hine.

POINT CENTRAL

Neubesinnung auf die Aufgabe eines Cognacglases gehören, also auf die von dieser bedingten zweckmäßigsten Form.
Die Glasindustrie hört es nicht gern, aber auch wenn der Ballon kleiner wäre, könnte ihn das nicht zum geeignetsten Cognacglas machen. Daß einige bekannte Firmen in ihren Werbebildern «Schwenker» verwenden, bedeutet keine Widerlegung. Dieses Glas hat sich eingebürgert in Schichten, die vielleicht noch mehr Cognac-Kundschaft stellen könnten. Warum sie just in dem Augenblick vor den Kopf stoßen, in dem man ihnen Cognac verkaufen will? Die Wahl, ob sie ihre potentiellen Kunden zuerst zum Kauf neuer Gläser verleiten soll oder lieber gleich zum Kauf einer Flasche Cognac, dürfte keiner Cognacfirma schwerfallen.
Doch wer jene Leute beobachtet, deren Aufgabe, ja Leben es ist, für ein möglichst feines Bukett, einen fein differenzierten Charakter, eine Fülle angenehmer Empfindungen und einen möglichst unverkennbaren Eigengeschmack ihres Cognacs zu sorgen, wird sie zu ihren Proben und Verkostungen so gut wie nie das Ballonglas verwenden sehen. Sie kosten fast alle aus einem Glas vom Sherry-Typ, nur etwas bauchiger und oben weniger eng. In den Restaurants der großen französischen Küche, wo man sich mehr als anderswo auf edle Getränke versteht, werden ebenfalls diese Gläser verwendet oder aber (seltener) «Tulpen», ebenfalls leicht bauchig, mit einem Rand, der etwas nach außen geschwungen ist.
In einigen Jahrzehnten des Cognac-Genusses habe ich genug Gläser benutzen und vergleichen können, um mich der Auffassung der Maîtres de chai, der Sommeliers und der großen Restaurateure anzuschließen: die beiden geschilderten Glastypen sind die idealen, so sehr auch Bars, Restaurants, Cafés (durchaus auch in Cognac selbst, was ich ohne weiteres zugebe) und vor allem Glasfirmen den Ballon oder noch andere, etwa Likörglasformen an den Gast zu bringen versuchen.
Das ideale Glas ist nicht so winzig, wie es die meisten Cognac-Gläser just in französischen Cafés sind; dort dienen sie freilich fast ausschließlich dem schnellen Kippen, keinem verlängerten Genuß. Im Glas soll sich ja das Bukett entfalten können. Dazu muß innerhalb der Glaswände genug Luftraum vorhanden sein. Man soll das Glas leicht kreisen lassen, um den Kontakt mit der Luft zu erleichtern. Bei einem zu winzigen Glas geht das nicht.
Das ideale Glas ist, wie gezeigt, auch nicht zu groß.
Alle praktische Erfahrung hält führende Glasmacher nicht ab, immer wieder riesige Cognacgläser auf den Markt zu bringen. Allen überschwänglichen Begleittexten zum Trotz hat die mehr oder minder originelle Form nur das Ziel, den Glasumsatz zu steigern, nicht etwa das Vergnügen an Cognac oder gar den Cognac-Umsatz.

◁ Saintes, eine der besonders malerischen Cognac-Städte mit zahlreichen historischen Bauten, auch Spuren aus der römisch-gallischen Zeit. Saintes ist Sitz einer der ältesten Cognacfirmen, die noch heute im Besitz der Gründerfamilie ist: Rouyer Guillet

Im Probenraum von Rémy Martin: André Giraud, Maître de Chai seit mehr als vierzig Jahren, dahinter sein Mitarbeiter Robert Léauté

Schlimm, mit Ausnahme bei Vergleichsproben, sind farbige Gläser. Die Farbe des Cognac hat zwar bei weitem nicht die Bedeutung wie die des Weines, ja nicht einmal die, die ihr die Produzenten zuschreiben. Es liegt auf der Hand, daß Cognac, der lange im Faß lagert, eine dunklere Färbung annimmt als ein ganz junger – um diesen nicht allzu blaß erscheinen zu lassen, setzen ihm die meisten Hersteller, wie gesagt, Karamel zu. Daß dies auf verschiedene Farben hinausläuft, ist klar. Einige Häuser stellen besonders helle Cognacs her und werben auch damit (Delamain, Gourmel, Fransac), andere, wie Brugerolle, besonders dunkle. Eine verbindliche Cognacfarbe gibt es nicht. Aber es ist ein zusätzliches Vergnügen, sich am Gefunkel des klaren, gelblich braunen bis dunkelbraunen Getränkes im Glas zu erfreuen. Farbige Gläser schließen dieses Vergnügen aus.
Die berufsmäßigen Cognac-Verkoster verwenden blaue Gläser gelegentlich, um nicht durch die Farbe beeinflußt zu werden, vor allem aber, um anonym zu beurteilende Muster nicht schon an der Farbe erkennen und einordnen zu können.
Wer durch klares ungefärbtes Glas hindurch winzige Partikel entdeckt, sollte sie nicht automatisch als eine Verunreinigung ansehen, ebenso wenig wie Weinstein, der dem Weißwein auch nicht schadet. Cognac wird gefiltert, aber nichtsdestoweniger können gelegentlich kleinste Teilchen in ihm schwimmen, die mit Gewalt zu beseitigen wohl auch etwas vom guten Geschmack mitnehmen würde, also bleiben sie besser drin.
Nicht wenige Stimmen aus dem Cognac-Lager flüsterten uns zu, der Hauptgrund für die Einführung der «satinierten» Flasche, also der undurchsichtigen, dunklen, sei damals gewesen, daß sie den Inhalt

Cognac der alten Zeit, leider nur die Flasche (aus dem Museum)

nicht etwa vor unwillkommenem Licht, sondern vor allzu scharfen Blicken schützen sollte. Das würden die beiden Matadore dieser Einführung, Courvoisier und Rémy Martin, natürlich bestreiten, aber der nützliche Nebeneffekt ist im wahrsten Sinne des Wortes unübersehbar, und nicht umsonst haben sich so viele Cognac-Häuser der Mode angeschlossen.
Alle Spielarten mitgerechnet, gibt es übrigens mehr als neunzig Flaschenformen. Die als Urform geltende «Cognaçaise» (der allerdings noch andere, etwas kürzere Modelle vorangegangen waren) ist hoch und schlank, etwa wie eine Bordeauxflasche, aber aus hellem, durchsichtigen Glas. Vor ein paar Jahrzehnten ist man weitgehend von ihr abgekommen, schließlich wurde sie fast nur noch von kleinen, traditionsbewußten Produzenten für ihre ältesten, besten Qualitäten verwendet, zu denen sie auch gut paßt, meist mit betont einfachem, oft handgeschriebenem Etikett. Das nun wieder hat sie bei Liebhabern aufgewertet, und es scheint, als käme diese Flasche langsam, aber sicher wieder in Mode, was nur gut wäre.
Cognac in Flaschen abzufüllen haben die Firmen erst Mitte des vergangenen Jahrhunderts begonnen, viele später. Ihr Hauptgeschäft war lange Zeit die Lieferung im Faß; der erste Flaschenhersteller ließ sich erst gegen 1860 in Cognac nieder. Viele Firmen betrieben die Faßlieferung als Hauptgeschäft bis weit in unser Jahrhundert hinein, einige tun das noch heute, und manche besonders berühmte Produzenten haben erst vor wenigen Jahrzehnten angefangen, Cognac mit ihrem Namen und Etikett in Flaschen zu liefern. Wenn man heute durch die Cognac-Region fährt, sieht man alle Nasen lang ein Hinweisschild auf einen kleinen Hersteller, der an jedermann verkauft. Wie an anderer Stelle ausgeführt, taten das noch vor zwanzig Jahren bei weitem nicht so viele. Bis zu Beginn der

Überproduktion, solange der Boom anhielt, wurden sie ihren Cognac spielend an die Destillerien und die großen Häuser los, die nicht genug bekommen konnten, und legten auf eigene Marken weit weniger Wert.

Die heute verbreitetste Flaschenform ist wohl die sogenannte «Normande» mit Abwandlungen. Typisch dafür ist Rémy Martins VSOP. Aber an Vielfalt mangelt es wie gesagt nicht, von der fast kugeligen Flasche bei Monnet bis zur wirklich kugelrunden bei Gautier, von der würfelförmigen, mit Spielkarten bemalten, oben aber als Aschenbecher gestalteten einer Brugerolle-Sorte bis zum Eiffelturm bei Larsen und Benoit-Serres, bis zum Segelschiff aus Glas oder Porzellan bei Prunier (die Gallone) und Larsen (Drakkar), der Buchform bei Pélisson, dem bemalten Napoleon-Kanisterchen bei Camus (Korken in Form des berühmten Hutes), Triumphbogen aus Porzellan bei Hine, Schloßsilhouette bei Château Paulet, Anker, Golfball und Napoleonkopf bei Godet usw. Auch den Kristallkaraffen mehr oder weniger berühmter Manufakturen, in denen Firmen gern Spitzenqualitäten unterbringen, sind kaum Formgrenzen gesetzt (auch keine Preisgrenzen); die meisten wirken konventionell-edel, einige merkwürdig wie die teure glaswarzenhafte Umhüllung des Louis XIII. von Rémy Martin. Die hat aber ein historisches Vorbild. Über die verschiedenen Formen und Ideen kann man streiten, die Karaffen sind auf jeden Fall wiederverwendbar (mindestens als Wein-Decanter), und jedenfalls unterstreicht dieses Angebot, daß man Cognac durchaus als wertvolles Geschenk betrachten kann. Als das Pariser Intercontinental Hotel seinen hundertsten Geburtstag feierte, bot es seinen Gästen einen Cognac zum Kauf an: in einem Miniaturfaß aus Limoges-Porzellan, verziert und numeriert; insgesamt gab es 2500 Stück davon. Für den seriösen Cognacliebhaber wäre diese Festmarke wohl auch ohne das Porzellangefäß interessant gewesen, aber die Prachtbehälter haben längst ihren eigenen Markt. Der ist am größten interessanterweise in Asien, wohin auch ganz allgemein höhere und teurere Qualitäten geliefert werden als nach Europa oder Nordamerika. In Frankreich gibt es übrigens Unternehmen, die sich als Weihnachtsgeschenk für ihre Angestellten nicht einfach einen bekannten Markencognac bestellen, sondern von spezialisierten Firmen eigens eine Sonderabfüllung herstellen lassen.

Die meisten der alten Cognacs in den teuren, den Preis noch einmal kräftig steigernden Karaffen gibt es überhaupt nicht in normalen Flaschen. Daß nur wenig davon verkauft wird, stört die Produzenten nicht im mindesten – von diesen alten, edlen Cognacs gibt es keine großen Bestände, sie werden bewußt über den Preis rationiert, und so kosten dann nicht wenige von ihnen mehr als fünfhundert, manche um die tausend Mark. Im Verhältnis zu den vielen sehr teuren Weinen aus Burgund und Bordeaux, die längst Flaschenpreise von zweihundert Mark und mehr erreicht haben (im Laden wohlgemerkt, nicht im Restaurant), ist da nichtsdestoweniger noch ein sehr gutes Verhältnis zwischen Qualität, Seltenheitswert und Preis. Aber sicherheitshalber noch eine Warnung: Es kommt auch vor, daß der Inhalt der teuren Karaffe nur mittlere, um nicht zu sagen mittelmäßige, Qualität enthält. Daher wäre es ganz zweckmäßig, in einer gut bestückten Bar davon einmal zu kosten, bevor man sich entschließt.

Da wir schon bei der Frage sind, wann und wie man Cognac trinkt, lohnt noch ein kurzer Blick auf das Thema: welchen Cognac eigentlich? Weiter hinten (Seite 67 ff.) vertiefen wir das, aber auch hier ist ein kurzer Überblick wohl schon nützlich. Ich meine nicht, welche Marke, denn das hängt vom persönlichen Geschmack und wahrscheinlich der Auswahl im Geschäft oder Restaurant ab. Ich spreche von der Qualitätsskala innerhalb einer Marke. Sie ist hauptsächlich von seinem Alter bestimmt (was sie sonst noch beeinflußt, finden Sie später auf Seite 57 ff.). Dafür stehen jeweils andere Kürzel bzw. Bezeichnungen. Je größeres Alter sie bedeuten, desto sanfter und edler müßte der Cognac in der Flasche munden, in der er übrigens nicht weiter altert; Sie dürfen nicht hoffen, daß er durch langes Aufheben (noch) besser wird. Wenn Sie die Flasche einmal aufgekorkt haben, sollten Sie sie nicht jahrelang in diesem Zustand aufheben, sondern höchstens ein paar Monate. Der Sauerstoff, den Sie schon beim ersten Öffnen in die Flasche gelassen haben, und gar beim ersten Eingießen, ist ein unbremsbarer Feind des alkoholischen Getränks, das er nun langsam, aber sicher zersetzt. Wenn Sie das zweite, das dritte Glas einschenken, sollten Sie aber nicht trübe darüber sinnen, daß Sie nun die Lebenserwartung des angenehmen Getränkes weiter verkürzen; konzentrieren Sie sich lieber auf Ihr Vergnügen oder das Ihrer Gäste.

Je leerer die Flasche, desto dringender wird es, den Rest von seinem aussichtslosen Kampf mit der Sauerstoffübermacht zu erlösen. Wenn Sie voraussehen, daß er noch viele Monate reichen würde, ist es besser, den Cognac in eine kleinere Flasche umzufüllen, in der sich das Verhältnis Cognac/Luft dann wieder verbessert. Kleine Flaschen kommen eigentlich in jedem Haushalt vor, so daß man sie nicht etwa extra kaufen müßte.

Ausgerechnet in der Stadt Cognac selbst erlebte ich, wie mir der Ober in einem Lokal den Cognac aus einer fast leeren Flasche einschenkte. Nun war sie also wirklich leer, und was sich in meinem Glas einfand, hatte nur noch wenig mit dem ursprünglich sicher ausgezeichneten Inhalt gemeinsam. «Den verkaufen wir nicht alle Tage», meinte der garçon entschuldigend. Aber Wirte, denen an der Zufriedenheit der Gäste und an erstklassigem Angebot liegt, sollten Cognac ebenfalls umfüllen, anstatt ihn so verkommen zu lassen, und jedenfalls ein Getränk, das zu lange ungünstig lagerte, nicht voll berechnen.

Im Zusammenhang mit dem Cocktail oder long drink habe ich schon den ★★★ Cognac erwähnt, oft auch VS genannt. Das ist die nach Faßlager jüngste unter den geltenden Vorschriften verkaufbare Qualität. Wenn Sie pur trinken wollen, etwa nach dem Essen, sollten Sie wohl lieber zum VSOP greifen, der schon etwas mehr Faßjahre hinter sich hat. Noch reifer wäre dann der Napoléon, über dem käme dann der XO (manche Firmen drehen die Reihenfolge zwischen diesen beiden um) und dann, an der Spitze, der «Extra». Manche Firmen verwenden andere, ähnliche Bezeichnungen. Die genaue Bedeutung finden Sie im Abschnitt über die Altershierarchie des Cognacs erläutert (siehe Seite 86 ff.), und wie die einzelnen Firmen ihre Qualitäten bezeichnen, im ABC (ab Seite 111).

Ein edler, älterer Cognac hinterläßt im Glas angenehme Geruchsspuren, die noch lange haften bleiben. Manche Leute messen die Qualität und das Alter sogar daran, wie viele Tage sich dieser unverkennbare Duft im Glas hält. Daß er am nächsten Morgen noch da sein muß, ist selbstverständlich. Der berühmte Cognac-Professor Ravaz (eigentlich Weinfachmann) schrieb in seinem 1900 erschienenen Buch, einen guten Cognac rieche man im leeren Glas mindestens fünf, sechs Tage lang, das Bukett der besten halte sich acht Tage. Ich habe das Experiment nachgemacht und geleerte Gläser so lange stehen lassen: es stimmt.*) Die stabileren, so gut haftenden Bukettbestandteile sind, sicherheitshalber sei es gesagt, nicht zu verwechseln mit jenen sehr viel flüchtigeren, die schon kurz nach dem Einschenken verschwinden; siehe den Anfang dieses Kapitels.

* In alten Cognacs sind Duft- und Aromastoffe viel konzentrierter als in jungen. Sie müssen also nachhaltigere Spuren hinterlassen, unbeschadet der sonstigen Qualität.

Aus dem kurzen Abriß der einzelnen Qualitäten, die ich später noch genauer vorstellen werde, ergibt sich ein weiterer wichtiger Rat: Niemals einen höherwertigen Cognac vor einer weniger alten Qualität trinken. Das gilt für viele andere Getränke auch, wird aber hier am teuersten bezahlt. Auch Ihr Lieblings-VSOP würde nach einem XO, gar einem Extra enttäuschend schmecken. In umgekehrter, steigender Reihenfolge können sie alle ein Genuß sein.

Brücke über die Charente

Engel sind teuer

Was Cognac kostet

Zu viel, sagen nicht etwa nur die Kunden, sondern auch die Hersteller. Denn mit denen hat ja ein großer Teil des Preises gar nichts zu tun: die enorme Besteuerung. Da geht es den Spirituosen bekanntlich nicht anders als dem Erdöl und seinen Produkten wie Benzin und Heizöl: An der Teuerung ist ganz entscheidend der Fiskus schuld.

Da die Alkoholsteuer sich nicht um Qualität kümmert, trifft sie – in Frankreich ebenso wie in der Bundesrepublik – die unterste Preiskategorie am stärksten, offenbar ein Modell sozialen Denkens, in dem sich sozialistische, sozialdemokratische, liberale und konservative Regierungsmoral gleichen. Vom Preis eines Drei-Sterne-Cognacs können in Frankreich die staatlichen Abgaben schon mehr als die Hälfte ausmachen.

Beispiel Frankreich: auf eine Flasche ★★★ Cognac, die im Geschäft einschließlich aller Spannen 36,64 Francs kosten würde, kommen noch staatliche Steuern und Abgaben in Höhe von 39,23 Francs. Sie bringen den Endpreis für den Verbraucher auf 75,87 Francs, betragen also 52 Prozent des Ladenpreises. Beispiel Bundesrepublik: diese Flasche würde, wenn sie abgabenfrei in unsere Läden käme, umgerechnet nach dem Kurs von 1 DM = 3 Francs DM 12,20 kosten. Unsere Steuern bringen sie aber auf rund 22,–.

Große Flaschen, «Bonbonnes», in die alter Cognac abgefüllt wird, wenn ihn weiteres Faßlager nicht mehr verbessern kann. Diese stehen im «Paradis» von Otard

Lediglich die Mehrwertsteuer (bei uns niedriger als in Frankreich) hat mit dem Wert des Produktes etwas zu tun, also der Qualität. Die Alkoholsteuer richtet sich schlicht nach der Menge (Beispiel von 1983).

Auch wenn man von der Besteuerung absieht, bleibt Cognac eine kostspielige Sache. Aber dafür lassen sich ein paar Gründe anführen, die im allgemeinen nicht bedacht werden.

Aus dem, was ich bisher aufgezählt habe, geht ja schon hervor, wieviel Geld ein Cognacproduzent zu investieren hat. Fässer, deren Holz man einige Jahre liegen lassen muß, bevor sie zusammengebaut werden, und zwar in Handarbeit, werden wohl nicht billig sein. Die Destillieranlage mit den vergnüglich anzuschauenden Kupferkesseln und Rohren, die sehr aufwendig gereinigt werden müssen, ist nicht gerade das Idealbild profitabler Investition. Cognac darf nur von etwa November (vom Abschluß der Gärung nach der Ernte) bis 31. März destilliert werden – später gilt der Wein als nicht mehr gut genug. Die Hälfte des Jahres, sogar länger, bleibt die Destillerie also ungenutzt.

Der Cognac, den man soeben destilliert hat, verschwindet für mindestens zweieinhalb Jahre im Faß, bevor man ihn verkaufen darf. Doch das gilt nur für die unterste Qualität. Höhere läßt man fünf, zehn, zwanzig und mehr Jahre lagern (Einzelheiten siehe Abschnitt: Hierarchie). Der Produzent, der beschließt, eine wirkliche Spitzen-

Faßlager, in dem Cognac altert, bei Camus ▷

qualität zu machen, wird sie wohl kaum noch selbst verkaufen, vielleicht kaum noch probieren können: sie müßte mindestens vierzig bis fünfzig Jahre im Faß bleiben. Nicht im selben, wohlgemerkt. Nach seinen Anfangsmonaten im ersten, meist neuen Faß, in dem der Cognac seine Karriere begann, muß er noch mehrmals umgelagert werden. Auch das ist nicht billig. Wir kennen wohlgelungene, um nicht zu sagen großartige Cognacs, die mehr als siebzig Jahre im Faß gewesen waren ...

Da liegt also ein Kapital in den Fässern, jahrelang gebunden und ohne Ertrag. Das muß sich ein Unternehmen erst einmal leisten können. Seit Mitte der siebziger Jahre herrscht aber Überproduktion. Bis dahin, zwei Jahrzehnte hindurch, hatte der Cognac immer mehr Kunden gewonnen und Märkte erobert. Die Winzer wurden ihre Ernte ohne Mühe beim Handel los, und der ermunterte sie, möglichst noch mehr anzupflanzen. Wer alte Qualitäten entwickeln wollte, konnte das leichter aus dem Verkauf junger Destillate oder auch des Weines finanzieren. Heute geht die Rechnung nicht mehr so gut auf. Die Bestände wachsen, niemandem ist automatischer, lohnender Absatz seiner Ware gesichert, doch die Belastungen, oft auch erhebliche Schulden aus der Vergangenheit des Aufschwunges, drücken stärker. Die Inflation in Frankreich führt auch nicht gerade zur Verbilligung.

Bis zur Mitte des vergangenen Jahrzehnts verschwanden beträchtliche Mengen älteren Cognacs in den teureren Qualitäten der großen Häuser, die eine Zeitlang fürchteten, nicht mehr genug Nachschub zu bekommen, um ihr Umsatzvolumen aufrechterhalten zu können. Es gab wenig Produzenten wie

Schon historische Vorräte in einem Chai von Hennessy

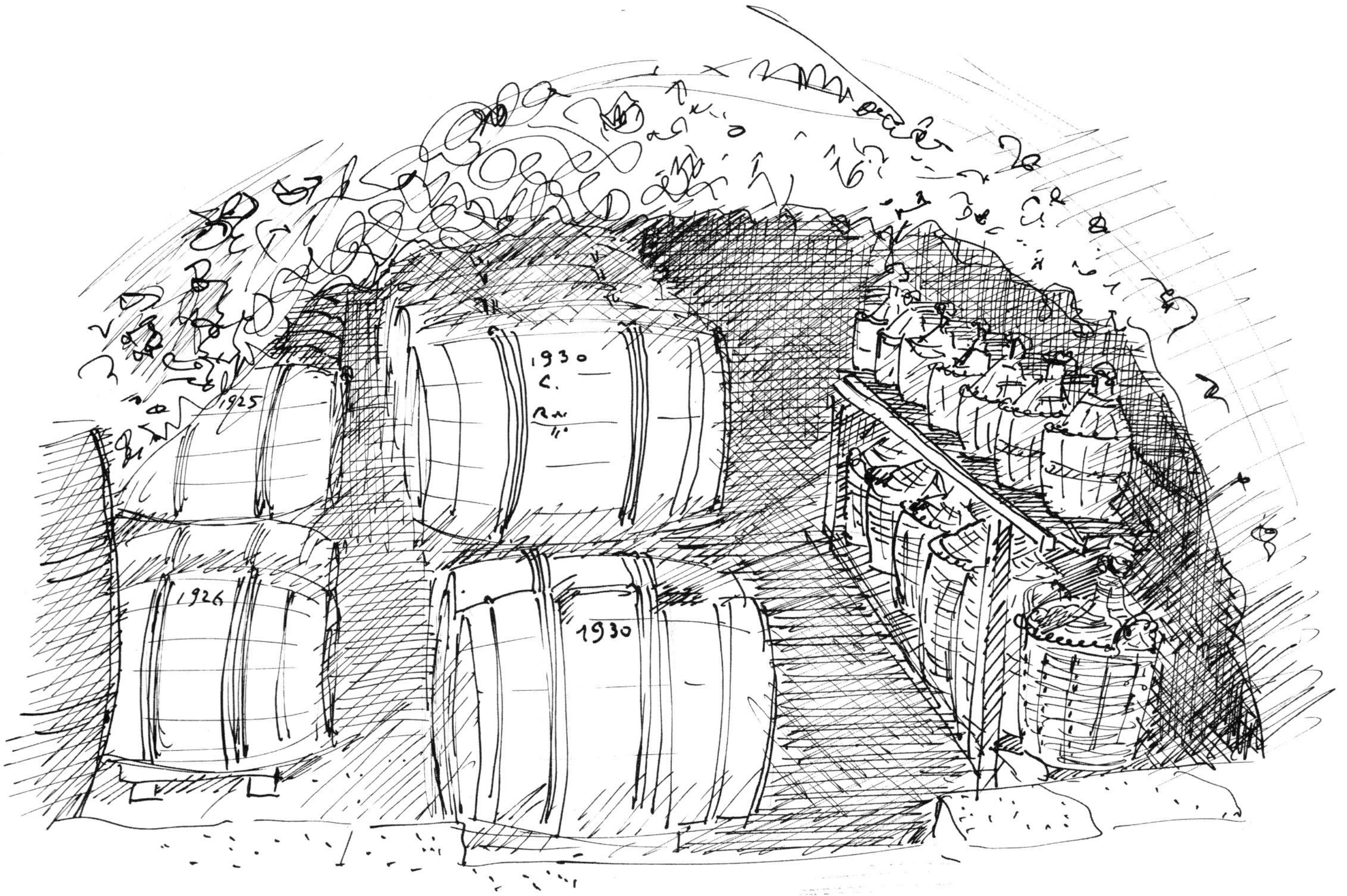

Marcel Ragnaud, der sich wegen der berühmten Qualität seiner alten Cognacs keine Absatzsorgen zu machen braucht und mir vor etwa sieben Jahren eher zufrieden erzählte, seine Bestände seien fünfzehnmal so hoch wie sein jährlicher Absatz. Aber 1983/84 lagerte schon das achtzehnfache des jährlichen Verkaufs in Ragnauds chais, und nun machte er sich doch allmählich Sorgen, wo er die neuen Ernten unterbringen könne. In seinen Fässern und Bonbonnes (den großen Flaschen, in denen alter Cognac aufbewahrt wird, nach Abschluß der Faßzeit) lagern Schätze, die sechzig, siebzig Jahre alt sind, einige noch älter – nicht mehr viele unter den kleinen, wenn auch feinen Produzenten können sich eine solche Kapitalbindung leisten. So gut wie alle Winzer in dieser Lage verkaufen daher einen Teil ihrer edelsten Bestände an die großen Häuser, was natürlich deren Kosten nicht gerade senkt; für sie ist aber der Zwang, in allen Sorten lieferfähig zu bleiben, größer als bei ihren Lieferanten.

Die großen Häuser könnten wegen ihres so viel größeren Umsatzes billiger sein, mag man denken. Vielleicht, aber in anderen Branchen erleben wir das ja auch kaum. Und der Selbstkostenpreis von Cognac, zu dem die eben geschilderte Lagerhaltung beiträgt, ist sechsmal so hoch wie der des teuersten Kornbrandes, etwa des Malt Whisky (Bruno Sepulchre, Le Livre du Cognac, Paris 1983, S. 10), ganz zu schweigen von anderen Spirituosen. Das Verhältnis Qualität/Preis ist, wie gesagt, bei vielen Cognacs weit günstiger als bei vielen mehr oder weniger berühmten Rotweinen aus Burgund und Bordeaux.

Marcel Ragnaud, Grand Old Man des edlen Cognacs im Herzen der Grande Champagne, zeigte mir seine Bestände Anfang 1978 mit weit größerem Vergnügen als 1983: Der Absatz war schwieriger geworden.

Ein alter Weinbrand, der es an Reichtum der Nuancen in Bukett und Geschmack mit einem alten Cognac aufnehmen könnte, ist noch nicht entdeckt (was immer die Armagnac-Freunde, zu denen ich gelegentlich auch gehöre, dagegen sagen möchten).

Letzthin kaufen die Großen, entsprechend den Absatzschwierigkeiten, etwas weniger. Das hat viele kleine Produzenten in Schwierigkeiten gebracht und manche bewogen, neben der Faßware nunmehr auch ihre eigene Flaschenmarke direkt anzubieten, dem Kleinhandel und den Restaurants der Umgebung, den Touristen (so viele Hinweisschilder gab es, wie schon gesagt, früher nicht) und auch dem einen oder anderen ausländischen Kunden. Auch Destillerien, denen die Großen weniger abnahmen, begannen eigene Marken einzuführen. Da sind sehr vortreffliche Cognacs zum Vorschein gekommen, alte und jüngere, und sie sind an Ort und Stelle manchmal billiger als die der Großen, bei gleicher Qualität. Aber wenn man als Tourist hier und da erstaunliche Funde macht (unsere Adressenliste im ABC würde dabei sehr helfen), darf man nicht vergessen, daß zum Export, zur Bevorratung, zur Sicherung gleichbleibender Qualität eben ein Kapital gehört, das ein «billiges» Produkt ziemlich ausschließt.

Am schwersten belastet aber die Cognac-Rechnung, bevor Sie selbst irgendeine bezahlen, der resigniert-humoristisch so genannte «part des anges» – der «Anteil der Engel», man könnte auch sagen eine Steuer des Himmels.

Jene Eichenholzfässer aus dem Limousin und Tronçais, die allein die Originalität des Cognac gewährleisten, sind aus ziemlich porösem Holz, Limousin noch mehr als Tronçais. Das hochprozentige Destillat in ihnen verdunstet durch die Poren. Wie stark und mit welcher Geschwindigkeit, ist von Faßlager zu chai verschieden. Aber die Schulbeispiele, mit denen es erklärt wird, sind ziemlich gültige Durchschnittswerte. Die verbreitetste Schätzung, sozusagen amtlich aus der «Station Viticole», beläuft sich beim Volumen auf zwei bis vier Prozent pro Jahr, bei der Alkoholstärke auf zwei bis dreieinhalb Prozent.

Im Laufe der Zeit wird der Verlust schwächer. Fünfzig Jahre im Faß bringen im allgemeinen eine Senkung des Alkoholgehalts von 70 auf etwa 46 Prozent. Bei siebzig Faßjahren droht der Cognac, die 40 %-Grenze zu unterschreiten, unter der er gesetzlich nicht mehr Cognac heißen darf (Ausnahme: s. ABC, A.E.DOR).

Für das gesamte Cognac-Gebiet

Je älter der Cognac, desto mehr Wein, also Trauben, hat er «verbraucht». Für den rechten, der mehr als zwanzig Jahre hinter sich hat, mußten fast 21 Pfund Trauben aufgewendet werden

veranschlagt man, daß jedes Jahr das Volumen von achtzehn bis zweiundzwanzig Millionen Flaschen Cognac verdunstet – «ein notwendiges Übel, aber teuer», sagte resigniert der Chef der Station Viticole, F. Gay-Bellile. In feuchterer Luft schwindet der Alkohol schneller als das Volumen: Der Alkoholgehalt des Cognacs wird also schwächer. In trockenem Lager verdunstet die Flüssigkeit schneller, bleibt also vergleichsweise länger höherprozentig, ihr Alkoholgrad sinkt etwas langsamer (aber auch unaufhaltsam). Manche Unternehmen mit entsprechender Lage ihrer chais rechnen sogar damit, daß sie im Jahr vier Prozent des gelagerten Cognacs einbüßen.

Diesen Verlust, über den nicht tröstet, daß dabei auch lästige flüchtige Bestandteile wie das Ethanal verschwinden, ersetzt natürlich niemand (wenn er auch von der Steuer berücksichtigt wird). Aber die Fässer müssen ziemlich weit gefüllt bleiben; also muß ständig nachgefüllt werden.

Den Verlust kann man auch anders verdeutlichen. Für einen jungen, normalen Drei-Sterne-Cognac, die übliche 0,7-Liter-Flasche, braucht man etwa 4,2 Kilogramm Trauben. Ein VSOP, der mindestens vier Jahre alt sein muß, hätte nach dieser Zeit schon 5,5 Kilogramm verbraucht. Für einen fünfzigjährigen Cognac hätten bis zu zwölf Kilogramm aufgebracht werden müssen. Bei diesem Beispiel ist vorausgesetzt, daß achtprozentiger Wein destilliert wurde. Nach einer anderen Rechnung mit etwas anderen Alkoholwerten sowohl für den Wein (9 %) als auch für den Cognac (43 %) würde man für eine Flasche von Zwölfjährigem 6,8 Kilogramm Trauben verbraucht haben, für 23 Jahre alten 10,4 Kilogramm. Pierre Voisin (Cognac Gourmel), von dem diese Rechnung stammt, fügt hinzu: Nach zwölf Jahren bleiben von einer Cognacmenge, die anfänglich zehn Flaschen entsprach, noch sechs Flaschen. Nach 23 Jahren wären es nur noch vier. Und schließlich: eine Flasche zwölfjährigen Cognacs entspricht fast sieben Flaschen Wein des gleichen Alters. Eine Flasche von 23jährigem entspräche dem Traubenaufwand für zehn bis elf Flaschen Wein gleichen Alters. «Im Vergleich zu Qualitätswein ist Cognac also schlecht bezahlt».

Diese Rechnungen, so verschieden sie für die einzelnen Unternehmen und Bedingungen auch sein mögen, machen einen für die Kundschaft im wahrsten Sinne des Wortes unsichtbaren, aber gewaltigen Kostenfaktor aus. Ein notwendiges Übel, wie Gay-Bellile richtig sagt – notwendig, weil nur durch diesen aufwendigen Reifeprozeß der Cognac seine höchsten Qualitäten erreicht. Ihn macht so teuer, daß das Bessere (wie jeder weiß) der Feind des Guten ist, sowohl unter den Cognacs als auch im Vergleich zu anderen Weinbränden.

Ein Fachmann hat vor einiger Zeit berechnet, daß in der Cognac-Produktion mehr festgelegtes Kapital steckt als in der gesamten französischen Autoindustrie; die Bestände betrugen 1983/84 mehr als sieben Jahre Verkauf.

«Courvoisier Cognac ★★★ ...... p. Glas Mk 1,–» steht auf der Menükarte des Zeppelins «Luftschiff Deutschland», 9. April 1911. Das war auch damals nicht eben billig, selbst wenn man den Zeppelin-Zuschlag berücksichtigen muß. Verglichen damit sind die Preise gar nicht so sehr gestiegen. Anderseits sind sie seit längerem wieder in Bewegung, was ausschließt, daß die folgenden Beispiele auf den Pfennig oder auf die Mark noch genau stimmen können, wenn Sie dieses lesen. Ich gebe sie auch nur als Größenordnung, um einige Unterschiede deutlich zu machen.

Anfang 1984 hatten Drei-Sterne-Qualitäten der bekannten großen Marken in gehobenen Feinkost- und Spirituosenläden fast durchweg die DM-30-Grenze überschritten, ihre VSOP lagen oft schon um oder über DM 40,– pro 0,7-Liter-Flasche. Cognacs weniger bekannter Marken und/oder weniger aufwendiger Läden, etwa in Supermärkten, schafften noch Dreistern-Preise unter und um zwanzig Mark, VSOP unter dreißig Mark. Auch die Abfüllungen der großen Häuser waren hier gewöhnlich, soweit überhaupt vorhanden, um einige Mark billiger. Anderseits brachten es VSOPs in besonders teuren Luxusgeschäften schon auf Preise um sechzig Mark. VSOPs, die beständig nur so viel kosten wie preiswerte Dreisternsorten, dürften im allgemeinen jüngere und billigere Bestandteile enthalten als ihre Namensvettern.

In französischen Supermärkten kosteten im Winter 1985 Dreisternqualitäten der Großen im Durchschnitt zwischen (umgerechnet) DM 20,60 und 42,–, die Handelsmarken und andere billig kalkulierte zwischen 13,40 und 14,–. VSOPs: zwischen 27,– und 55,–. In Feinkost- und Spirituosengeschäften lag das Niveau ähnlich höher wie bei uns.

Bei der Qualitätsstufe Napoléon ist die Spanne nicht weniger weit. Es gibt ihn bei uns von manchen Firmen für etwa DM 65,–, von anderen für achtzig. Hier ist das Niveau der jeweiligen Geschäfte noch entscheidender, Napoléon ist auch schon für mehr als hundert Mark zu finden (wenn man ihn unbedingt suchen möchte). XO, Extra und dergleichen erreichen in der Bundesrepublik, beginnend bei etwa achtzig Mark, je nach Renommé und Geschäft, leicht mehr als zweihundert Mark. Ausgesprochene Spitzenqualitäten reichen von etwa zweihundert bis etwa achthundert, wobei an der Untergrenze fast oder wirklich ebenso gute zu finden sind wie an der oberen. Vielleicht ist es ein Trost, daß solche Spitzencognacs auf Grund ihrer Fülle und Intensität den Liebhaber sehr viel schneller zufriedenstellen, als wenn er eine jüngere Qualität vor sich haben würde. Ein Glas nach einem guten Essen ist gewöhnlich auch für den versessensten Cognacfanatiker genug. In diesem Zusammenhang hat das französische Gastronomiekritiker-Paar Gault und Millau den Wirten ihres Landes sogar geraten, Gästen, die solche Cognacs bestellten, doch ruhig die Flasche auf dem Tisch zu lassen. Das Risiko, daß diese sich viel nachschenken würden, sei äußerst gering. Das deckt sich mit meiner Erfahrung: solche Flaschen halten sich lange.

Cognacs der kleinen Produzenten (oft einfach «Cognac de Propriétaire» genannt) sind im Direktverkauf an Ort und Stelle im allgemeinen deutlich billiger, meist abgestuft nach der jeweiligen Lage. Für Spitzenqualitäten braucht der Einzelkunde an Ort und Stelle oft nur etwa die Hälfte oder gar ein Drittel des Preises zu zahlen, der ihn in einem Geschäft erwarten würde; das gilt auch für die anderen Qualitäten. Sehr oft sind die Erzeugnisse jener kleinen Produzenten von Qualität und Preis her denen der großen Häuser durchaus gewachsen. Der Hauptunterschied liegt in der Kapazität. Wohin man Abstecher machen könnte, zeigt unser ABC...

Wenn er nicht wie immer schmeckt

Störende Chemie

Gerade weil Cognac so wertvoll ist, muß er besonderen Ansprüchen genügen. Von «meiner» Marke und jeweiligen Qualität erwarte ich gleichbleibend guten Geschmack. Da scheint mir ratsam, auf eine Erscheinung aufmerksam zu machen, die nichts mit dem Cognac zu tun hat, wenn auch sich auf ihn auswirkt, sondern unter Umständen mit Ihnen selbst.
Der Public-Relations-Chef des B.N.I.C., Gérard Sturm, erzählt gern folgende Geschichte. Er schätze recht wenig den (teuren und feinen) Soundso der Marke XYZ. Eines Tages aber sei ihm der während einer Geschäftsreise nach einem Essen eingeschenkt worden und habe ihm zu seiner Verblüffung gut geschmeckt. So gut, daß er sich wunderte.
Wieder zu Hause, kostete er diesen Cognac aufs neue – er sagte ihm wieder nicht sehr zu. Verdutzt überlegte er, ob der andere Geschmack am vorhergegangenen Essen gelegen haben könne. Da war doch so ein Fischgericht gewesen, das Sturm sich nicht erinnerte, schon oft gegessen zu haben...
Sturm bat seine Frau, ihm dieses Fischgericht zuzubereiten. Gesagt, getan. Anschließend wurde jener Cognac eingeschenkt – und wieder schmeckte er Sturm vorzüglich.
Sturm erzählt diese Geschichte zwar sicher auch gern, um zu beweisen, was ja seines Amtes ist: daß es überhaupt keinen schlechten Cognac gebe, allenfalls schlechte Menschen. Doch kennt man ja vom Wein, vom Bier her ähnliche Erfahrungen. Ich trug das also einem befreundeten Professor vor, ein Feinschmecker – und ein paar Tage später überreichte er mir eine Expertise, die ich Ihnen nicht vorenthalten möchte:

◁ Ausläufer der Grande Champagne, rechts von der Nationalstraße 114 von Cognac kurz vor Jarnac

Zur Biochemie des Cognac-Genusses

1. Der Abbau des Alkohols im menschlichen Körper geschieht durch Oxydation («Verbrennung») in verschiedenen Stufen, die durch verschiedene Enzyme gesteuert werden. Endprodukte sind (wie immer bei der Zersetzung von Nahrungsmittel-Molekülen wie Kohlehydraten, Eiweiß und Fetten) Kohlendioxid und Wasser. Beim Alkohol entsteht in der 1. Stufe dieses Oxydationsprozesses *Aceton,* das aber normalerweise binnen weniger Tausendstel Sekunden weiter abgebaut wird.
2. Die verschiedenen «Oxydations»-Enzyme (man darf sich darunter nicht nur die im Speichel und Magensaft enthaltenen vorstellen: der Magen verdaut ja nur vor, im wesentlichen aber findet die beschriebene Oxydation in allen Körperzellen – Blut, Muskulatur usw. – statt) greifen in sehr komplexer Weise bei der Oxydation der verschiedenen Nahrungsmittel-Moleküle ineinander. So kann es durchaus sein, daß bei *übermäßiger Fettzufuhr* die Verdauungs-(Oxydations-)Enzyme durch die Fettoxydation «blockiert» werden, mit der Folge, daß die Oxydation von gleichzeitig vorhandenem Alkohol unvollständig bleibt, ja im Extremfall sogar schon auf der 1. Stufe (Aceton) längere Zeit (d.h. vielleicht eine

Zehntel Sekunde bis 1 Sekunde lang) *stehen bleibt.* Das dann im Körper vorhandene Aceton (das – vgl. oben – nicht etwa im Magen sich befindet, sondern überall in den Körperzellen!) tritt so natürlich auch in Lunge, Nase und Gaumen auf und wird dort «geschmeckt». Da nicht nur die Oxydationsprozesse selbst, sondern auch die Diffusion durch die Zellwände sehr schnell (in Tausendstel Sekunden) ablaufen, merkt der Genießer dies unter Umständen schon «unmittelbar» beim Trinken, das heißt: der Cognac «schmeckt nicht»; und im Extremfall «schmeckt» er sogar direkt nach Aceton!

3. Ähnliches spielt sich auch in anderem Zusammenhang ab. Z. B. bleibt die Zucker-Oxydation, bei der auch – wie beim Alkohol – auf einer Zwischenstufe Aceton entsteht, beim Fehlen des Insulin auch auf dieser Stufe stehen; der schwer Zuckerkranke produziert dann (kurz vor dem Koma) nicht weiter abgebautes Aceton in solchen Mengen, daß man es schon beim Betreten des Krankenzimmers riecht.
Aber auch andere, komplexere biochemische Zwischenprodukte und -stufen spielen für den Geschmack eine Rolle. Das Ineinandergreifen von Alkohol (zusammen mit den verschiedenen im Cognac selbst schon enthaltenen aromatischen Molekülen) und der jeweiligen Zusammensetzung des Essens (viel/wenig Fett, viel/wenig Zucker) bewirkt eine jeweils ganz verschiedene Dauer und Gewichtung der verschiedenen ablaufenden biochemischen Prozesse, so daß der Cognac tatsächlich im *chemischen* Sinne (und nicht etwa nur psychologisch oder rundheraus eingebildet) *verschieden schmeckt.*

Soweit die Expertise. Mir scheint daraus zu folgern, daß es nicht ratsam ist, Cognac *zum* Essen zu trinken.

Zu Tisch im Hause de Lotherie, im Herzen des besten Cognac-Gebietes (Juillac-le-Coq in der Grande Champagne)

Likör, Pineau etc.

Was sonst noch aus Cognac wird

Auch als die «région délimitée» noch keine Absatzsorgen hatte, erzeugte sie Aperitifs und Liköre auf Cognacbasis. Der berühmte Grand Marnier, dessen Herstellerfirma Marnier-Lapostolle auch Cognac produziert, benötigt jährlich etwa die Menge von 14 Millionen Flaschen Cognac. Eine ganze Reihe von Cognacfirmen stellen ebenfalls Liköre mit Cognac her, meist über Tochtergesellschaften. Zu den bekannteren gehören Prunier und Georges Courant (jetzt in der Gruppe CCG, siehe ABC). Ein weiteres originelles, nur in dieser Gegend erzeugtes Getränk ist der Pineau des Charentes, Aperitif oder auch zum Dessert. Da handelt es sich um Traubenmost, dessen Gärung durch Beigabe von mindestens sechzigprozentigem Cognac gestoppt wird; je älter der Cognac, desto besser auch hier. Auch diese Mischung, die ziemlich süß ist und 16 bis 22 Grad Alkoholgehalt hat, lagert dann mindestens zwei Jahre im Faß und unterliegt ähnlich strengen Kontrollen wie der Cognac.

Winzerhaus in Ambleville, Grande Champagne

Zur Zeit werden mehr als 100 000 Hektoliter Pineau im Jahr hergestellt, weißer, roter und auch Rosé. Fast jeder Cognacproduzent fabriziert auch Pineau. Viel wird noch nicht exportiert.

Erheblich mehr verdient das Cognacgebiet mit Weinbrand: Es exportiert rund 34 Prozent des insgesamt aus Frankreich ausgeführten Weinbrandes (knapp 129 000 hl RA von 378 600 im Jahr 1984).

Schließlich liefert das Gebiet eine Spezialität hauptsächlich für die Bundesrepublik: sogenannter «vin viné», Brennwein, der erst bei uns zu Weinbrand verarbeitet wird; er entsteht, indem man dem Wein nach der Gärung Weinbrand oder Cognac zusetzt. Der geringere Prozentsatz Alkohol macht ihn für die Einfuhr billiger. Mit Abstand wichtigster Kunde ist also die Bundesrepublik, sie hat aus der Produktion 1983/84 rund 232 000 Hektoliter eingeführt. Nächste Kunden: DDR (65 000 hl) und bis 1982 Österreich.

Der Vollständigkeit halber sei noch etwas erwähnt, was nach französischer Auffassung kein Cognac ist, sondern «Esprit de Cognac» heißt: ein achtzig- bis fünfundachtzigprozentiger Brand, der durch eine dritte Destillation gewonnen wird. Sie muß in der gleichen typischen Brennblase der Charente durchgeführt werden. «Esprit de Cognac» dient ausschließlich zur Anreicherung von Schaumweinen und gewissen Exportlikören. Seine Herstellung bedarf der Erlaubnis des B.N.I.C.

II. COGNAC FÜR FORTGESCHRITTENE

Cognac-Hierarchie 1:

Die Crus

Cognac ist nicht nur ein einzigartiges Getränk. Auf den ersten Blick ist auch originell, wie kompliziert es scheint, seine Qualität zu bestimmen.
Für Cognac gelten zwei verschiedene Qualitäts-Hierarchien, die sich keineswegs decken: sie überschneiden sich. Das macht die Auswahl schwierig, wenn man nicht schon gut Bescheid weiß. Aber die Kombination ihrer Möglichkeiten ergibt just jene Vielfalt der Qualitäten, mit der Cognac allen anderen Weinbränden überlegen ist.
Zum einen gibt es die Hierarchie der Herkunft, fast wie ein indisches Kastensystem. Zum anderen die des Alters, die ansonsten in Mitteleuropa bekanntlich stark erschüttert ist; in Übersee, von Nordamerika abgesehen, gilt sie noch.
Das Gesamtgebiet, das Cognac produzieren darf, ist in sechs Regionen eingeteilt. So, wie Cognac eine geschützte Bezeichnung ist, eine «appellation contrôlée», sind diese Regionen mit einer Ausnahme festgelegte, kontrollierte Unterbezeichnungen, eben «sous-appellations». Sie könnten durchaus auf den Etiketten auftauchen, sofern es sich nicht um Mischungen über die cru-Grenzen hinweg handelt, und manchmal sieht man sie auch. Weil es sich eben um eine Hierarchie handelt, legen diejenigen, die in den höher bewerteten Regionen produzieren, eher Wert auf die Kennzeichnung.
Die Cognac-Regionen heben sich durch die Qualität ihrer Cognacs voneinander ab, weitgehend wegen der Beschaffenheit ihrer Böden, die nachweisbar die Qualität des Weines beeinflussen. Im Zentrum ist auch das Klima günstiger, nämlich noch mehr abgeschirmt von den Nachteilen eines maritimen Klimas im Westen, eines kontinentalen im Osten. Die crus liegen annähernd kreisförmig um die Stadt Cognac herum, die sich an der Grenze zweier von ihnen und in größter Nähe der dritten befindet, also auch von daher als legitime Hauptstadt des ganzen Cognac-Gebietes angesehen werden könnte. Von der als edelste angesehenen Lage bis herunter zur letzten sind es:

I Grande Champagne, südlich des Flusses Charente, südöstlich Cognac, mit dem Städtchen Segonzac als Zentrum. Sie umfaßt 27 Gemeinden mit etwa 12 400 Hektar für Cognac bestimmte Rebfläche und produzierte in der 1985 abgeschlossenen Destillierperiode etwas mehr als 115 000 Hektoliter 70%igen Cognac. Der Boden ist besonders kreide- und kalkhaltig, bröckelig, oft grau.

II Petite Champagne, südwestlich, südlich und südöstlich um die Grande Champagne herum, mit einer winzigen Nordenklave westlich von Jarnac. 60 Gemeinden mit rund 14 800 Hektar Rebfläche. Produktion in der Kampagne 1984/85: knapp 111 500 Hektoliter (70%). Bodenbeschaffenheit sehr ähnlich der Grande Champagne, aber abgeschwächt. Der Boden ist etwas heller.

III Borderies, die geographisch kleinste sous-appellation, nördlich und nordwestlich von Cognac. 10 Gemeinden mit etwa 3900 ha

Rebfläche. Kampagne 1984/85: etwas mehr als 34 000 hl. Hier ist der Boden im Lauf der Erdgeschichte in den oberen Schichten weitgehend entkalkt worden (erst viel tiefere Schichten sind wieder kalkreich); viel Feuerstein, Tonerde. Boden bräunlich.

◁ Auf bröckeligem Kalkfelsen entsteht der richtige Wein für guten Cognac. Unten Steinbruch, oben Wein der Grande Champagne

Grande Champagne

IV Fins Bois, ringförmig, aber mit Hauptausdehnung im Norden und Osten um die ersten drei herum. 278 Gemeinden mit etwa 32 000 ha. Kampagne 1984/85: 120 000 hl. Viel Tonerde, eher rötlicher Boden, teils hart kalkig, teils sandig mit insgesamt sehr unterschiedlicher Beschaffenheit.

V Bons Bois, wieder ringförmig um die anderen herum. 276 Gemeinden mit etwa 13 000 ha. Kampagne 1984/85: knapp 82 000 hl. Ziemlich harter Kalk- und Tonboden, höhere Bodenfeuchtigkeit als die anderen.

VI Bois Ordinaires (früher auch noch Bois Communs und Bois à Terroir): eine Ecke im Südwesten der Region, nicht mehr in einem Charente-Departement, sondern in der Dordogne; eine zweite im Norden, diese auf dem Gebiet des Departement Deux Sèvres; die Hauptfläche aber im Westen der Bons Bois bis zum Meer, dazu die Inseln Oléron und Ré. Hier spielt der Cognac optisch keine Rolle mehr. Anbaufläche etwa 2200 ha. Kampagne 1984/85: rund 12 000 hl. Hier herrscht das Seeklima, der Boden ist feucht. Der Gesetzgeber hat sich nicht die Mühe gegeben, die Gemeinden einzeln aufzulisten.

(Die angegebenen Destillationsmengen der sechs crus stammten aus etwa 90 % der Weißweinernte; der Rest wurde anderweitig verwendet oder als Stützungsmaßnahme vom staatlichen Monopol destilliert).

Petite Champagne

Borderies

Fins Bois

Bons Bois, silicatreich

Wie der Name Bois vermuten läßt (Holz, Wald), waren die Bois-Gebiete in der Vorzeit von Wäldern bedeckt oder (Fins Bois) von Buschwerk. Champagne bedeutet hier nicht das berühmte Getränk, sondern Campagne, Feldland, Akkerland. Es ist auch für andere Landwirtschaft fruchtbar, reich an Humus, bis Juli mit reichlichem Grundwasser, das dann schwindet und dadurch eine bessere Reifung des Weines ermöglicht; hier profitiert der Cognac bzw. sein Grundwein von besonders günstigen Hefekulturen, die bei der Vergärung des Mostes ihre Rolle spielen.

Aus der Stufenleiter dieser Regionen ergibt sich nun die Hierarchie der crus, denen folgende Eigenschaften zugeschrieben werden:

I Grande Champagne: am feinsten, mit dem reichsten Bukett, aber von langsamer Entwicklung, in der Jugend ziemlich aggressiv; außerordentlich langlebig und alterungsfähig, entwickelt seine höchste Qualität nach Jahrzehnten.

II Petite Champagne: fast so (entsprechend auch dem Boden) wie die Cognacs der Grande Champagne, wenn auch nicht ganz so optimal, altert ebenfalls hervorragend.

III Borderies: Milder, ebenfalls reiches Bukett; nicht ganz so fein, altert schneller; hat die schätzenswerte Eigenschaft, andere sehr gut in Mischungen anzureichern bzw. abzurunden. Auch langlebig.

IV Fins Bois: Kräftig. Altert schnell, ohne deswegen unbedingt früher zu «sterben». Gerade in der Jugend oft durch feineren Geschmack den Größeren schnell überlegen; etwas weniger nuancenreich. Beliebte Beimischung, oft Hauptbestandteil von Cognacs, die ziemlich jung getrunken werden sollen, aber von Anfang an auch ausgezeichnet allein. Es gibt auch vortreffliche alte.

V Bons Bois: Im Grundton von I bis IV deutlich verschieden, wenn auch manchen Fins Bois noch ähnlich. Kräftig, ohne die Feinheiten der anderen. Oft mit einem besonderen Geschmack, keineswegs nach Holz, eher nach Einflüssen feuchter Erde und der See. Ich meine oft eine eher metallische Komponente zu spüren – die Degustationssprache des Cognac ist noch längst nicht so hoch entwickelt wie die des Weines, weswegen es noch nicht sehr gelungen ist, ein nuanciertes, allgemein akzeptiertes Vokabular zu entwickeln (nicht meine Worte, wenn auch meine Ansicht, sondern die des technischen Direktors von Courvoisier, Dumon). Die Cognacs dieser Region werden, hauptsächlich natürlich wegen ihres niedrigeren Preises, für Mischungszwecke keineswegs verachtet.

VI Bois Ordinaires: Noch schwächer, was den «typischen» Cognac-Geschmack anbelangt (nicht den Alkohol), noch einfacher, enger in den Nuancen. Altert nicht sehr gut, uralte Qualitäten lohnen sich nicht, mittlere zuweilen schon. Ziemlich ausgeprägter Geschmack (wie viele Cognacleute finden) nach See, Küste, Algen, ja Jod; andere sind wiederum recht neutral im Geschmack, weil versucht wird, bei der Destillation alle störenden Einflüsse wegzubrennen, wobei auch bessere verloren gehen; für die Insellagen galten lange weniger strenge Destilliervorschriften.

Die Qualität bestimmt den Preis, oder sagen wir richtiger: der Preis spiegelt wider, was die Kundschaft für das Beste und das Bessere hält.

Hier also ein Beispiel von Anfang 1985. Da betrug der von den großen Häusern gezahlte Durchschnittspreis für die jüngsten Brennweine aus der Ernte 1984 pro Hektoliter (gerechnet in reinem Alkohol) in französischen Francs für:

Grande Champagne	4790,–
Petite Champagne	4350,–
Borderies	4350,–
Fins Bois	3450,–
Bons Bois	2930,–

Mit so jungen Bois Ordinaires wurden um diese Zeit keine Umsätze gemacht; für Brände aus der Ernte 1982 wurden im Durchschnitt 2880 Francs gezahlt.

Abweichungen von plus/minus vier Prozent waren für alle crus zugestanden; sie ändern nichts an der Hierarchie. Mit zunehmendem Alter klettern die Preise, das Verhältnis bleibt.
Bevor Sie nun dieser Skala folgend die Cognacs der jeweils niedrigeren Stufe geringer schätzen, muß ich Sie auf einige wichtige Ausnahmen aufmerksam machen und ganz allgemein – vor Verallgemeinerungen warnen.
Aber vorher will ich noch, weil die Wortverbindung mit «Champagne» aufgetaucht ist, noch zwei weitere legale Unter-Appellationen (sous-appellations) erklären; diese Begriffe kommen häufig vor:
Fine Champagne: Das ist keine Gegend, keine Lage, sondern eine Mi-

Typische Ferme der Charente, nach außen eher abweisend

schung aus Grande Champagne und Petite Champagne, wobei der Anteil des cru Grande Champagne mindestens fünfzig Prozent betragen muß.

Grande Fine Champagne hingegen ist hundertprozentig aus der Grande Champagne und brauchte auch eigentlich nur so zu heißen.

Petite Fine Champagne (erst seit 1978 zugelassen): Aus dem rangzweiten cru, also der Petite Champagne.

Doch nun müssen wir manches aus der vorstehenden Hierarchie relativieren. Sie ist zweifellos im großen und ganzen richtig. Aber wer sich sklavisch an sie halten würde, verzichtete unnötigerweise auf manchen Genuß.

Zunächst wollen wir die beiden Champagne etwas von ihrem hohen Sockel holen. Gewiß: sie werden mit zunehmendem Alter immer besser, und fast unschlagbar sind sie nach vierzig, fünfzig Jahren im Faß. Aber sie wirklich so lange dort zu lassen, alle von ihnen, kann sich so gut wie niemand leisten. Selbst das ehrwürdige Haus Ragnaud ist darauf angewiesen, neben seinen uralten, ehrwürdigen Spitzencognacs aus den teilweise hundertjährigen Fässern eine weit größere Menge junger Cognacs zu verkaufen, und die sind ja auch alle aus der Grande Champagne. Cognacs der Grande und der Petite Champagne sind also oft, um nicht zu sagen meist, noch weit entfernt von ihrem Optimum. Wenn wir uns erinnern, daß der jüngste ★★★ Cognac nur etwa zweieinhalb Jahre alt zu sein braucht... das ist dann wohl bestimmt zu weit entfernt. Die Produzenten, die keinen anderen cru haben, lösen das Problem nach Möglichkeit, indem sie ihren «jüngsten» länger liegen lassen, als es für die jeweilige Qualität vorgeschrieben ist. Darüber finden Sie Angaben, soweit die Produzenten sie machen wollten, in unserem ABC. Diejenigen Produzenten, die es können, mischen mit den dann gar nicht mehr verachteten Bränden der anderen Zonen.

So traurig es für manche Produzenten ist – auch in der Grande Champagne ist nicht alles gleich vortrefflich, wie sehr die Winzer und Destillateure sich auch mühen mögen. Die Nordostecke der Region ist wegen ihres sandigeren Bodens gegenüber anderen Lagen des Gebietes benachteiligt, selbst da, wo der

Wein auf Hügeln wächst. Sie grenzt an die «Fins Bois», ausgerechnet eine von deren besten Gegenden – Grenzziehungen sind eben oft nicht nur zwischen Völkern ungerecht.
Die Hügel um Segonzac, Gemeinden wie Ambleville, Bouteville, Juillac-le-Coq, Lignières, Malaville, St. Preuil (die Aufzählung ist nicht vollständig) produzieren so ziemlich das Beste, was die Grande Champagne zu bieten hat. Nur selten gelingt es anderen Produzenten, diesen Vorteil durch sorgfältigen Ausbau und größere Mühe wettzumachen. Natürlich sind andererseits auch die größten Cognacs nicht dagegen gefeit, in mangelhafter Lagerung und Pflege ihre Klasse zu verlieren.
In der Petite Champagne wiederum ist die Gegend um Archiac/Arthenac besonders hoch angesehen. Manche der Cognacs von dort sind manchen der Grande Champagne überlegen, und die «Petite Champagne d'Archiac» ist zwar kein legaler, aber ein in der Fachwelt durchaus akzeptierter besonderer Gütebegriff. Der Kalk- und Kreideboden um Barbezieux verleiht auch dort der Petite Champagne eher Grande Champagne-Charakter.
In den südöstlichen Fins Bois ihrerseits werden die Cognacs aus der Gegend um Blanzac hoch bewertet; auch dort entspricht der Boden eher dem der Champagne. Auch das Fins Bois-Gebiet nördlich der Champagne, in einem breiten Streifen etwas nördlich von Jarnac bis zu den Borderies im Westen, bis etwa Moulidars im Osten, Sigogne im Norden, produziert so manches, was höher Eingestuftem ebenbürtig ist. Und auch in den Bons Bois gibt es überdurchschnittliche Lagen, etwa um Montguyon herum (Süden der Cognac-Region), und von dort ein Streifen entlang der Südgrenze der dort ziemlich schmalen Fins Bois nach Westen, bis noch westlich von Baignes-Ste.-Radegonde.
Man darf also nicht zu schematisch urteilen, und die Ausnahmen, die ich aufgezählt habe, könnte man zweifellos noch ergänzen. Selbst in der maritimen Zone, bei den Bois Ordinaires (was, scheint mir, im Französischen nicht ganz so herabsetzend klingt und gemeint ist wie bei uns), habe ich vortreffliche Cognacs angetroffen. Urlauber auf der Insel Oléron und auf Ré haben das wahrscheinlich auch schon festgestellt. In unser ABC im dritten Teil dieses Buches habe ich absichtlich Adressen kleiner Produzenten der crus V und VI aufgenommen. Viele Cognacs dieser Gegenden sind nicht nur trinkbar, sondern an Ort und Stelle auch wesentlich billiger als die angeseheneren Verwandten, und wenn man dann auch noch die höheren Qualitäten wählt, kann man sehr angenehm überrascht werden. Ich habe Cognacs von Oléron und der Bons Bois gelegentlich in blinden Vergleichsproben unter solche «besserer» Regionen praktiziert. Sie schnitten nie als letzte ab.
Nicht wenige Cognac-Häuser verwenden für ihre Mischungen recht reichlich Bons Bois. Das dürfte hauptsächlich bei jenen billigen der Fall sein, die für die Regale der

Weinberg in der Nähe von Bouteville, eine privilegierte Lage

Supermärkte und Handelsketten bestimmt sind. Manche von ihnen enttäuschen den Cognacfreund und müßten für den Neuling die Frage aufwerfen, was an Cognac eigentlich so fabelhaft sein soll. Aber andere sind durchaus nicht zu verachten. An der Qualität des Produkts in der Flasche ist ja nicht nur die Lage beteiligt, sondern auch der Maître de chai, der Mischmeister, der durch seine Zusammenstellungen die Geschmacksrichtung entscheidend beeinflußt. Die bei weitem meisten Cognacs sind, wie gesagt, Mischungen mehrerer crus, auch die höherer und höchster Qualitäten. Die umsatzstarken Häuser sind dazu regelrecht gezwungen, wenn sie den jeweiligen Typ ihrer erfolgreichen Sorten beibehalten wollen. Mehrere Millionen Flaschen jedes Jahr in ein und derselben Qualität in genau gleichem Geschmack – dafür gäbe es in einer einzigen Lage für einen Großproduzenten keinen ausreichend großen Weinvorrat. Hier berühren wir ein viel diskutiertes Thema. Die Qualität des Cognacs von einem kleinen Produzenten mag berühmt und allen Großen überlegen sein. Der Cognac-Enthusiast strebt solchen Entdeckungen ja an; in unserem ABC sind einige verborgen. Aber die Schwäche dieses kleinen Produzenten ist, daß er nicht sehr vielen Enthusiasten in der ganzen Welt sehr lange ein immer gleiches Vergnügen bieten könnte. Der Cognac jedes Jahres fällt anders aus, und gleicher Cognac in verschiedenen Fässern auch, welcher Regel sich niemand entziehen kann. Nur die großen Häuser können für ihre Mischungen über lange Zeit gleichbleibende Qualität und gleichbleibenden Geschmack garantieren, von New York bis Tokio (gelegentlich unterscheiden sich die Mischungen für verschiedene Länder, um Unterschieden im Geschmack der verschiedenen Völker zu entsprechen). Diese Standardisierung bedauern manche, was meiner Ansicht nach unbegründet ist. So gut wie alle großen Häuser und mehrere mittlere bieten ja auch sehr erlesene Qualitäten, die sich mit den Spitzen der berühmten «Kleinen» durchaus messen können, obwohl anderseits manche, sogenannte Prestige-Cognacs der Spitzenklasse (jedenfalls nach Preis und Altersangabe) durchaus enttäuschend sind.

Da stimmt mich die Qualität, wenn man es noch so nennen kann, mancher Supermarktcognacs viel bedenklicher. Sie sind sicher aufs Knappste kalkuliert, ihr Geschmacksminimum ist es auch. Oft sind sie auffällig billiger als die billigsten, also jüngsten, der bekannten Markenfirmen, und auch bei

Gonzague Hériard-Dubreuil von Cognac Gautier (Aigre) entnimmt eine Faßprobe; die Firma hat 1984 eine neue Qualität auf den Markt gebracht (Cristal Extra)

den höheren Qualitäten besteht zu denen der renommierteren ein beachtlicher Abstand. Doch – sie stammen fast alle gerade von diesen Markenhäusern mit den respektierten Standardqualitäten. Sie haben nur andere Namen.
Viele dieser Handelsmarken können Sie in unserem ABC den «Mutterhäusern» zugeordnet finden.
Auch hier darf man nicht verallgemeinern. Die «Mütter» wickeln dieses Geschäft, auf das kaum ein großes Haus mehr verzichten zu können glaubt, nicht unbedingt unter anderem Namen ab, weil sie sich ihres Produktes schämten oder schämen sollten. Oft wünscht die bestellende Supermarkt- oder Warenhaus- oder sonstige Filialkette einen Cognac unter einem Namen, der nur bei ihr zu finden sein soll, aus begreiflichen und für den Cognac als Gattung sogar eher schmeichelhaften Gründen. Die Ketten erschließen dem Cognac damit vielleicht neue Käuferschichten, von denen man hoffen kann, daß sie nach diesem Einstieg zu höheren Qualitäten umsteigen mögen und können.
Die Einigkeit in der Beurteilung der verschiedenen Unter-Appellationen, der Zwang zum Mischen verschiedener crus hinderten die großen Häuser lange, Lagebezeichnungen zu Werbekampagnen zu nutzen. Aber vor einigen Jahrzehnten passierte es dann doch und entzündete einen der wenigen ernsthaften Zwiste im Cognac-Lager. Den Anstoß gab Rémy Martin mit einem Werbefeldzug, der folgende Gleichung aufzumachen versuchte:
Die besten Cognacs kommen aus der Champagne. Rémy Martin verwendet nur Cognac der Cham-

Früher waren Etiketten nicht immer so sachlich wie heute (aus der Sammlung des Museums in Cognac)

pagne – also drängt sich doch auf, daß Rémy Martins Cognac...

Das vernahmen die anderen Giganten, also Martell, Hennessy, Courvoisier und natürlich auch die nicht ganz so riesigen Großen mit vorstellbarer Unlust. Die meistverkauften unter ihren Sorten bestanden eher oder enthielten mindestens kräftige Teile aus den Borderies oder Bois und schmeckten (nicht nur) ihnen doch keineswegs schlechter. Der Streit wurde schließlich beigelegt. Werbekampagnen, die den Cognac der Konkurrenz schon aus Lagegründen minderwertig erscheinen ließen, wurden zurückgedreht.

Paradoxerweise geriet Rémy Martin gerade durch den gewaltigen Erfolg seines Cognacs (besonders in der Bundesrepublik) in eine ungemütliche Lage. Die Kapazität der Grande Champagne, die an allen Rémy Martin-Cognacs (außer dem später eingeführten ★ ★ ★ VS) mit mindestens der Hälfte beteiligt sein mußte, ist keineswegs unbegrenzt. In einer Zeit der Hochkonjunktur war just älterer Cognac der Champagne nicht gerade überreichlich vorhanden – und die drei Hauptkonkurrenten Martell, Hennessy und Courvoisier zusammen kauften ja schon stets rund siebzig Prozent der Produktion weg; Rémy Martin brauchte wegen seines Erfolges aber immer mehr von den älteren...

In den großen Fässern, «Tonneaux», wird Cognac verschiedenen Alters, oft auch verschiedener Lagen, zu einer «coupe» zusammengemischt. Hier bei Brugerolle in Matha

Cognac-Hierarchie 2:

Das Alter

Hier sind wir also bei der Hierarchie des Alters, die bei der Qualitätsbestimmung für Cognac und, was wichtiger ist, Qualitätsempfindung des Genießers ebenfalls eine große Rolle spielt. Ich glaube, es ist die wichtigere, obwohl das viele Leute des Gewerbes nicht recht wahrhaben wollen. Sie verhilft uns auch zur Entschlüsselung mancher geheimnisvoller Bezeichnung auf dem Etikett. Bei diesem vielregulierten Getränk ist auch die Altersangabe amtlich geregelt, wenn auch verwirrenderweise nur bis zu einem gewissen, umstrittenen Punkt, und paradoxerweise so, daß allzu genaue Angaben verboten sind.

Drei Sterne für einen Cognac: das hat einen festen Sinn, der erst am 23. August 1983 amtlich wieder neu bekräftigt und erläutert wurde und keineswegs den drei Sternen entspricht, die der Michelin-Führer einigen wenigen Restaurants für gastronomische Spitzenleistungen angeheftet hat.

★★★ bedeutet also, daß dieser Cognac mindestens zwei Jahre im Faß verbracht hat. In Wirklichkeit noch ein paar Monate mehr, denn die Festlegung sieht so aus:

Stichtag der Altersbestimmung ist der 1. April, nämlich der erste Tag nach Ende der Destillierperiode («Kampagne»). Die Destillation beginnt sogleich nach Ende der Gärung, also für die ersten gelesenen Weine Ende Oktober/Anfang November, und endet am 31. März. Für die bis dahin destillierten Brände beginnt das erste Jahr ihres Faßlagers offiziell am 1. April. Während dieses ersten Faßjahres sind sie auf dem sogenannten 0 (Null-)Konto (Compte 0) registriert – jeder Cognacbestand wird laufend schriftlich gemeldet, was Voraussetzung für die Zuerkennung von Prädikaten, Genehmigung des Etiketts und andere notwendige Formalitäten ist.

Mit Ablauf des Jahres im Null-Konto, dem ersten Jahr im Faß, wird der Cognac, wieder am 1. April, seinem formal ersten Geburtstag, ins Konto 1 befördert. Die Zeit, immerhin vielleicht vier Monate, die der Cognac vor dem anerkannten ersten Jahr schon im Faß verbracht hat (vielleicht wurde er schon Mitte November destilliert), zählt da nicht mit. Da registriert man ihn gar auf einem Konto 00 (Null Null).

Ein Jahr nach dem Aufstieg ins Konto 1, am 1. April des folgenden Jahres, also wieder zum Geburtstag, gelangt er ins Konto 2, nach zwei Faßjahren. Wieder ein Jahr später winkt logischerweise das Konto 3 usw. usw. Voraussetzung sind immer korrekt geführte Unterlagen; wer die Verwaltung nicht mit solchen bedient, verliert, sozusagen, die erworbene Reife. Sein Cognac wird zurückgestuft, als sei er jünger oder überhaupt eben erst destilliert. Das mindert sofort den Preis, den er für diesen Brand verlangen kann.

Das Alter richtet sich also ausschließlich nach den Jahren im Faß. Der Grund ist, daß sich Cognac in der Flasche nicht mehr weiter entwickelt – höchstens, daß er in einer schon geöffneten seine Qualitäten langsam wieder verliert. Ein Cognac, der 1950 nach drei Jahren Faßlager abgefüllt wurde, gilt als drei Jahre alt. Um also gleich vorwegzunehmen: ein Cognac in einer ehrwürdigen Flasche mit (irgendwo auf dem Etikett) der Jahresangabe 1811 mag zwar in mancherlei Hinsicht interessant sein. Aber solange das Etikett nicht auch sagt, in welchem Jahr er abgefüllt wurde, kann sein, daß es sich um einen zwei- oder dreijährigen von damals handelt – er wäre nicht besser als der erwähnte von 1950.

Für drei Sterne-Cognac garantiert uns also der französische Staat eine Mindestlagerung im Faß von zwei Jahren, das Konto 2. Hier die amtlich kontrollierten Altersstufen:

★ ★ ★, *VS* (= very special), *Sélection, de Luxe* und ähnliche Ausdrücke (englische müssen für den französischen Markt übersetzt werden): mindestens zwei Faßjahre.

Mehr als fünf Sterne, Cuvée Supérieure, Grande Sélection und ähnliche Bezeichnungen: mindestens drei Faßjahre.

Vieux (alt), *V.O.* (Very Old), *VSOP* (Very Superior Old Pale), *Réserve, V.V.S.* u.ä.: mindestens vier Faßjahre.

VVSOP, Grande Réserve, Private Réserve und andere Wortverbindungen mit Réserve: mindestens fünf Jahre im Faß;

Extra, XO, Napoléon, Royal, Très Vieux (sehr alt), *Vieille Réserve,* Verbindungen mit dem Wort «or» (Gold) wie etwa *age d'or, Impérial* usw. usw.: mindestens sechs Jahre im Faß.

Eine vollständigere Liste der zugelassenen Bezeichnungen und ihrer Bedeutung finden Sie am Ende dieses Abschnitts.

Der ★ ★ ★ bringt zwar am meisten Umsatz, doch eigentlich haben es die Macher mit ihm am schwersten. Die Prozesse der Anreicherung von Geschmack und Farbe durch das Faßholz dauern zu lange, als daß ausgerechnet der jüngste Cognac viel von ihnen profitieren könnte. Also wird er meist innerhalb der erlaubten Grenze von zwei Prozent mit Zucker «abgerundet» und mit Karamel gedunkelt. Am weitesten gedeiht, für seine Jugend am besten wirkt da ein Fins Bois, und daher ist er ja auch als Beimischung so beliebt.

Napoléon als Cognac-Name sieht man auf gar vielen Flaschen. Doch um nichts in der Welt ließe sich konstruieren, daß der Kaiser ein besonders treuer oder gar begeisterter Cognac-Trinker gewesen wäre. Im Gegenteil ist überliefert, daß er sich mit Alkoholika sehr zurückgehalten habe. Mehr Appetit auf Cognac hatte sein später, nicht verwandter Nachfolger Napoléon III, und der tat ja auch etwas für den Aufschwung der ganzen Gegend. Sein Handelsvertrag mit den Briten 1860 befreite Cognac von lästigen Zöllen und brachte einen gewaltigen Exportzuwachs.

Der erste Kaiser des Namens hingegen wäre für den größten Teil Europas, also heute wichtige Kundschaft, ohnehin nicht unbedingt eine so gute Getränkeempfehlung, eigentlich aber auch nicht für die Leute von Cognac selbst: seine Kontinentalsperre gegen Großbritannien hatte die Charente ja von ihren besten Märkten abgeschnitten und der französischen Wirtschaft insgesamt schwer geschadet. Aber die Zeit vergibt alles, auch Bonapartes Angriffs- und Plünderkriege, und der Napoléonkult geht munter weiter. In der Halle von Courvoisier kann man einen Hut, im Nebenraum eine Haarsträhne

Etikettenschrank des ehrwürdigen Hauses A. E. Dor in Jarnac. Die meisten Aufkleber dienen nur noch der Erinnerung, doch gehört das Haus zu denen, die noch uralte Bestände haben ▷

Napoleons Hut (sicher einer von mehreren), ausgestellt bei Courvoisier. Auch andere Firmen werben mit Napoleon

Bonapartes besichtigen. Napoléon I wird von Courvoisier besonders stark in Anspruch genommen – weltweiter Slogan: The Brandy of Napoléon. Doch die Anekdote, auf die sich das stützen soll, gibt dafür eigentlich wenig her. 1815 habe der Kaiser vorübergehend daran gedacht, heimlich nach Nordamerika zu verschwinden. Zwei Schiffe wurden reisefertig gemacht, mit Proviant beladen. Doch dann ergab sich Napoléon den Briten. Seine Habe und die Schiffsvorräte wurden umgeladen und nach Plymouth dirigiert, von dort ging es auf der «Northumberland» bekanntlich ab ins Exil nach Sankt Helena. Die begleitenden britischen Offiziere entdeckten schnell den Cognac und genossen ihn sehr, was man gern glaubt. Sie sprachen von «the brandy of Napoleon». Daß er selbst je welchen berührt hätte, ist nirgends überliefert.
Auch die Firma Camus und viele andere widmen sich dem Kult des Empereur, und jedenfalls ist er nun auch ein festgelegter Qualitätsbegriff für eine bestimmte Cognac-Stufe. Als Nicht-Franzose und Nicht-Monarchist ist man ganz heiter bei dem Gedanken, daß er wenigstens nicht die höchste Stufe der Qualitätsskala darstellt und daß es, wie bei allen anderen Warenbezeichnungen, auch unter diesem Namen Besseres und weniger Gutes gibt. Auch eine Firma heißt so, ohne schon deswegen besonders Prestige zu genießen oder bei Republikanern mißachtet zu werden. Die Gesellschafter des Hauses Nicolas Napoléon (siehe ABC) leben zwar nicht nur, aber doch auch von Cognac – wie oft Verwechslungen ihnen zum Schaden oder Nutzen gereichen, ist schwer meßbar.
Ein anderer Qualitätsbegriff scheint mir einleuchtender zu sein. Die Ecke oder Lagerstätte, je nach Größe des Hauses, in der die ältesten Bestände aufbewahrt werden, nennt man dort Le Paradis. Es gibt riesige, besonders eindrucksvoll bei Hennessy, Rémy Martin und Martell, kleine schummrige, geradezu romantische wie bei Otard, Croizet, Delamain oder A.E. Dor – hier liegen die Cognacs, mehrere Jahrzehnte alt, die jedes Liebhabers Herz höher schlagen lassen: mit Recht ist *Le Paradis* auch zum Namen für die höchste Qualitätsstufe geworden. Am ältesten unter diesen Bezeichnungen dürfte Le Paradis, Héritage Madame Gaston Briand sein (siehe ABC unter Ragnaud, Marcel). Ziemlich weltweit geschützt ist die Bezeichnung für

Château du Plessis, im Besitz der Familie Camus, gelegen im Gebiet Borderies nordwestlich Cognac

den Paradis von Hennessy – ziemlich, denn in Japan hatte sich Château Paulet (siehe ABC) das schöne Wort schon vorher eintragen lassen. Irgendwann gelingt es Hennessy vielleicht, Château Paulet umzustimmen. Die beste Qualität des Cognac «Léopold Gourmel» (siehe ABC) war ursprünglich ebenfalls unter dieser Bezeichnung in den Handel gekommen. Hennessy und Gourmel einigten sich, und so heißt diese Sorte jetzt, nicht weniger umfassend verheißungsvoll, «Quintessenz».

Wenn ein Unternehmen dabei ertappt wird (es ist vorgekommen), daß Cognac in seinen Flaschen weniger Faßjahre vorzuweisen hat als auf dem Etikett mit einer dieser schönen Bezeichnungen angegeben, dann hat es nicht nur mit peinlichen Verfahren und Geldstrafen zu rechnen. Eine bestimmte Menge seiner Vorräte kann amtlich heruntergestuft werden, also im Wert herabgesetzt. Wenn es einmal die Behörden durch Täuschung aufmerksam gemacht hat, wird es sich hüten, das ein zweites Mal zu tun – es hat nunmehr ohnehin fortgesetzt die Kontrolleure für Stichproben, Bestandsprüfungen, Durchsicht der Geschäftspapiere und dergleichen am Hals.

Alte Bestände garantieren, daß die Häuser auch weiterhin Cognacs der Spitzenqualität herstellen können. Oben ein Ausschnitt aus dem «Paradis» von Château Paulet, darunter das von A. E. Dor

Am Rande: Auch diesen Mechanismus der Selbstüberwachung, der Garantie, finanzieren die Cognacproduzenten gemeinsam. Auch das ist Bestandteil der Kosten – ich finde, ein sehr beruhigender. Die deutschen Diskussionen über das Reinheitsgebot beim Bier erinnern mich oft an die ähnliche Kompromißlosigkeit, mit der seit langem die Originalität des Cognac verteidigt wird. Am 14. Mai 1791 wandten sich einige Cognac-Häuser mit einer entrüsteten öffentlichen Erklärung gegen Versuche, die Brennweine ihrer Gegend (damals die Provinzen Saintonge und Angoumois) mit solchen anderer Gegenden zu verschneiden; den Zorn hatte ein solcher Versuch mit spanischem Branntwein ausgelöst. Ihre Erklärung endet:
«Wir haben uns auf Ehre und Gewissen verpflichtet, keine anderen eaux-de-vie zu kaufen oder wissentlich zu verwenden als solche, die nachweisbar aus den genannten Provinzen von Saintonge und Angoumois stammen». Einige der Unterschriften sind uns noch heute ein Begriff: Augier Frères – Witwe Martell, Lallemand & Co – Arbouin et Zimmermann – Hennessys et Turner – Ranson et Delamain – Guérinet et Robin.

Pierre Frugier, Maître de Chai von Martell in seinem «Paradis» – einem der ordentlichsten, die wir gesehen haben, und eines der reichsten. Das von Otard, kleiner und romantischer, findet sich im Schloß von Cognac. Dort finden Führungen statt, aber das «Paradis» bleibt meist zugesperrt

Zurück zur Altersgarantie und den Bezeichnungen auf dem Etikett. Da handelt es sich, wie gesagt, um die Garantie des Mindestalters. Ein ★★★ muß mindestens zwei Jahre im Faß gewesen sein – aber in Wirklichkeit sind viele von ihnen älter, einige ganz wesentlich, wie Sie auch weiter hinten in unserem ABC feststellen können. Ein VSOP soll mindestens vier Faßjahre alt sein – bei renommierten Häusern wäre es fast die Ausnahme, wenn er «nur» vier Jahre auf dem Buckel hätte. Nicht selten sind VSOPs sogar acht, zehn, ja zwölf Jahre alt. Der Napoleon oder der XO mit den garantierten sechs Jahren hat eher fünfzehn oder zwanzig, der Extra fünfundzwanzig, vierzig und mehr.

Die Garantie ist also oft bescheidene Tiefstapelei. Sie bezieht sich auf den jüngsten Bestandteil der jeweiligen Mischung, falls es (wie meist) eine ist. Man könnte sich fragen, warum sie ausgerechnet bei sechs Jahren aufhört – warum nicht zehn, zwanzig, vierzig?

Das hat eine Vorgeschichte. Die Vorschriften über Altersangaben werden noch nicht sehr lange so streng gehandhabt. Erst 1940 legte ein Gerichtsurteil fest, daß das Gesetz von 1905 zum Schutz der Qualitäts- und Herkunftsbezeichnungen auch für Altersangaben beim Cognac gelte. Bis dahin war ziemlich sorglos mit Altersangaben umgegangen worden, die auch oft mit Jahreszahl auf dem Etikett erschienen. Unzählige Fässer in den Cognaclagern bzw. ihre Inhalte sind weit älter als die zuständige Verwaltung. Sie hat gar keine Unterlagen, aus denen jemand entnehmen könnte, ob der jeweilige Inhalt korrekt datiert ist. Das Garantieproblem wurde denkbar drastisch gelöst: Seit 1946 müssen die Produzenten beweisen, daß eine Altersangabe stimmt, aber als Beweis wird nur das Register beim

So genau kann ein Etikett Auskunft geben. Englische Abfüllungen von Hine mit Angaben der Jahrgänge, die zu dieser «coupe» zusammengemischt wurden (blended)

Ménards in St.-Même-les-Carrières sind mit ihrem Grande Champagne zufrieden (von links: Pierre, Vater von Philippe, dessen Onkel Guy)

Im Probenraum von Frapin: Maître de Chai Guy Jeanneteau, seit 1947 in diesem Amt

Jahrgangsetikett, wie es in Frankreich nicht mehr benutzt werden darf. Harvey in Bristol hält an dem System fest

B.N.I.C. anerkannt, und das wurde ja ebenfalls erst 1946 eingeführt. Das ist eben jenes Register, das mit dem «Konto 6» aufhört.

Bis 1962 konnten immerhin noch Cognacflaschen auf den Markt kommen, die mit einer Jahresangabe versehen waren. Dann wurde das endgültig verboten. Das Argument: Da die Behörde keine älteren Unterlagen besitze und die älteren Bestände auch nicht kontrollieren könne, sei jede Garantie ausgeschlossen. Nun könnten ja vertrauenswürdige Händler ehrbarer Firmen eine solche Garantie geben, zumindestens wohl für Cognacs, die aus unserem Jahrhundert oder, noch leichter, aus der Zeit nach dem zweiten Weltkrieg stammen – die Zuständigen für den Cognac halten nichts davon, nach dem vielstrapazierten Grundsatz, daß Vertrauen gut, Kontrolle aber besser sei, und die sei eben nicht möglich.

Die Regelung hat den sehr bedauerlichen Nachteil, daß sie jene meist kleinen Unternehmen schädigt, die sich auf Jahrgangs-Cognacs (englisch: vintage cognac) spezialisiert hatten; bei ihnen wäre eine Überprüfung sehr leicht gewesen. Viele der kleineren Produzenten haben ja nur eine Lage und mischen nicht. Aber die Regelung entsprach natürlich sehr den Interessen aller jener, die mehr oder minder komplizierte Mischungen anfertigen, und ganz besonders der Großunternehmen. Dort stößt man auch heute auf Ablehnung, wenn man auf dieses Thema zu sprechen kommt, während man bei Häusern, die früher wegen ihres Jahrgangs-Cognacs besonders berühmt waren wie etwa Hine, ein wesentlich positiveres Echo erfährt. Wenn Sie in unserem ABC zahlreiche Altersangaben finden, können Sie zwar daraus entnehmen, wie offen viele Produzenten

darüber reden, meinetwegen auch, daß manche vielleicht gern ein bißchen renommieren. Doch auf dem Etikett werden Sie nichts dergleichen entdecken.
Man muß natürlich zugeben, daß das Argument der Offiziellen und der Großen (auch vieler Kleinerer) plausibel ist: Es sei unmöglich, so viele verschiedene Destillerien, Lager und Firmen, ja Fässer genau zu kontrollieren. Zweierlei Recht, also eine werbewirksam nutzbare Ausnahmeregelung für diejenigen, die leicht zu kontrollieren wären, sollte es sicherlich auch nicht geben. Aber sind das nicht doch Argumente aus der Zeit vor dem Computer und dem Mikroprozessor? Bei allem Respekt vor der Ehrwürdigkeit der Cognac-Herstellung ist nicht einzusehen, warum sich die Qualitätskontrolle und Überwachung nicht etwas resoluter auf das hereindämmernde 21. Jahrhundert einstellen sollten. Der mutmaßliche Aufwand schrumpft mit jeder Weiterentwicklung der chips und Computer.
Ende 1985 schien sich eine interessante Wende anzubahnen, mindestens ein Wendeversuch: Einige kleine Häuser wandten sich ganz ungeniert dem Jahrgangscognac zu, etwa die neugegründeten «Les Antiquaires du Cognac» und das Haus Croizet (Eymard). Meukow vertrieb «1937 Borderies». Moyet wiederum hatte schon 1984 alte «assemblages» auf den Markt gebracht, zu denen es genaue Informationen über Lage und Alter der einzelnen Bestandteile lieferte.
Entsprechend der jetzigen Regelung mit den Konten würde natür-

Weinfelder bei Bouteville, Grande Champagne

lich auch für Jahrgangsangaben auf Mischungen das Alter des jüngsten Bestandteils entscheidend sein – doch wer wäre gehindert, die Bestandteile allesamt einzeln nüchtern aufzulisten? Ein Zwang dazu bestünde ja nicht, und kaum jemand wird auf einem Cognacetikett ein Register von mehreren Dutzend verschiedenen, zusammengemischten Cognacs lesen wollen. Aber was spräche gegen ein Etikett wie das folgende aus dem fabelhaften Flaschenvorrat des Hauses Grashoff: «T. Hine & Co Cognac-Vintage 1872, 1875, 1878 – Blended 1887» (folgt Name des Abfüllers) wie auf Seite 74 gezeigt. Auf die Briten gehen wir gleich noch näher ein.

Ein sehr beliebtes, auch in anderem Zusammenhang und auch hierzulande gern benutztes Argument ist seltsamerweise, der Kunde werde verwirrt sein. Aber ist er nicht ebenso verwirrt, wenn er erfährt, daß es für die Mitteilung, ein Cognac habe Drei-Sterne-Qualität, insgesamt rund sechzig auf dem Etikett verwendbare andere Bezeichnungen gibt, darunter so publikumsfreundliche wie E. L. oder G. C. S., so pseudofeine wie Prestige, so nur scheinbar hochgradige wie Sélection du Domaine usw. (siehe Ende dieses Abschnitts)? Wie klar wird ihm sein, daß ein V. V. S. höherwertig ist als ein V. S. S. und daß eine «Réserve Spéciale du Maître de Chai», also die des für den Cognac eines Unternehmens obersten Zuständigen, keineswegs so hoch zu achten ist, was das Alter anbelangt, wie eine simple «vieille Réserve» (alte Reserve)? Da ist natürlich nicht einmal ein Trost, sondern noch verwirrender, daß es niemandem verwehrt ist, den Cognac mit der jüngeren Bezeichnung, weil

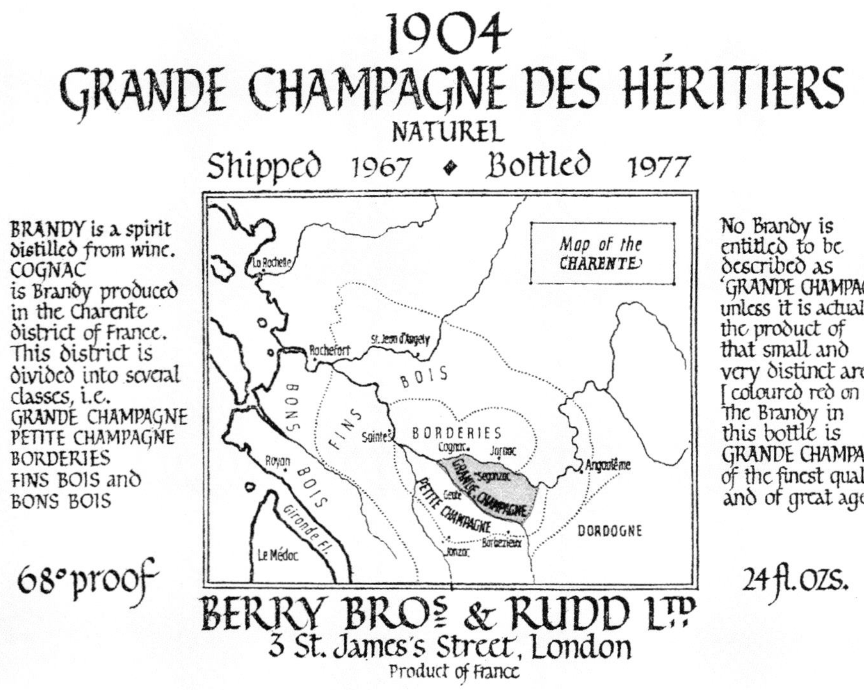

Diesen schönen Fund machten wir 1977 in London. Inzwischen gibt es den 1904 (und einige andere spätere Jahrgänge, die damals noch existierten), nicht mehr, außer natürlich bei den Liebhabern, die ihn gekauft haben. Gelegentlich sieht man ihn auf Auktionen

Kloster bei Aigre

sie doch eine Mindestgarantie ist, älter werden zu lassen als einen theoretisch höher eingestuften.
Für den Cognacliebhaber, der sich für Jahrgänge interessiert, ist eine wahre Oase jenes Land, dem die Charente so viel verdankt, weil es viele Jahrzehnte lang Hauptkunde war und ja auch die Heimat berühmter, nun im Cognac-Gebiet ansässiger Produzentenfamilien: Großbritannien. Dort gibt es den «vintage cognac», also den mit Jahresangabe, noch heute. Er stammt keineswegs aus Methusalems Zeiten, sondern aus durchaus überschaubarer jüngerer Vergangenheit, und oft gibt das Etikett nicht nur ein Jahr, sondern die Verweildauer im Faß an. Es handelt sich um Cognac, der im Faß eingeführt, aber im Zollverschluß weiter gelagert wird, also bis zur Abfüllung in Flaschen einwandfreier amtlicher Kontrolle unterliegt. Es gibt Bestrebungen in Frankreich, für Cognac den Zwang zur Flaschenabfüllung beim Produzenten einzuführen, also diese britische Spezialität zu beseitigen. Dem Ruhm des Cognac und seiner Heimat würde das kaum dienen.
Das Lagern im englischen maritimen Klima hat eine interessante Wirkung. Der Cognac in den ziemlich porösen Fässern atmet ja weiter und wird vom Klima beeinflußt. Er bekommt im Lauf der Zeit einen weicheren, etwas anderen Geschmack, um so ausgeprägter, je länger die Fässer dort lagern, und in den Spitzenqualitäten ebenso großartig wie die besten in Frankreich ausgereiften. So hat sich eine regelrechte zusätzliche Nobelkaste von Cognacs herangebildet, die sogenannten «Early landed late bottled». Das früh angelandet bezieht sich nicht auf dunkle Morgenstunden, sondern darauf, daß der Cognac sehr früh in seiner Faßexistenz über den Kanal transportiert wurde. Das «spät abgefüllt» spricht für sich selbst – und die Jahre sind ja angegeben. Klarer kann die Kundschaft wohl nicht informiert werden.
Da kann man noch heute eine ganze Reihe historischer Funde machen: Jahrgangs-Cognac noch bestehender Firmen, die ihn so in Frankreich nicht mehr verkaufen dürften (wenn sie die Vorräte überhaupt noch hätten), und Qualitäten, die aus den verschiedensten Gründen in Frankreich nicht mehr hergestellt werden. Einige ehrwürdige britische Großkunden haben ihre Eigenmarken, die ihnen ihr dortiger

Produzent nach der gewünschten Formel herstellt und die dann ebenfalls lange im Zollager bleiben – die Cognacs von Harvey's in Bristol oder Berry Brothers & Rudd in London gehören seit langem zu den würdigsten Vertretern des französischen Produkts. Aus diesem Grund finden Sie in unserem ABC auch eine Reihe englischer Adressen, die zu erinnern lohnt.

Zusammenfassend läßt sich sagen: Die Praxis beweist – und die Cognacproduzenten beteiligen sich nachdrücklich an der Beweisführung –, daß die Hierarchie des Alters höher steht als die der Appellations, der Crus. Wenn sich beide decken, entsteht wunderbares Getränk. Ein Cognac der Grande Champagne mit vierzig, fünfzig Faßjahren oder mehr kann, wenn bei der Pflege kein Fehler gemacht wurde, kaum übertroffen werden, aber es gibt auch viele «coupes» dieses Alters, die in die gleiche großartige Güteklasse gehören. Und ein sehr alter, gut gelagerter Borderies oder Fins Bois von einem guten Produzenten kann durchaus ähnlich alte Brände der höher eingestuften Lagen ausstechen, ganz zu schweigen von jüngeren. Man achte also zuerst auf das Alter, erst dann auf die Lage.

Für Cognac, der einen so großen Teil seiner Qualität dem Faßlager verdankt, spielt das Geburtsjahr keine so große Rolle wie etwa für einen Bordeaux oder Burgunder. Dennoch gibt es Hinweise auf bessere und weniger gute Cognacjahre.

Aus der Schatzkammer des Hauses Castillon-Renault (eine der Vorläuferfirmen war Pinet, Castillon & Co, gegr. 1814)

Alt-Cognac; Gasse am Château entlang ▷

Ihre Bedeutung schrumpft natürlich auch noch durch den Umstand, daß ja meist Cognacs verschiedener Jahre gemischt werden. Daher folgt hier nur mit großen Vorbehalten eine Jahrgangsübersicht, die ich aus verschiedenen Quellen zusammengesetzt habe (Guy Renvoise: eaux-de-vie et liqueurs, Lafon/Couillaud/Gay-Bellile: Le Cognac und Jacques Boursaud in Jean Didiers «Bottin Gourmand»):

Sehr gute Jahre

1929 · 1937 · 1939 · 1946
1947 · 1948 · 1957 · 1964

Gute Jahre:

1893 · 1924 · 1928 · 1940
1941 · 1942 · 1943 · 1950
1952 · 1954 · 1958 · 1961
1962 · 1967

Durchschnittlich bis ziemlich gut:

1938 · 1944 · 1951 · 1953
1955 · 1956

Mäßig bis schlecht:

1934 · 1936 · 1945 · 1949
1959 · 1960 · 1963 · 1965
1966 · 1968 · 1972

Das Jahr 1969 beurteilten Boursaud ziemlich schlecht, Lafon/Couillaud/Gay-Bellile gut.

In dieser Liste fehlen nicht wenige Jahre. Ich bin in der glücklichen Lage, nicht nur bestätigen zu können, daß Cognacs der Jahre 1893 und 1929 heute hervorragend wirken, ich kann auch dem Jahr 1914 ziemlich enthusiastisch applaudieren, sowohl für Cognacs der Grande Champagne als auch für Fins Bois. 1904 wiederum, wie immer dieses Jahr sonst für Cognac gewesen sein mag, hat in der mir vertrauten Abfüllung «Grande Champagne des Héritiers» nach nicht weniger als 73 Faßjahren bei Berry Brothers & Rudd sicherlich einen der größten Cognacs überhaupt hervorgebracht (er ist leider vergriffen). Durch das lange Faßlager war sein Alkoholgehalt freilich auf 38,85 % gesunken (68° Proof), weswegen er nach französischer Gesetzgebung gar nicht mehr als Cognac in den Handel gebracht werden dürfte.
Vom Jahrgang 1920 wiederum gab es bis vor einigen Jahren einen ausgezeichneten Delamain.
Diese punktuellen Erinnerungen sollen nicht besagen, daß nicht durch die «Vermählungen» mehrerer Jahrgänge, wie sie in den meisten großen Häusern immer wieder praktiziert werden, ebenfalls ganz hervorragende Cognacs entstanden sind, auch ohne Möglichkeit präziser Jahrgangsangabe.
In diesem Zusammenhang vielleicht noch ein Wort zu der Diskussion, ob es überhaupt noch so alte Cognacs geben kann, wirklich echte, wie sie manchmal auf Auktionen angeboten werden oder anderswo auftauchen, selten genug. «Roi de Rome», 1811, andere so alte Jahrgänge – darüber hat es vor allem in Frankreich und England viel Streit gegeben. In Frankreich war in der Tat Mitte der dreißiger Jahre ein Skandal aufgedeckt worden, der

Wenn Fässer die Aussicht genießen könnten ... aber das Fenster ist meist zu. Chai «Renard» von Courvoisier an der Charente in Jarnac

Blick auf das Unternehmen Gautier in Aigre, ein traditionsreiches und großes Haus unter den «Kleinen» des Cognac

solches Mißtrauen nährte: Ziemlich junger Cognac war in alten, staubigen Flaschen tatsächlich als «Grande Champagne 1811, Réserve de l'Empereur» in den Handel geraten, hauptsächlich in Antiquitätenläden; es handelte sich in Wirklichkeit um Brände von 1930/31.

Wenn ein uralter Cognac mit Jahrgangsangabe auftaucht, weiß man eben mit Bestimmtheit nur, daß allenfalls die Flasche auf ihr Alter stolz sein kann. Der Inhalt schmeckt nur so alt, wie man ihn im Faß hat werden lassen. Und wenn jemand Cognac mit einer Faßzeit von neunzig, hundert und mehr Jahren anpreist, muß man sich klarmachen, daß (wenn es stimmt) von dem ursprünglich ins Faß gefüllten wegen der geschilderten Schrumpfung so gut wie nichts mehr übrig sein kann: Es kann sich nur um die Auffüllcognacs handeln, die im Lauf der Zeit zugesetzt werden mußten. Wenn es gleich alte gewesen wären, was bei einem Cognac eines Hauses mit Riesenvorräten immerhin denkbar ist – dann würde das geschmackliche Resultat vermutlich dennoch keine sehr große Ehrfurcht erheischen können: Auch dieser Cognac würde eher nach Holz und ziemlich schwach schmecken. Im allgemeinen hat der Cognac von mehr als 75, 80 Faßjahren keinen Gewinn mehr, sondern fällt wieder ab. Wir haben in mehreren Häusern von Fässern kosten können, deren Inhalt so alt war – er wurde nicht aufbewahrt, weil er noch gut geschmeckt hätte, sondern weil sehr oft winzige Mengen eines so uralten große Mengen eines jüngeren in Bukett und Geschmack ganz wesentlich verbessern können. Bei Otard fanden wir 1983 noch 1873er im Faß – die Nase war noch eindrucksvoll, zur Beimischung galt er immer noch als ausgezeichnet, für sich allein schmeckte er nur noch mäßig; sein Alkoholgrad war mittlerweile auf 26 Prozent gesunken. Bei Martell bewahrt man in großen Glasbehältern einen 1830er auf, der 131 Jahre im Faß gewesen war (1961 in die «Bonbonne» gefüllt): Ganz deutlich war er nicht mehr allein genießbar. Aber die Nase – noch immer fabelhaft!

Fast alle alten Häuser haben solche Schätze, um ihre besten Qualitäten damit zu veredeln – doch weitaus die meisten dieser Schätze sind nicht mehr in den Fässern. Unsere Kostproben bei ihnen haben immer wieder gezeigt, daß Cognacs des vergangenen Jahrhunderts noch ziemlich reichlich vorhanden und, nach etwa 50 bis 75 Faßjahren in die Flasche gefüllt, großartig sind (einer der eindrucksvollsten bei Martell, 1875, war nach 49 Jahren 1924 in die Bonbonne gefüllt worden und hatte noch 45%). Aber in den Handel gebracht werden sie nicht mehr: Sie dienen zum Verbessern der jeweiligen Spitzenqualitäten.

Die sensationellen alten Flaschen, denen leider nur selten mehr anzusehen ist als eine Jahreszahl auf dem Etikett, fast nie ein Abfüller, können, wenn man Glück hat, durchaus ebensolche Qualitäten beinhalten. 1811 Roi de Rome, den Jürgen Schmidt für das Bremer Haus Grashoff ersteigert hatte, konnten wir vor ein paar Jahren kosten – er war fabelhaft; bei Grashoff existieren noch einige «Réserve de l'Empereur 1811». Warum sollten sie nicht echt sein? Der Gastronomiekolumnist von Le Monde, Courtine, hat vor einiger Zeit eine Flasche dieser Serie im Weinkeller des Hotels de Paris in Monte Carlo entdeckt; es besteht seit 1863; damals wird der Erwerb nicht als eine so große Sache gegolten haben wie heute. Auch andere Restaurants haben solche Flaschen im Keller, der Tour d'Argent in Paris noch ältere; man kann sie aus respektvoller Entfernung besichtigen. Davon kosten zu dürfen, haben wir nicht geschafft.

Die «Pyramide» in Vienne hatte 1984 noch Château Paulet des Jahrganges 1811, «Taillevent» in Paris Logis de Marville von 1860, Alain Chapel in Mionnay Nicolas Grande Champagne 1858. Dallmayr in München, das KADEWE in Berlin können ebenfalls solche Schätze vorzeigen. Ein Restaurant, in dem man sensationell viele besichtigen und sogar kosten kann, ist die «Auberge Hosman Frères» in Schiedam bei Rotterdam.*) Man rechne bei Auktionscognacs des vergangenen Jahrhunderts mit Preisen von dicht unter tausend bis fünftausend Mark pro Flasche.

Auf jeden Fall muß man auf den Korken achten. Der schrumpft mit der Zeit, weil er dem aggressiven Alkohol auf solche Dauer doch nicht gewachsen ist. Er müßte also gelegentlich ausgetauscht werden bzw. worden sein; ein geschrumpfter würde den Cognac der Luft aussetzen, und das würde diesen langsam, aber sicher ruinieren.

Ansonsten – bisher habe ich mit uralten Flaschen weit öfter Glück gehabt als Pech. Warum soll Cognac, den auf seinen Höhepunkt zu bringen, so lange dauert, nicht auch in der Flasche seine Bewahrer und Besitzer lange Zeit erfreuen? Vorausgesetzt, die Flasche wird nie liegend, sondern aufrecht aufbewahrt.

*) s. Karte S. 104 ff.

Zugelassene Altersangaben auf dem Etikett

Sie dürfen sich nur auf den jüngsten Bestandteil beziehen.
(Die Anordnung der Begriffe ist vom B.N.I.C. übernommen).

COMPTE 2

Mindestens zwei Jahre im Faß nach dem auf die Destillation folgenden 1. April bedeuten:

«★★★», «3 ETOILES», «SELECTION», «DE LUXE», «V.S.», «GRAND CHOIX» oder «SURCHOIX», außerdem:

★ (1 Stern)
★★ (2 Sterne)
★★★★ (4 Sterne)
★★★★★ (5 Sterne)

AMBASSADE
ANNIVERSAIRE
ARMOIRIES

BLASON
BLOND

CARTE BLANCHE
CHOIX DE LA MAISON
CONSTELLATION
COURONNE
CREST[1]
CROWN[1]

DIPLOMAT[1]
DRAPEAU
DRY[1]

ECHANSON
ECUSSON
ECUSSON ROUGE
E.L.
ELEGANCE

FESTIVAL
FIN
FLEURONS

GALA
GASTRONOME
G.C.S.

MAISON
MAJOR
MONDIAL
MON GENERAL
MONOPOLE
MONSIEUR

ONE CLUSTER[1]
ONE SHIELD[1]

PAVILLON
PREDILECTION
PRESTIGE
PRIVILEGE
PROMOTION

QUALITE SPECIALE

RASSIS
RECORD
REGAL
REGAL DES GOURMETS

SANS SOUCI
S.E. SPECIAL EUROPE
SEDUCTION
SELECT[1]

SELECTION ★★★
SELECTION DU DOMAINE
SELECTION DU LYS
SELECTION SPECIALE
S.L. SPECIALLY LIGHT[1]
SIGNATURE
SOLEIL
SOUVENIR
SPECIAL
SPECIAL ★★★
SPECIAL DRY[1]
SPECIAL GASTRONOMIE
SPECIAL POUR CUISINE
SPECIAL POUR FRUITS
SPECIAL PROPRIETAIRE
SPECIAL SELECTION[1]
SPLENDID SELECTION[1]

THREE CLUSTERS[1]
THREE CROWN[1]
THREE SHIELDS[1]
TROIS COURONNES
TROIS DIAMANTS
TROIS ETOILES LUXE
TROIS POIGNARDS
TROPICAL DE LUXE
TWO CLUSTERS[1]
TWO SHIELDS[1]

VERY SPECIAL[1]
V.L.
V.S.S.

und alle diesen gleichzusetzenden Abkürzungen oder Ausdrücke.

COMPTE 3

Mindestens drei Faßjahre nach der gleichen Definition bedeuten:

«SUPERIEUR», mehr als fünf Sterne

CUVEE SUPERIEURE
CUVEE TRES BONNE
GRANDE SELECTION
QUALITE SUPERIEURE

und alle gleichzusetzenden Abkürzungen oder Ausdrücke

COMPTE 4

Mindestens vier Faßjahre bedeuten:

«VIEUX», «V.O.», «V.S.O.P.», «RESERVE», außerdem

QUALITE RARE
RARE
VERY SUPERIOR OLD PALE[1]
V.O.P., V.S.O.,
V.V.S.

und alle gleichzusetzenden Abkürzungen oder Ausdrücke

COMPTE 5

Mindestens fünf Faßjahre bedeuten:

«V.V.S.O.P.»,
«GRANDE RESERVE»,
außerdem:
PRIVATE RESERVE[1]
RESERVE DE MA CAVE
RESERVE DU CHATEAU
RESERVE DU DOMAINE
RESERVE FAMILIALE
RESERVE DU LOGIS
RESERVE MAISON
RESERVE PARTICULIERE

Verschollene Marken, die Flaschen hat das Cognac-Museum

[1] Die Worte müßten, wenn die Flaschen für Frankreich bestimmt sind, ins Französische übersetzt oder französisch geschrieben werden.

RESERVE PERSONNELLE
RESERVE (DU) PRODUCTEUR
RESERVE DU PROPRIETAIRE
RESERVE DE LA PROPRIETE
RESERVE SPECIALE DU MAITRE DE CHAI
RESERVE SUPERIEURE
RESERVE DU VIEIL ALAMBIC
RESERVE DU VITICULTEUR
SOUVENIR V.S.O.P.

und alle gleichzusetzenden Abkürzungen oder Ausdrücke

Jahrgang 1865, aus der Schatzkammer von Jürgen D. Schmidt: Cognac Dessandier, längst verschwunden. Die letzte Spur fanden wir im Exportregister von 1894: damals hat die Firma über die Cognac-Haupthäfen ein Volumen von etwa 70 000 Flaschen verschifft.

COMPTE 6

Mindestens sechs Faßjahre bedeuten:

«EXTRA», «X.O.», «NAPOLEON», «ROYAL», «TRES VIEUX», «VIEILLE RESERVE»; alle Begriffe in Verbindung mit «OR», also «Gold», oder Ableitungen davon, alle Hinweise auf historische Persönlichkeiten, numerierte Flaschen. Ferner:

AGE D'OR
ANCESTRAL
ANCESTRALE RESERVE DE FAMILLE

CASQUE D'OR
CONSUL
COUR IMPERIALE

DIRECTOIRE

EXCELLENCE
EXTRA VIEILLE OR
EXTRA VIEUX

FLAMME D'OR

GOLD[1]
GOLD RESERVE[1]
GOUTTE D'OR
GRAND AGE
GRAND AIGLE
GRAND SIECLE
GRANDE ARMEE

HERITAGE
HORS CLASSE
HORS PAIR

IMPERIAL

MARECHAL
MATHUSALEM
LE MEILLEUR DE LA MAISON

NEC PLUS ULTRA

OLD VINTAGE[1]

REGENCE
RESERVE DES ANCETRES
RESERVE DES GRANDS DUCS
RESERVE LIMITEE
RESERVE PERSONNELLE LIMITEE
ROYAL QUALITY[1]

SANS AGE
SANS RIVAL
SELECTION DES ANCETRES
SUPREME

TRADITION IMPERIALE
TRES RARE
TRES VIEILLE RESERVE
TRES VIEUX

VENERABLE
VIEILLE RESERVE
VIEILLE RESERVE ANCESTRALE

X.L.

und alle gleichzusetzenden Abkürzungen oder Ausdrücke.

---

[1] Muß für Frankreich übersetzt werden.

Château Courvoisier in Jarnac, von der Seite über die Charente hinweg gesehen

Alte Werbeplakate aus dem Museum von Cognac

III. COGNAC FÜR PRAKTIKER

Cognac International

Cognac hat eine alte Tradition der Internationalität nicht nur, weil die überwältigende Mehrheit der Cognac-Trinker außerhalb Frankreichs lebt, sondern durch die Produzenten selbst. Martell kam von der Insel Jersey, Hennessy aus Irland, Hine aus England, die Vorfahren Delamain hatten, bevor sie nach Frankreich zurückkehrten und in Jarnac mit Cognac begannen, viele Jahre in England und Irland gelebt. Skandinavische Einwanderer wie Braastad und Larsen sind Bestandteil der Szene, die Familien französisch geworden. Der Deutsche A. J. Beimert ist seit kurz nach Kriegsende an der Charente ansässig – seine Destillerie in Merpins bietet seit Ende 1983 einen eigenen Cognac an, Baron de Montignac. Und ein stattlicher Anteil des Cognac-Geschäfts gehört Unternehmen im Ausland.

Die älteste noch bestehende Cognac-Firma überhaupt, Augier, ist

Altes Werbeplakat

seit Jahrzehnten eine «Tochter» des kanadisch-amerikanischen Spirituosenkonzerns Seagram. Die ebenfalls kanadische Gruppe Hiram Walker ist Dachunternehmen für Courvoisier und für Salignac. Hine, von je her britisch, gehört zur Distillers Company, London.

Eine erfolgreiche Gründung der italienischen Gruppe Martini u. Rossi ist Cognac Gaston de Lagrange; über eine Mehrheitsbeteiligung am Apéritif- und Spirituosenhaus St. Raphael halten die Italiener auch ein Minderheitspaket an Otard. Der italienischen Cynar-Gruppe wiederum gehört die AMAD mit ihrer Hauptmarke de Laroche. Belgische Besitzer sind ebenfalls in Cognac vertreten.

Das deutsche Haus Scharlachberg hat die Kapitalmehrheit bei Cognac Monnet, und Asbach verfügt nicht nur über einen starken Zulieferer an Brennweinen aus der Charente in der Domaine du Chillot – diese hat in letzter Zeit auch eigene Cognacs auf den Markt gebracht: Guy de Bersac, Cognac des 3 Empereurs, de Martignac.

CHÂTEAU D'ARTIGNY
Veigné

EAUX-DE-VIE DE COGNAC

A.E. Audry,
vieille fine champagne «Memorial». 70 f
A.E. Audry,
très vieux cognac fin bois. 115 f
A.E. Audry,
très ancienne petite champagne. 155 f
A.E. Audry,
très ancienne grande champagne. 200 f
A.E. Dor,
«Hors d'âge». 75 f
A.E. Dor,
très vieille grande champagne «Age d'or». 200 f
A.E. Dor,
très vieille grande champagne «Excellence». 200 f
A.E. Dor,
très vieille grande champagne «Prince Impérial». 200 f
A.E. Dor,
très vieille grande champagne «Napoléon III». 250 f
A.E. Dor,
très vieille grande champagne «Louis-Philippe». 250 f
Barclay,
fine champagne «Old gold card». 100 f
Camus
«Napoléon». 55 f
Camus
«Napoléon Extra». 110 f
Camus
«X.O.». 120 f
Courvoisier,
fine champagne. 40 f
Courvoisier,
«Napoléon». 55 f
Courvoisier,
«Extra vieille». 110 f
Croizet,
fine champagne «Bonaparte». 60 f
De Lagrange,
grande champagne très vieille «Prestige». 65 f
Delamain,
grande champagne «Pale and dry». 50 f
Delamain,
fine champagne «Vesper». 70 f
Delamain,
grande champagne «très vieux». 100 f
Denis Mounié,
très vieille fine champagne «Edouard VII». 80 f
De Salignac,
très vieille grande champagne. 120 f
Duboigalant,
fine champagne vieille. 50 f
Duboigalant,
grande fine champagne très vieille. 65 f
Duboigalant,
grande fine champagne très vieille réserve. 115 f
Frapin,
«V.S.O.P.». 40 f
Frapin,
grande champagne «Château de Fontpinot». 50 f
Frapin,
grande champagne «Très vieille grande réserve». 70 f
Godet,
grande fine champagne. 75 f
Hennessy,
fine champagne «V.S.O.P.». 40 f
Hennessy,
«Napoléon bras d'or». 45 f
Hennessy,
«X.O.». 65 f
Hennessy
«Extra». 100 f
Hennessy,
«Paradis». 160 f
Hine,
très vieille fine champagne «Antique». 55 f
Hine,
très vieille grande champagne «Triomphe». 100 f
Leyrat,
vieille réserve «Domaine de chez Maillard». 50 f

Besondere Cognac-Karten

Das Cognac-Angebot in Restaurants und Bars brauchte nicht so belanglos zu sein, wie wir es oft erleben. Das beweisen unsere hier vorgestellten rühmlichen Ausnahmen (es gibt erfreulicherweise noch einige mehr).
Wegen des unterschiedlichen Formats der Originale, die wir teilweise aus größeren Spirituosenkarten herausgenommen haben, haben wir alles neu gesetzt. Vom «Taillevent», dem Drei-Sterne-Restaurant in Paris, führen wir nur die Auswahl seiner besonders alten

Cognacs auf (15 rue Lamennais, Paris VIII, Tel. 561 1290).
In den guten französischen Restaurants wird im allgemeinen ein Cognac-Quantum von 4–7 cl eingeschenkt (ohne Meßbecher!), in den amerikanischen 4–5 cl. Auch in der deutschen gehobenen Gastronomie setzt sich das 4-cl-Maß für gute Cognacs durch. Den Preis der Hälfte (das hierzulande noch immer verbreitete Maß) kann man sich leicht errechnen.
Preise von Herbst 1985 und Frühjahr 1986.

Leyrat, brut de fût «Hors d'âge».	75 f
Leyrat, très vieille réserve «sélection Edgard Leyrat».	105 f
Maine Brun, vieille réserve.	40 f
Marchive «Napoléon».	45 f
Marchive «très vieille réserve».	80 f
Martell «Médaillon».	40 f
Martell «Cordon bleu».	50 f
Martell «Extra».	125 f
Merlin, fine petite champagne «Réserve».	45 f
Merlin, fine petite champagne «hors pair».	90 f
Meukow, «très vieux, rarissime».	110 f
Normandin, grande champagne réserve.	40 f
Normandin, très vieille grande champagne.	50 f
Normandin, vieille fine champagne.	120 f
Otard, fine champagne «V.S.O.P.».	40 f
Otard, vieille fine champagne «Princes de Cognac».	55 f
Otard, «X.O.».	75 f
Polignac, grande fine champagne «Dynastie».	65 f
Ragnaud Marcel, Domaine de la Voûte à Ambleville.	
Ragnaud Marcel, grande champagne «réserve spéciale».	45 f
Ragnaud Marcel, grande fine champagne «grande réserve Fontvieille».	75 f
Ragnaud Marcel, grande champagne «Héritage Mme Paul Ragnaud».	170 f
Ragnaud Marcel, grande fine champagne «Héritage Mme Gaston Briand».	220 f
Ragnaud Raymond, le Château à Ambleville.	
Ragnaud Raymond, grande champagne «Tierçon André Paul».	105 f
Ragnaud Raymond, grande champagne «réserve familiale».	100 f
Ragnaud Raymond, grande champagne «réserve ancestrale».	100 f
Rémy Martin, fine champagne, «V.S.O.P.».	40 f
Rémy Martin, fine champagne, «Centaure Napoléon».	65 f
Rémy Martin, fine champagne, «Centaure X.O.».	75 f
Rémy Martin, grande champagne, «Louis XIII».	350 f

Service 15 % inclus
Dégustation de 3 cognacs à votre choix
Kostprobe von 3 Cognacs Ihrer Wahl 115 f

mit Ausnahme von
A.E. Dor, «Napoléon III» et A.E. Dor «Louis-Philippe»
Ragnaud «Héritage Briand» et Rémy Martin «Louis XIII» 160 f

Das Luxushotel Château d'Artigny liegt 2 km von Montbazon an der D 17, etwa 12 km südlich Tours, Postadresse F 37250 Veigné, Tel. (0033) 47262424. Gehört zu «Relais et Châteaux»

Kostprobe mit drei (kleineren) Portionen – eine sehr gute Idee

GRASHOFF'S BISTRO
Bremen

	Preis 4cl DM
COGNAC GRASHOFF	
Grande Champagne · *40%*	8,—
Grande Champagne · *très vieille · 40%*	12,—
TIFFON (Sélection Grashoff)	
Fins Bois	8,—
RANSON (Sélection Grashoff)	
Très vieille Grande Champagne	15,—
CHATEAU PLESSIS 1945 (Sélection Grashoff)	
Borderies · *très vieille Réserve No. 39 · 40%*	35,—
NORMANDIN-MERÇIER (Sélection Grashoff)	
Grande Champagne · *très vieille Réserve No. 91 · 40%*	40,—
CROIZET (Sélection Grashoff)	
Grande Champagne · *Lot 33 · 40%*	50,—
BRIAND GASTON Mme.	
Grande Champagne · *46%*	45,—
COURVOISIER	
Grande Fine Champagne · *extra vieille · 40%*	30,—
DELAMAIN	
Grande Fine Champagne · *Vesper · 40%*	17,50
Grande Champagne · *très vieille · Réserve de la Famille · 43%*	50,—
FRANSAC	
Extra Exception · 43%	30,—
GASSIES	
Fine Champagne · *Napoléon · 40%*	20,—
Fine Champagne · *VAT 93 · 40%*	40,—
GOURMEL	
Fins Bois · *Quintessence · 43%*	25,—
HENNESSY	
XO · 40%	22,50
Paradis · 40%	45,—
HINE	
Grande Champagne · *Family Réserve · 45%*	30,—
LEYRAT, Edgard	
très vieux · 43%	30,—

Werbeplakat aus dem Museum. Comandon existiert noch, hat mehrmals den Besitzer gewechselt ▷

1811 – bei Abschluß dieses Buches lagerten bei Grashoff noch einige Flaschen davon ... 2800 Bremen 1, Contrescarpe 80, am Plaza-Hotel. Tel. 0421–14749.

	Preis 4cl DM
MAXIM'S	
Grande Fine Champagne · *Réserve du Prince Eugène* · 40%	20,—
MARTELL	
Cordon Argent Extra · 44%	35,—
MEUKOW	
Rarissime · 41,3%	30,—
OTARD	
Extra · 40%	30,—
PEUCHET	
Fine Champagne · 40%	12,—
Grande Champagne · *Réserve de L'Empereur* · 40%	15,—
Grande Fine Champagne · *très vieille* · 40%	14,—
Grande Champagne · *Tierçon vénérable* · 40%	15,—
RAGNAUD MARCEL	
Grande Champagne · *Réserve Spéciale* · 43%	10,—
Grande Champagne · *Fontvieille* · 44%	20,—
Grande Champagne · *Héritage Madame P. Ragnaud* · 41%	60,—
REMY MARTIN	
Centaure XO · 40%	25,—
ROYER	
Grande Fine Champagne · *Extra* · 40%	25,—
SALIGNAC	
Grande Fine Champagne · *très vieille* · 43%	30,—

ERNO'S BISTRO
Frankfurt

	4 cl DM
Bisquit Dubouché *Extra Vieille* *Grande Fine Champagne*	30,–
Bouju Daniel *Très Vieux* *Grande Champagne*	32,–
Camus *Napoléon* *Grande Champagne*	28,–
Château de Fontpinot *Fine Champagne*	24,–
Courvoisier **** Luxe* *Fine Champagne*	12,–
Courvoisier *Extra Vieille* *Grande Fine Champagne*	32,–
Delamain *Pale & Dry* *Très Belle Grde. Champagne*	18,–
Delamain *Extra Vieux* *Grande Champagne*	28,–
Delamain *Réserve de la Famille* *Très Vieille Grde. Champagne*	42,–
Dubreuil J. Heriard *Très Vieux Réserve* *Grande Fine Champagne*	30,–
Dudognon Raymond *Réserve des Ancêtres* *Grande Fine Champagne*	38,–
Dudognon Raymond *Extra Hors d'Age* *Grande Fine Champagne*	28,–
Gassies & Co. *Vat 93* *Fine Champagne*	22,–
Giraud Paul *Vieille Réserve* *Grande Fine Champagne*	18,–
Gourmel Léopold *à l'âge d'Epices* *Fins Bois*	24,–
Gourmel Léopold *Quintessence* *Extra Fins Bois*	30,–

	4 cl DM
Hardy A. *Noces d'Or Très Vieille* *Grande Champagne*	24,–
Hennessy *VSOP* *Fine Champagne*	15,–
Hennessy *Napoléon* *Fine Champagne*	24,–
Hennessy *XO* *Fine Champagne*	30,–
Hennessy *Paradis* *Grande Champagne*	45,–
Hine *Antique* *Vieille Fine Champagne*	32,–
Hine *Triomphe* *Très Vieille Fine Champagne*	40,–
Legier Elisée *Hors d'Age* *Fine Champagne*	18,–
Leyrat Edgard *Très Vieux* *Fins Bois*	30,–
Martell *Extra* *Grande Fine Champagne*	38,–
Martell *Cordon Bleu* *Fine Champange*	32,–
Martell *Cordon Argent* *Grande Fine Champagne*	44,–
Denis-Mounié *Eduard VII* *Très Vieille Fine Champagne*	32,–
Normandin-Mercier *Très Vieille* *Grande Champagne*	35,–
Otard *Princes de Cognac* *Vieille Fine Champagne*	24,–

Besitz der Familie Heriard-Dubreuil (Remy Martin)

Erno's Bistro: Liebigstraße 15. Tel. 069–721997

	4 cl DM
Paulet *Très Vieille* *Borderies*	24,–
Polignac *Dynastie* *Grande Fine Champagne*	34,–
Ragnaud Marcel *Fontvieille Réserve* *Grande Fine Champagne*	24,–
Ragnaud Marcel *Héritage Madame Gaston Briand* *Grande Fine Champagne*	50,–
Ragnaud Héritage G. Briand *Le Paradis* *Grande Fine Champagne*	60,–
Rémy Martin *VSOP* *Fine Champagne*	15,–
Rémy Martin *Age Inconnu* *Grande Fine Champagne*	30,–
Rémy Martin *Centaure Napoléon* *Grande Fine Champagne*	30,–
Rémy Martin *Centaure Cristal* *Fine Champagne*	34,–
Rémy Martin *Centaure Extra* *Fine Champagne*	44,–
Rémy Martin *Louis XIII* *Grande Champagne*	60,–
Ricard Gilbert *Hors d'Age* *Grande Champagne*	24,–

Steigenberger Hotel Graf Zeppelin,
Arnulf-Klett-Platz 7, Tel. 0711–299881

Restaurant Graf Zeppelin

Stuttgart

	4 cl DM
Cognac VSOP (Hardy, Martell, Courvoisier)	11,—
Rémy Martin VSOP	11,50

	Alter in Jahren	4 cl DM
Borderies		
Château Paulet	circa 80	29,—
Fine Champagne		
Martell Cordon Bleu	circa 30	14,50
Rémy Martin Centaure Extra	circa 50	29,50
Grande Champagne		
Hardy Noces d'Or	circa 50	15,—
Exshaw Age d'Or	circa 30	15,—
Courvoisier Extra Vieille	20–30	24,50
Martell Extra	50–60	29,—
Delamain Très Vieux	50–60	29,—
Hennessy Paradis	50–70	34,—
Héritage Ragnaud	70–80	49,—

La Cagouille
Paris

Besitzer: Gérard Allemandou

LES MARQUES

Grand et petit négoce, Cognac et Fine.

		F
Croizet	Napoléon	40,–
Renault	XO	50,–
Paulet	Age inconnu	60,–
Tiffon	VSOP	30,–
	Extra	45,–
Hennessy	VSOP	35,–
	XO	50,–
Normandin Mercier	Vieille Fine	35,–
Hine	Antique	50,–
Salignac	VSOP	35,–
Martell	VSOP	35,–
	Napoléon	45,–
Courvoisier	VSOP	35,–
	Napoléon	45,–
Denis Mounié	Edouard VII	45,–
Delamain	Vesper	45,–
Moyet	Fine Champagne	35,–
Audry	Mémorial	35,–

LES CRUS
Bois d'Oléron, Fins Bois, Borderies, Petite et Grande Champagne.

Bois d'Oléron		
Coulon	VSOP	30,–
Tardet	Napoléon	40,–
Fins Bois		
C.V.L.S.	Vieuboizé	35,–
Brard Blanchard	VSOP	30,–
	Vieille Réserve	40,–
Castaigne	VSOP	30,–
	Réserve	40,–
	Extra	50,–
Gacon	VSOP	35,–
Renaud	Hors d'Age	40,–
Boutinet	Napoléon	35,–

Restaurant La Cagouille
89 rue Daguerre
75014 Paris Tel. 43 22 09 01

MA COLLECTION PERSONNELL

	F
Ragnaud Raymond	
Héritage	120,–
Dubreuil	
Grande Champagne	100,–
Rémy Martin	
Exceptionnelle	300,–
Philipon	
Réserve	250,–
Moyet	
Grande Fine	120,–
Grande Champagne	100,–
Ragnaud Marcel	
Héritage	120,–
Paradis	150,–
Audry	
Exceptionnelle	– *
Dubiny, 1951	
Borderies	80,–
Les Antiquaires du cognac, 1949	
Fins Bois	100,–
Porchaire, 1939	
Fins Bois	– *
Bitaud, 1937	
Grande Champagne	80,–

	F
Robin, 1920	
Grande Champagne	250,–
Cheauveau, 1918	
Bons Bois	– *
Renaud, 1914	
Fins Bois	100,–
Normandin, 1893	
Très Vieille	80,–
Vallantin Dulac, 1893	
Grande Champagne	140,–
Cheauveau, 1893	
Bons Bois	– *
Nicolas, 1858	
Grande Champagne	250,–
Hivert, 1840	
Cognac	– *
Ferrand, 1820	
Fins Bois	– *
Bisquit, 1811	
Grande Champagne	– *
X..., 1811	
Grande Champagne	– *
Bréard, 1805	
Grande Champagne	– *

* Preis auf Anfrage.

		F
Borderies		
Gestraud	VSOP	35,–
Baron	Extra	40,–
Dubiny	VSOP	35,–
Rouyer Guillet	Vieux	50,–
Petite Champagne		
Merlin	Réserve	45,–
Estève	Hors d'Age	40,–
Rivière	Réserve	40,–
Philippon	Très Vieille	50,–
Robin	Très Vieille	45,–
Grande Champagne		
Fillioux	Cep d'Or	35,–
Ragnaud Sabourin	VSOP	30,–
	Réserve	45,–
Dupuy	Hors d'Age	45,–
Jobit	Vieux	50,–
Bitaud	Extra	45,–
	Vieille Réserve	40,–
Frapin	Fontpinot	45,–
Couprie	Réserve	50,–
Sauvaget	Vieux	60,–
Beau	Hors d'Age	50,–

LES GRANDES EAUX DE VIES
Négoce ou propriétaire, assemblage ou crus, les «Grands»...

Frapin	Très Vieille	60,–
Courvoisier	Très Vieille	80,–
Hennessy	Paradis	100,–
Martell	Cordon Argent	90,–
Hine	Family Réserve	100,–
Salignac	Très Vieille	80,–
Merlin	Hors Pairs	60,–
Robin	Extra	60,–
Delamain	Réserve	100,–
Audry	Fins Bois	60,–
	Petite Champagne	80,–
	Grande Champagne	80,–
Moyet	Grande Champagne	45,–
Normadin Mercier	Petite Champagne	45,–
	Grande Champagne	45,–
Cartais Lamaure	Fins Bois	60,–
Robin	Fins Bois	45,–
Marchive	Vieille Réserve	65,–
Château Paulet	Borderies	80,–

CHATEAU-HOTEL DE NIEUIL

Nieuil (Charente)

	5 cl F
Raymond RAGNAUD «Réserve Haute Roche» 40° (Petite Champagne)	25,–
André BAUDY «Réserve» 40° (Grande Champagne)	30,–
André BAUDY «Réserve» 45° (Grande Champagne)	30,–
Marcel DUBREUIL «Vieille Réserve» 43° (Grande Champagne)	30,–
CHATEAU MONTIFAUD (Vallet) «Napoléon» 40° (Petite Champagne)	30,–
J.L. PASQUET «Napoléon» 40° (Grande Champagne)	30,–
Raymond RAGNAUD «Vieille Réserve» 41° (Grande Champagne)	30,–
Rémi LANDIER «Vieille Réserve» 40° (Fins Bois)	32,–
André BAUDY «Vieille Réserve» 44° (Grande Champagne)	35,–
J. DELPECH-FOUGERAT «Vieille Réserve» 40° (Petite Champagne)	35,–
Georges FRANSAC «Extra Pale» 40°	35,–
J.P. MENARD «Tradition Impériale» 40° (Grande Champagne)	35,–
R. MARCHIVE «Vieux Cognac de Propriétaire» 40° (Fins Bois)	38,–
J. ANTOINE «Extra» 40°	40,–
CHATEAU MONTIFAUD (Vallet) «Hors d'Age» 40° (Petite Champagne)	40,–
A.E. DOR «Vieux Cognac Napoléon» 40°	40,–

	5 cl F
E. LEYRAT «Napoléon» 42° (Fins Bois)	40,–
Raymond RAGNAUD «Extra Vieux» 42° (Grande Champagne)	40,–
CHATEAU de FONTPINOT (Frapin) 41° (Grande Champagne)	40,–
DOMAINE du MAINE BRUN (M. Ménager) «Vieille Réserve» 40° (Fins Bois)	45,–
A.E. DOR «Vieille Fine Champagne Napoléon» 40° (Fine Champagne)	45,–
E. LEGIER «Hors d'Age» 40° (Grande Champagne)	45,–
J.P. MENARD «Vieille Réserve Extra» 42° (Grande Champagne)	45,–
J.L. PASQUET «Grande Réserve» 40° (Grande Champagne)	45,–
Marcel RAGNAUD «Réserve Spéciale« 43° (Grande Champagne)	45,–
Jacques RANSON «Grande Fine Champagne» 42° (Grande Champagne)	45,–
J. DELPECH-FOUGERAT «Réserve Ancestrale» 45° (Petite Champagne)	50,–
CROIZET «Bonaparte» 40° (Grande Champagne)	55,–
DUBOIGALANT «Vieille» 40° (Fine Champagne)	55,–
L. GOURMEL «Age des Fleurs» 41° (Fins Bois)	55,–
E. LEYRAT «Vieille Réserve» 42° (Fins Bois)	55,–
Maxime TRIJOL «X.O.» 40,5°	55,–

Das Château de Nieuil liegt etwa 45 km nordöstlich von Angoulême. Von der N 141 Angoulême-Limoges einige km nach Chasseneuil links abbiegen Richtung St. Claud. Postadresse 16270 Nieuil (Charente), Tel. 45 71 36 38. Gehört zu «Relais et Châteaux»

THE JULIUS CASTLE
San Francisco

	$
Salignac *VS*	4,—
Logis de la Mothe *VSOP*	4,—
Martell *VS*	4,—
Hennessy *VS*	4,—
Courvoisier *VS*	4,—
Bisquit *VSOP*	4,—
Camus *VSOP*	4,50
Martell *VSOP*	4,50
Ragnaud *Grande Fine*	4,50
Hennessy *VSOP*	5,—
Ragnaud *VSOP*	5,—
Rémy Martin *VS*	5,—
Hennessy *Bras d'Or*	6,—
Château Fontpinot	6,—
Rémy Martin *VSOP*	6,—
Salignac *Napoléon*	6,—
Delamain *Pale & Dry*	8,—
Martell *Cordon Bleu*	8,—
Ragnaud *Réserve Spéciale*	8,—
Courvoisier *Napoléon*	9,—
Hennessy *Napoléon*	9,—
Delamain *Vesper*	10,—
Ragnaud *Réserve Fontvieille*	10,—
Rémy Martin *Centaure Royal*	10,—
Monnet *Anniversaire*	10,—
Logis de la Mothe *Trois Ecussons*	12,—
Delamain *Très Vénérable*	14,—
Hennessy *XO*	14,—
Camus *Napoléon*	15,—
Rémy Martin *Centaure Napoléon*	15,—
Denis-Mounié *25 Years Old*	15,—
Courvoisier *Grande Fine*	17,—
Château Paulet *Très Rare*	22,—
Gaston Briand *Grande Fine*	22,—
Camus *Extra*	25,—
Martell *Extra*	25,—
Hennessy *Paradis*	30,—
Louis Royer *Extra*	35,—
Gaston Briand *Le Paradis*	50,—
Ragnaud *Héritage*	50,—
Rémy Martin *Louis XIII*	50,—
Logis de la Mothe *Très Vieille*	50,—
Logis de la Mothe *Extra Vieille*	75,—

Les Frères Troisgros
Roanne

	F
Sélection Troisgros 43°	
Grande Champagne	50,–
Petite Champagne	44,–
Fins Bois	40,–
Jules Robin	
Grande Champagne 1845 41°	340,–
Très Vieille Borderies 47°	62,–
Vieux Cognac 58°	72,–
T. Hine	
Grande Champagne Lot 1051 50°	56,–
Grande Champagne Lot 1054 40°	62,–
Grande Champagne Lot 1055 43°	92,–
Grande Champagne 48,4°	50,–
Petite Champagne 60,8°	50,–
Croizet	
Grande Fine Champagne Réserve Troisgros 47°	46,–
Fine Champagne Lot 33 42°	96,–
Grande Champagne Lot 42 46°	120,–
Fine Champagne Lot Piton 44°	127,–
Grande Champagne Vintage Lot 97 45°	112,–
Fine Champagne des Héritiers Croizet 47°	162,–
Delamain	
Borderies Réserve Exclusive Troisgros 45°	66,–
Grande Petite Champagne Lot 713	76,–
Extra Très Vieille Petite Champagne 40°	87,–
Très Vieux Cognac Grande Champagne 47°	102,–
Gourmel	
Fins Bois à l'Age des Fleurs 41°	52,–
Fins Bois Quintessence 43°	82,–
Audry	
Grande Champagne 48°	200,–
Petite Champagne 49°	182,–
Fins Bois 49°	122,–
Marchives	
Cognac Très Vieille Réserve 45°	48,–

Diese Karte enthält Sonderfertigungen für das Haus, die nicht unbedingt bei den einzelnen Firmen aufgeführt sind

Troisgros, 3 Sterne im Michelin, war von jeher eine kulinarische Wallfahrt wert. Nicht nur wegen des Essens, sondern auch für die Cognac-Liebhaber. Allerdings sammelte der 1983 verstorbene Bruder Jean Troisgros manche äußerst Hoch-

prozentige, die man nur schnuppern, kaum auf der Zunge genießen kann. Das Haus bietet auch eine große Auswahl im Flaschenverkauf. 22 cours de la République (gegenüber dem Bahnhof) Tel. 77–716697

Hennessy

Cognac 40°	54,–
Grande Fine Champagne Réserve Troisgros	95,–
Hennessy XO	95,–
Hennessy Paradis	200,–

Frapin

Grande Fine Champagne 50°	88,–

Martell

Extra 44°	112,–

Leyrat

Fins Bois 43°	87,–

Pelisson

Grande et Petite Champagne 48°	84,–

Laurent Merlin

Petite Champagne 48°	84,–

Moyet

Grande Champagne	

Commandon

Grande Champagne 45°	88,–

Grand Prix d'Angoulême

Petite Champagne	320,–

Château Paulet

Très Vieux Cognac	150,–
Grande Champagne Extra Vieille 46°	210,–

John Exshaw

Cognac	45,–

Gaston Briand

Grande Champagne 1er Cru 44°	74,–
Grande Champagne Gaston Briand «Le Paradis» 41°	200,–

A. E. d'Or
Très Vieille Grande Champagne

Louis Philippe 1840 Lot 5 34°	320,–
Napoléon III 1858 Lot 4 37°	320,–
Prince Impérial 1875 Lot 3 36°	310,–
Excellence 1889 Lot 2 36°	330,–
Age d'Or 1893 Lot 1 35°	360,–

A. E. d'Or

Cognac Lot 7 42°	56,–
Cognac Lot 6 40°	58,–

LES TROIS MARCHES
Versailles

	F
Cognac Guy Testaud	30,–
Leyrat Brut de Fûts	80,–
Cognac V.S.O.P. *(Hennessy)*	36,–
Cognac Leyrat Veille Réserve	50,–
Cognac Leyrat Napoléon	40,–
Cognac XO *(Hennessy)*	85,–
Fin Bois *(Sélection des Toques Gourmandes)*	90,–
Cognac Paradis *(Hennessy)*	120,–
Fine Champagne Napoléon *(Prince de Polignac)*	60,–
Grande Fine Champagne Dynastie *(Prince de Polignac)*	60,–
Grande Champagne Age d'Or *(Exshaw)*	75,–
Fine Champagne Vesper *(Delamain)*	60,–
Vieille Petite Champagne *(Hine)*	60,–

	F
Grande Champagne* *(Château de Fontpinot)*	70,–
Grande Champagne* Logis de la Mothe *(Madame Julien)*	70,–
Grande Champagne Hors d'Age No 7 *(A.E. Dor)*	70,–
Grande Champagne Age d'Or No 2 *(A.E. Dor)*	95,–
Grande Champagne Excellence No 3 *(A.E. Dor)*	110,–
Grande Champagne Louis-Philippe *(A.E. Dor)*	160,–
Grande Champagne Prince Impérial *(A.E. Dor)*	150,–
Grande Champagne Napoléon III Empereur *(A.E. Dor)*	160,–
Fine Champagne Réserve *(Laurent Merlin)*	50,–
Fine Champagne Hors Pair *(Laurent Merlin)*	80,–

Les Trois Marches, ebenfalls berühmtes Feinschmeckerlokal und Mitglied der «Relais et Châteaux», Versailles, 3 rue Colbert, Tel. (0033)3–950 1321

Alte Cognacbestände aus dem letzten Jahrhundert im Paradis von Croizet – leider unverkäuflich ▷

ZUR TRAUBE
Grevenbroich

	4 CL DM
Cognac aus dem Hause Hine	
Hine V.S.O.P. Fine Champagne *Klassisch und rund, 40%*	9,50
Hine Très Vieille Fine Champagne Antique *Viel Körper und Rasse, 40%*	16,50
Hine Très Vieille Grande Champagne *Old Vintage viel Finesse, 40%*	22,50
Hine Très Vieille Fine Champagne *Triomphe viel Reife und Eleganz, 40%*	28,50
Hine Très Vieille Grande Champagne *Family Reserve Etwas Außergewöhnliches*	60,00
Cognac aus dem Hause Bisquit	
Bisquit Fine Champagne V.S.O.P. *Nervig und viel Kraft, 40%*	9,50
Cognac aus dem Hause Monnet	
Monnet Grande Fine Cognac V.S.O.P. *Würzig und kraftvoll, 40%*	9,50
Cognac aus dem Hause Polignac	
Prince Hubert de Polignac Fine Champagne V.S.O.P. *Schönes Bouquet – vollmundig, 40%*	11.60
Cognac aus dem Hause Marcel Ragnaud	
Ragnaud Grande Champagne, 1er Cru de Cognac *Spezialreserve, 43% Kraftvoll und finessenreich*	
Ragnaud Grande Fine Champagne Grande Réserve 1er Cru du Cognac *Volles Aroma und samtig*	24,00
Ragnaud Heritage – Madame Gaston Briand *Nervig und zartes Bouquet, 40%*	38,00
Ragnaud Très Vieux Cognac Heritage *Le Paradis Sehr edel und reif*	58,00
Cognac aus dem Hause Courvoisier	
Courvoisier V.S.O.P. Fine Champagne *Rassig mit viel Körper, 40%*	9,50
Courvoisier Napoléon Fine Champagne *Ausgewogen und Blumig, 40%*	16,00
Courvoisier Extra *Vieille Grande Fine Champagne Viel Reife und Eleganz, 40%*	26,00
Cognac aus dem Hause Delamain	
Delamain Très Vieux Cognac *Grande Fine Champagne Edel und vollkommen, 40%*	48,00
Delamain Très Vieille *Réserve de la Famille, 40%*	60,00
Cognac aus dem Hause Gassies	
Gassies Fine Champagne Vat 93 *Mild und ausgewogen, 40%*	16,00
Gassies Grande Fine Champagne *Schönes Bouquet und viel Finesse, 40%*	28,00

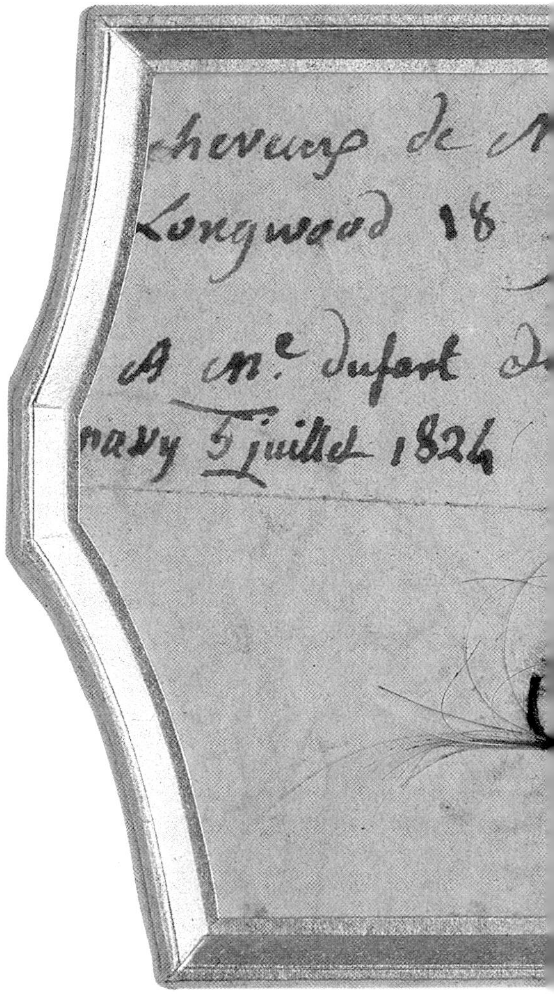

Napoleons Haarbüschel . . . findet sich hinter C

Alte Cognacs mit Jahrgangsbezeichnu

	4 CL DM
1956er Frapin Grande Champagne *Abfüllung John Harvey*	24,00
1928er Croizet, Bonaparte *Fine Champagne Abfüllung Berry Bros & Rudd*	38,00
1921er Martell, Grande Champagne *Abgefüllt 1966*	58,00
1919er Monnet, Petite Champagne *Abgefüllt für M. Prunier, Paris*	48,00

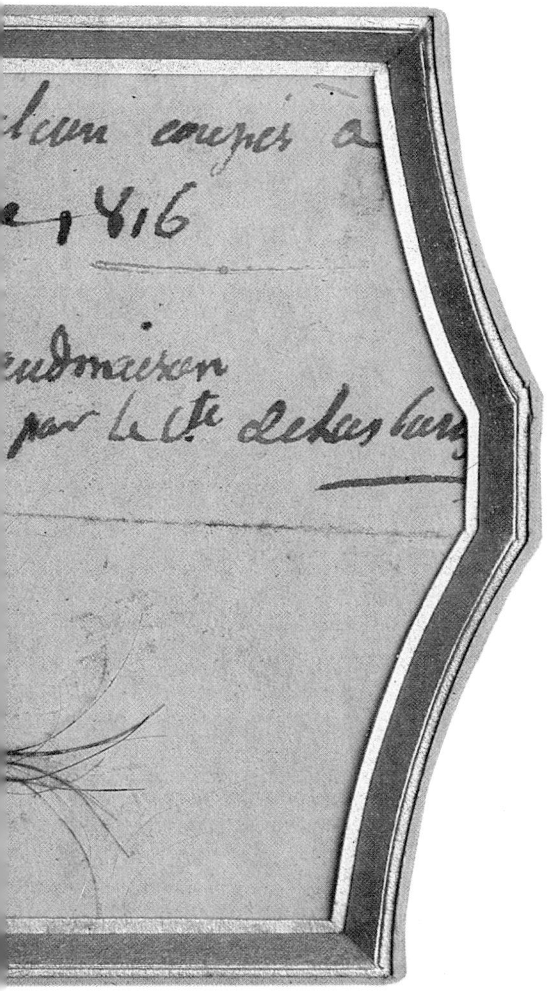

Cognac-Château Courvoisier, Jarnac.

	4 CL DM
1904er Grande Champagne des Héritiers *Abfüllung Berry Bros & Rudd 1977*	64,00
1896er P. Gaisse & Co. Grande Champagne *Abfüllung Gaisse*	*Auf Anfrage*
1894er Croizet Fine Champagne *Réserve Royale*	*Auf Anfrage*
1865er Chabanneau Grande Fine Champagne *Très Vieille Réserve*	*Auf Anfrage*
1811er Cognac Napoléon Réserve *Grande Fine Champagne*	*Auf Anfrage*

	4 CL DM
Cognac aus dem Hause Rémy Martin	
Rémy Martin V.S.O.P. Fine Champagne *Ein milder und ausgewogener Cognac, 40%*	9,50
Centaure Napoléon Fine Champagne *Kraftvoll mit ausgereiftem Bouquet, 40%*	13,50
Centaure XO Fine Champagne *Vollmundig und intensiv, 40%*	18,50
Centaure Extra Fine Champagne *Elegant und nervig, viel Finesse, 40%*	28,50
Louis XIII Grande Champagne *Edel und vollkommen, 40%*	60,00
Cognac aus dem Hause Martell	
Martell V.S.O.P. Fine Champagne *Zartes Bouquet und Reife, 40%*	12,00
Martell Cordon Bleu *Grande Fine Champagne Bestechende Eleganz und vollmundig, 40%*	24,00
Cognac aus dem Hause Otard	
Baron Otard V.S.O.P. Fine Champagne *Ausgewogen mit schönem Bouquet, 40%*	12,00
Otard XO Vieille Fine Champagne *Elegantes Bouquet und viel Finesse, 40%*	16,00

	4 CL DM
Otard Extra Vieille Fine Champagne *Ausgewogenes Bouquet mit viel Eleganz, 40%*	22,00
Cognac aus dem Hause Hennessy	
Hennessy V.S.O.P. Fine Champagne *Ausgewogenes Bouquet und mild, 40%*	14,00
Hennessy XO Fine Champagne *Kraftvoll und intensiv, 40%*	18,00
Hennessy *Le Paradis* Grande Champagne *Unvergleichbares Bouquet – reif und mild, 40%*	36,00
Cognac aus dem Hause L. Gourmel	
Léopold Gourmel Paradis Fins Bois *Rassig und kräftig, 40%*	18,00
Léopold Gourmel Extra Fins Bois *Ausgewogen und sehr blumig, 40%*	22,00
Cognac aus dem Hause Maurice Gourry	
Chadeville 1er Cru Grande Fine Champagne *Kraftvoll und intensiv, 40%*	9,50
Très Vieux Grande Fine Champagne *Nervig mit schönem Bouquet, 40%*	14,00

Die «Traube», eines der berühmten Feinschmeckerlokale der Bundesrepublik, gewann für ihre riesige Digestifkarte, aus der dies ein Ausschnitt ist, 1983 den ersten Preis in einem Kartenwettbewerb von Rémy Martin. Bahnstraße 47, 4048 Grevenbroich, Tel. 02181–68767

Cognac für Praktiker

Flaschen-Millionäre

Die Geschäftswelt des Cognac ist, was Größe, Umsätze und oft auch die Marken der einzelnen Häuser anbelangt, von Zurückhaltung geprägt, sagen wir ruhig Geheimhaltung. Die Allergrößten sind offener, teilweise werden ihre Aktien ja mit entsprechender Publizitätspflicht an der Börse gehandelt; ihre Riesigkeit läßt sie etwas großzügiger mit Leistungs- und Erfolgsangaben sein. Aber es ist schwierig, eine Rangliste der großen Unternehmen aufzustellen, nicht etwa nach Qualität, sondern nach dem Umfang ihrer Produktion und ihrer Verkaufsmenge.

Die amtlichen Stellen, die es genau wissen, berufen sich auf den Datenschutz und verraten nichts. Nicht wenige Firmen sagen lieber, wie groß oder klein die Konkurrenten sind. Das eigene Ausmaß geben sie weniger gern preis. Gestützt auf die ihnen zugänglichen Unterlagen des B.N.I.C. kennen sie ihren eigenen Platz genau. Den teilen sie allenfalls mit, ohne nähere Präzision – aber den fünften und zehnten in der Größenhierarchie schrieben sich zu meiner Erheiterung jeweils mehrere Firmen zu. Ich habe mich nicht bemüßigt gefühlt, den Wirtschaftsdetektiv zu spielen – von solcher Bedeutung ist nun auch wieder nicht, ob der eine mehr Cognac macht oder verkauft als der andere.

Aber es ist ja nicht uninteressant, das Angebot, das man so in den Regalen sieht, etwas einordnen zu können, und sich über die Bedeutung der eigenen Lieblingsmarken klar zu sein, und für die Praktiker der Branche, darunter Importeure und Händler, schon gar nicht. Also habe ich doch versucht, eine gewisse Rangordnung zu finden (wie gesagt: nicht der Qualität, sondern der Größe). Eine ganze Reihe von Firmen hat uns ja doch Angaben gemacht; Sie finden sie im ABC. Leider waren sie über ihre Prestige-Marken meist auskunftsfreudiger als über ihre anderen Handelsmarken, über deren qualitative und quantitative Bedeutung selten gern gesprochen wird – von ihnen wird oft mehr verkauft als von der bekannten Hauptmarke des Unternehmens, an der das Prestige hängt.

Ich glaube nicht, mit der folgenden Liste sehr falsch zu liegen. Manche Häuser würden, wenn man ihre gesamte Aktivität berücksichtigt, einen höheren Platz verdienen. Aber ich wollte nur das Cognac-Volumen vergleichen, nicht Weinbrand (Brandy), Likör, Pineau oder auch Armagnac – mehrere bedeutende Armagnac-Unternehmen gehören Cognac-Häusern. Das umgekehrte ist kaum der Fall.

Alte Faßwaage bei Normandin-Mercier, nahe La Rochelle. Da nicht zwei Fässer genau gleiches Volumen haben, dient die Waage zur Mengenbestimmung

◁ Tonneaux im Château Paulet (Cognac)

Die Spitze

mehr als 20 Millionen Flaschen pro Jahr:

1. Hennessy
2. Martell

15 bis 20 Millionen:

3. Rémy Martin
4. Courvoisier

Die zweite Gruppe

4 bis 7 Millionen:

5. Camus
6. Bisquit
7. Unicoop (mit Prince Hubert de Polignac)

2 bis 4 Millionen:

8. Hine-Gruppe (mit Denis-Mounié und Comandon)
9. Royer
10. Otard (mit Exshaw)
11. Gaston de Lagrange

1 bis 2 Millionen:

12. CCG (mit Meukow/Réau-Richard u. a.)
13. Salignac
14. Hardy
15. La Charentaise Vinicole
16. Les Grands Chais de France
17. Unicognac (mit Roi des Rois u. a.)
18. Frapin
19. Castillon-Renault
20. Didonne

Große «Kleine»

500 000 bis 1 Million:

21. Monnet
22. Prunier-Gruppe
23. Rouyer Guillet
24. Brugerolle
25. Bache-Gabrielsen
26. Chai de Bonnemie
27. Adet Seward
28. AMAD (de Laroche u. a.)
29. Marnier-Lapostolle
30. Favraud
31. Godet
32. Gautier/Aigre

Etwa 400 000:

33. Croizet (St. Même)

Die größten Exporteure unter den Cognac-Häusern waren 1984 (in der Reihenfolge): Hennessy – Martell – Rémy Martin – Courvoisier – Camus – Unicoop – Domaine du Chillot – Hine – Castillon-Renault – Otard. Doch ist in dieser Aufstellung, die ich dem Moniteur du Commerce International vom 16.9.1985 entnehme, der gesamte Export*umsatz* (nicht das Volumen) einschließlich aller anderen Spirituosen berücksichtigt.

Die aufgezählten 33 Firmen vermarkten zusammen ein Cognac-Volumen von rund 120 Millionen Flaschen, das sind 6/7 des gesamten Geschäfts. In das 7. teilen sich rund 650 Händler und Produzenten; bisher sind sie damit gut zurechtgekommen. Die seit Mitte der siebziger Jahre herrschende Absatzflaute hat aber auch hier zu weiterer Konzentration geführt, zur Übernahme kleinerer durch größere Unternehmen. Von den mittleren und größeren Unternehmen des vergangenen Jahrhunderts sind nicht mehr viele in der Hand der ursprünglichen Besitzerfamilien. Entgegen der allgemeinen Stagnation haben sich aber auch in den letzten vier Jahren zwei neue Unternehmen einen respektablen Platz erobert: die CCG des Michel Coste aus Bordeaux und Les Grands Chais de France des Elsässers Joseph Helfrich aus Kirrweiler.
Einen bemerkenswerten Einfluß auf das Geschäftsvolumen mancher Cognac-Häuser haben die Alkoholmonopole in Skandinavien und Kanada, die einen Teil ihres nicht geringen Bedarfs jährlich neu ausschreiben. Es gibt Unternehmen, die dort jahrelang vertreten waren, dann einige Jahre überhaupt nicht, dann wieder – mit entsprechenden Folgen für ihren Umsatz.

Die Charentebrücke in Cognac. Rechts der Turm des Château (Otard), Teilfassade von Hennessy

26

Cognac für Praktiker

Das ABC der Marken und Adressen

So alte Flaschen wie hier bei Croizet haben noch ziemlich viele Häuser. Der Hauptumsatz ist mit den jungen

Hier finden Sie mehr als 1000 Marken mit mehr als 3000 verschiedenen Cognacs und ihre Adressen, dazu die einiger besonders interessanter Spezialgeschäfte in Frankreich, der Bundesrepublik und Großbritannien. Jede Auswahl ist subjektiv – bei den Produzenten haben wir etwas mehr Gewicht auf die höher geschätzten Cognac-Lagen (crus, appellations) gelegt. Eine vollständigere Übersicht werden Sie nirgends finden.

Die Aufstellung ist nicht nur für den Handel nutzbar, sondern auch für den einzelnen Cognac-Liebhaber, also die Kundschaft. Wer durch das Cognac-Gebiet reist, kann anhand unserer genauen Adressenangaben die Firmen und Produzenten auch wirklich finden; keineswegs alle haben Hinweisschilder. Eine recht detaillierte Straßenkarte ist freilich unverzichtbar. Bei so gut wie allen kann man direkt kaufen, bei fast allen Kostproben bekommen.

Die untereinander gesetzten Namen bzw. Orte entsprechen der korrekten Postanschrift. Wenn es sich nicht deutlich um eine Stadtadresse handelt, bezeichnet der erste Ausdruck gewöhnlich den Marktflecken oder die kleine Siedlung (oft nur die Häusergruppe, manchmal nur das Anwesen), in der der Produzent zu finden ist. Diese Namen stehen oft auf kleinen Schildern entlang der Landstraße.

Die zweite Angabe bezeichnet die Gemeinde, zu deren Gebiet das Anwesen gehört. Die mit der Zahl ist natürlich der Postort, der oft sehr weit entfernt sein kann. Es ist nützlicher, die Gemeinde zu suchen.

Angaben über das Alter der verschiedenen Cognac-Qualitäten stammen von den Herstellern. Oft sind es Durchschnitte. Ein Cognac sei zehn Jahre alt kann oft bedeuten, daß in ihm sowohl siebenjähriger als auch fünfzehnjähriger vereint sind; es kommt auf die Proportion an. Die kleineren Produzenten können sich meist größere Klarheit leisten, da sie kaum komplizierte «coupes» herstellen. Sie mischen weniger, vielleicht zwei oder drei Jahrgänge, oder überhaupt nicht. Bei den großen, die gelegentlich mehrere Dutzende von Bränden zu ihrer gewählten Qualität zusammenmischen, ist das schwieriger.

Wo es möglich war, nennen wir Importeure. Die Vertretungen wechseln freilich, manchmal sehr abrupt. Eine Gewähr können wir also nicht geben, aber da hilft natürlich, die Adresse der Cognac-Firma zu wissen. Das gilt auch für die Produzenten selbst: Einige der Kleinen geben von Zeit zu Zeit auf; wer seine Weinstöcke ausreißt, bekommt eine staatliche Prämie.

Die hier angeführten Handelsmarken sind nur eine Auswahl aus einer

Hier lagert Cognac: der dunkle Pilzbefall verrät es

viel riesigeren Liste, die sich geradezu täglich verlängert. Es genügt ja, daß ein Geschäft Cognac unter seinem eigenen oder einem Phantasienamen verkaufen möchte, um anderes bieten zu können als die Konkurrenz; die meisten Lieferanten gehen auf diesen Wunsch ein. Die größeren Häuser haben sich in Cognac oder auch Paris weit mehr Handelsmarken eintragen lassen, als sie jeweils benutzen. Schönes Beispiel: als die Firma Richard von der CCG übernommen wurde, brachte sie allein 65 Handelsmarken mit.
Im allgemeinen werden von den Handelsmarken mindestens ★ ★ ★ und VSOP angeboten, oft auch noch Napoléon, sehr viel seltener Höheres.
Viele Handelsmarken sind übrigens Namen von Firmen, die früher tatsächlich bestanden haben. Oft steht daher hinter dem Namen das «& Co» oder «& Cie», das eine Firmeneigenschaft deutlich machen soll (Ich habe es meist weggelassen). Diese «Firma» kann jederzeit für Cognac aktiviert werden, aber die Handelsmarken werden ebenso für Brandy oder andere Spirituosen oder auch für Wein eingesetzt, wenn auch fast nie gleichzeitig.
In Frankreich und bei uns wird unter Brandy grundsätzlich kein Cognac verstanden (sondern eben Weinbrand). Im angloamerikanischen Sprachraum ist man da elastischer. Wir haben also auch manche Brandy-Handelsmarken aufgeführt, und unsere Liste enthält weitere, die heute noch nicht oder nicht mehr für Cognac benutzt werden – was nicht ausschließt, daß es irgendwo noch von früher Cognac solchen Namens gibt, und schon gar nicht, daß welcher neu auftaucht.
Die Abkürzungen bei den Adressen bedeuten Organisationsformen der Produzenten, die oft nur steuerliche Bedeutung haben und jedenfalls keine für den Kunden.

GAEC: Groupement Agricole d'Exploitation en Commun;
GAF: Groupement Agricole Foncier
SICA: Société d'Intérêt Collectif Agricole;
SCA: Société Coopérative Agricole.
SCEA: Société Civile d'Exploitation Agricole

Die (wenigen) Geschäfte in unserer Liste haben wir aufgenommen, weil man bei ihnen eine ungewöhnliche Auswahl findet; meist führen sie Cognacs, die beim Hersteller längst nicht mehr zu bekommen sind, oft auch bemerkenswerte Eigenmarken.
Standardstärke von normalem Cognac ist 40%. Sehr wenige Länder verlangen einen höheren Grad, wie Südafrika (43%). Wir geben im ABC nur Prozente an, wenn sie über 40% liegen.
Für USA benennen die Produzenten ihre Qualitäten manchmal anders bzw. stellen zusätzliche her.
Angebotene Qualitäten (XO etc.) ändern sich zuweilen. Die Angaben stammen von Herbst 1985.

Jarnac, Rue Bisquit. Hinter den Mauern lagern die Fässer. Die Firma Bisquit ist weggezogen. ▷

ABC
Dist. de la Croix Blanche
Jean Bisseuil
17160 Chérac
46 96 44 09
Borderies
VSOP (10 Jahre) / *Vieille Réserve «AMITIE»* (20 Jahre)

ABRARD Fils (Jean Claude)
50, rue de Metz
16100 Cognac
45 82 01 39
Grossist in Faßware, verfügt aber auch über eine Handelsmarke: *Flavien Cognac*

ACE BRANDY: Gautier/Aigre

ADAM: Jules Adam & Co, Distillerie du Camp de César, Yvan Penisson & Cie, St. Romain de Bennet

ADET SEWARD S.A.
41, rue Vergniaud
33081 Bordeaux
56 44 90 90
Wein- und Spirituosenhaus, das 95% seiner Cognacproduktion exportiert, meist als Faßware. Jahresproduktion insgesamt (umgerechnet) etwa 600 000 Flaschen. Cognac Adet-Qualitäten: ★★★/*VSOP*/*VSOP Fine Champagne*/*Napoléon.*
In Großbritannien noch vertreten mit der Handelsmarke *MORTON* (Alfred Morton & Co.): ★★★/*VSOP*
Weitere: *Casque d'Or, Casque Rouge, Gaudrap & Co, Tampier*

AGUINS Cognac: Denis-Mounié

AIGLE IMPÉRIAL: Delamain

ALBERT JARRAUD: A. E. DOR

ALEXANDRE (Serge)
Besitzer: Serge Arrou
57, rue de Cagouillet
16100 Cognac
45 82 03 17
Fins Bois

Etwa 12 ha, etwa 40 000 Flaschen im Jahr. Nur Napoléon (etwa 12 Jahre alt); Arrous Gag: füllt auch in Ampullen ab, wie ein Injektionsmittel. Arrou betreibt auch die «Cognathèque» (s. d.)

ALLINEAUD & FILS: Ets. Gelas & Fils, 48 Avenue Edmond-Bergès, Vic-Fezensac (Gers) (Armagnac-Haus)

AMAD
Route d'Angoulême (Ortsausgang, gegenüber Kiosk De Laroche)
16100 Cognac
45 32 09 11
Die Buchstaben des Firmennamens sind die Anfangsbuchstaben früher selbständiger Marken: *AUBOYNEAU* (macht keinen Cognac mehr), *ARBOIN-MARETT* (Marett) und *DE LAROCHE* (s. d.). Weitere Handelsmarken, u. a. *Chardon – Cognac de la Distinction – Cognac du Roy 1840 – Del Sol – Deverney – Dulac – Du Roy – Gastine – Eugène Gourry – Lanquier.*
Cognacproduktion aller Marken etwa 535 000 Flaschen im Jahr, davon 65% Export.
Die *AMAD* gehört der Cynar-Gruppe an.

AMART
Le Maurin, St. Martin d'Ary
17270 Montguyon
46 04 10 34
Bons Bois
Produziert und verkauft ★★★/*VSOP*/*Napoléon* (13 Jahre alt)

AMBROSY: CCG

AMIAUD
Chez Dexmier, Ars (SW. v. Cognac)
16130 Segonzac
45 82 01 25
Petite Champagne
★★★/*Réserve* (etwa 8 Jahre)/*Napoléon* (10 Jahre)

AMITIE: s. ABC

ANDRE DORBERT: Unicognac

ANDRE SIMON: CCG

ANGEVIN: Hardy

ANSAC (s. Unicognac)
★★★/ *VSOP / Napoléon / XO / Napoléon Vieille Fine Ch. / Extra (Gr. Champ.)*
W. Kappert
Bismarckstr. 87, 5620 Velbert 1
0 20 51/6 23 24

ANTIER (Max)
Le Fourneau, Le Seure
17770 Brizambourg, 46 94 91 46
Fins Bois
★★★ *(6 Jahre)/VSOP* (8 Jahre)/*Vieille Réserve* (10 Jahre)

LES ANTIQUAIRES DU COGNAC
Lartige, NO (N 141) v.
16200 Jarnac
Distillerie M. Pinard
Neues Unternehmen, das gute alte Cognacs bei Produzenten kauft und auch, wenn es sich nur um geringe Vorräte handelt, in den Handel bringen will. Es sind meist höherprozentige, die nicht durch Beigabe destillierten Wassers reduziert wurden. Die ersten Angebote waren: Fins Bois 1949 (also 36 Faßjahre) 46–48 % / Petite Champagne 1954 (31 Jahre) 48–50 % / Grande Champagne 1932 (53 Jahre).

ANTOINE (G. + J.)
Les Annereaux, SW v. St.-Sulpice-de-Cognac
16370 Cherves-Richemont
45 83 85 85
Borderies
★★★ / *VSOP/Napoléon* (15 Jahre) / *Extra* (20–25 Jahre)/*Hors d'âge* (etwa 40 Jahre)

ARBELLOT: Royer

ARBOIN: AMAD

ARC ROYAL: Marke der Rola-Weinbrennerei, 8303 Niederhatzkofen

ARCHAMBAUD (Yves)
Les Androux, zwischen St.-Preuil und Lignières-Sonneville,
16130 Segonzac
45 83 45 23
Grande Champagne
VSOP/Napoléon/Très vieille Réserve

ARDOUIN (André)
G.A.E.C. de la Fruitière,
Villemorin, SO (D 133) v.
17470 Aulnay
46 33 12 52
Fins Bois
★ ★ ★ / *VSOP/Napoléon* (12 Jahre)

ARMAND FRÈRES: Castillon-Renault

ARMAND ST. ARNAUD & CO: Castillon-Renault

L. ARNAUD: Denis-Mounié

ARNOUX: Hardy

ARRIVÉ (Jean-Guy)
Belle Vue, bei
Virollet
17260 Gemozac
46 94 21 39
Bons Bois
★ ★ ★/*VSOP/Napoléon* (20 Jahre). Den Napoléon führt auch Berthelot (s. d.)

ARSICAUD (Régis)
St.-Martin-de-Coux, zwischen
17360 St.-Aigulin und der Straße von Montguyon nach Guitres
46 04 72 19
Bons Bois
★ ★ ★/*VSOP/Vieille Réserve* (10 Jahre alt)

ARTAUD DE LA FERRIÈRE: Godet

ASCOTT: Camus

ATLANTIQUE: Puy Gaudin

AUBAIN (Jean)
Les Richards, bei
17130 Montendre
46 49 28 37
Bons Bois
★ ★ ★/*VSOP/Napoléon* (15 Jahre)

AUBAIN (Max)
Vallet über D 155 bei
17130 Montendre
46 49 24 38
Bons Bois
VSOP/Napoléon.
Vater von Jean Aubain, der auch den Verkauf übernommen hat.

AUBERT (Paul)
Bois Boudard, NW von
Chadenac
17800 Pons
Petite Champagne a. d. Grenze zu *Fins Bois*
VSOP

AUBOYNEAU: AMAD

AUDEBERT (Claude)
Les Villairs, SW über D 736 v.
16170 Rouillac
45 96 76 86
Fins Bois
etwa 4000 Flaschen jährlich
★ ★ ★ (*Fine,* 5 Jahre) / *VSOP (Très Vieux,*10 Jahre)

AUDEBERT-VALTAUD (Yves)
Bois de Vaux, zwischen
Vaux-Rouillac und Sigogne
16170 Rouillac
45 96 74 47
Fins Bois
★ ★ ★/ *VSOP* / *Vieille Réserve* (14 Jahre)

AUDOUIN (Jacques)
Le Petit Breuil, NW v.
Malaville
16120 Châteauneuf-sur-Charente
45 97 08 27
Grande Champagne
Réserve (9 Jahre) / *Vieille Réserve* (18 Jahre)

AUDOUIN: Réau-Richard/CCG

AUGIER (Frères)
Place de la Salle Verte
16100 Cognac
45 82 00 01
Das älteste Cognac-Handelshaus (gegründet 1643). Es gehört zur amerikanisch-kanadischen Seagram-Gruppe und stellt nur noch eine ziemlich geringe Menge Cognac her, etwa 120 000 Flaschen im Jahr, ausschließlich für den Export (hauptsächlich USA, Australien, Belgien). Wegen unverhältnismäßig großer Vorräte (sie reichten 1983 schon für etwa 20 Jahre) kann Augier seine Qualitäten überdurchschnittlich altern lassen, er stellt aber nur zwei her:
★ ★ ★ (6 Jahre)/*VSOP* (10 Jahre)
Ein großer Teil der Produktion wird jedoch nicht unter dem Namen Augier verkauft, sondern unter der Handelsmarke *MUMM.* (Der Champagner Mumm gehört ebenfalls Seagram). Weitere Handelsmarke: *ROI SOLEIL.*

AUDRY (A. Ed. Audry & Co)
(Bernard Boisson)
50 Avenue des Champs Elysées
75008 Paris
43 49 58 56
Alte Marke, die vor einigen Jahrzehnten zu existieren aufgehört hatte und nun vom Enkel des letzten Firmeninhabers wieder ins Leben gerufen worden ist. Die Geschäftsadresse ist in Paris, die Cognacs lagern in der Nähe von Saintes und werden von der Domaine des For-

ges abgefüllt (s. d.). Angeboten werden: *Mémorial (Fine Ch.) 42 %/Vieux Cognac Fins Bois 49 %* (etwa 50 Jahre) / *Très Ancienne Petite Champagne 48 %* (etwa 50 Jahre) / *Très Ancienne Grande Champagne 49 %* (etwa 50 Jahre). In Vorbereitung: *Grande Réserve (Fine Ch.),* etwa 15 Jahre.

AVERYS OF BRISTOL Ltd.
7 Park Street
Bristol BS1 5NG
(272) 21 41 41
Weinhaus, das auch alte Cognacs als Eigenmarke führt. 1928 Grande Champagne fand ich im Drei-Sterne-Restaurant «Aubergine», München (auf 67° Proof gesunken, also 38,257 %), dazu 1906, abgefüllt 1974. Den 1928 gab es 1984 auch noch bei Heimerdinger in Hamburg.

BABINOT (Christian)
Chez Landard (im Charente-Tal, D 24 zwischen Saintes u. Cognac),
17610 Chaniers
46 96 40 54
Fins Bois
★ ★ ★ */Fine Cognac/VSOP*

BACH: Gautier/Aigre

BACHE-GABRIELSEN
32, Rue de Boston
16100 Cognac
45 32 07 45
Großhandelshaus, dem als Markencognac seit 1905 die Firma A. Edmond Dupuy & Co. gehört (s. dort), aber auch die Firma CAVES, die ebenfalls Cognac herstellt, Marke *HERVÉ DE LA HORSE.* B-G liefert auch den Cognac der in Toulouse angesiedelten Firma Benoit Serres (s. d.).

BACOT (O. + T.): Rouyer Guillet

L. BAGARON & CO: Salignac

CH. BAGIER & CIE: Pascal Combeau/Gautier (Aigre)

BAILLIF (Pierre)
Le Maine Beautemps, NW v. Bois
17240 St.-Genis de Saintonge
46 49 82 36
Bons Bois
VSOP

BALINO: Ricard, Juillac-le-Coq

BALLUET (Hyppolyte + Jean)
Neuvicq-le-Château (N v. Sigogne)
17490 Beauvais-sur-Matha
46 26 64 74
Fins Bois
Fine Cognac / Vieux Cognac (18–20 J.)

BARBEAU (Jacques)
Les Vignes, SW v. Sonnac
17160 Matha
46 58 55 85
Fins Bois
★ ★ ★ */Réserve (= VSOP)/Très Vieux Cognac* (ca. 20 Jahre)
BODA-Weinhaus, In der Beek 33, 5600 Wuppertal 1, 02 02/71 17 17

BARBOTIN (Jean) & Fils
Les Epeaux de Meursac, SO v. Meursac
17120 Cozes
46 94 81 18
Bons Bois
★ ★ ★ */Napoléon*

BARCLAY: Hennessy

J. TH. BARKHAUSEN & CIE: Marke des Weinhauses Louis Eschenauer,
42, Avenue Emile Counord
33077 Bordeaux,
56 81 58 90.
Es gehört zur britischen Gruppe John Holt.

BARLAAM (Michel)
Rioux-Martin
16210 Chalais
45 98 17 75
Bons Bois
★ ★ ★ */VSOP*

BARLIGNAC: Salignac

BARNETT
Route de Segonzac
16100 Cognac
45 32 07 00
Das 1869 gegründete Haus (Barnett & Fils bzw. in London John Barnett & Sohn, später Barnett & Elichagaray) gehört heute zu Château Paulet (s. d.). Es produziert
★ ★ ★ */VSOP/Napoléon/Réserve XO/Très Rare Cognac*

BARON D'ARCY: Denis-Mounié

BARON D'ARTILLON: Pellisson (Hennessy)

BARON DE CHASTELARD: Godet

BARON DE L'IF
(Duluc, G.A.E.C. de l'If)
Chez Guionnet, bei Touzac
16120 Châteauneuf-sur-Charente
45 97 03 30
Grande Champagne
Sélection/Réserve/Napoléon
Beschreibung s. Duluc, Gatien. Dies ist die Marke seiner Söhne, Pierre und Daniel.
Gasthof Huber
8223 Purkering (Chiemgau)
0 68 23/5 22

BARON DE MOERNER: Ricard Juillac-le-Coq

BARON DE MONTIGNAC
(Distillerie de Montignac, A. J. Beimert & Fils)
396, Avenue de Montignac
Merpins, SW von
16100 Cognac
45 82 26 57
Die von einem früheren Deutschen gegründete Firma, die hauptsächlich Cognac für die großen Häuser destilliert, brachte 1983/84 diesen eigenen heraus, in den Qualitäten *VS / VSOP / Napoléon / XO / Hors d'Age.*
Weitere Handelsmarke: Duc de Monteau.

BARON DE ROTHBERG: Marke der Wein- und Spirituosenimportfirma Aujoux, Dieselstraße 8
5000 Köln 40/Lövenich
Tel. 0 22 34/701 81

BARON DE SIGOGNAC SARL, Barbotan les Thermes, 32150 Cazaubon

BARON et FILS (Veuve)
Logis de Brissac (Verkauf) u. Logis de Coudret (Sitz) bei
16 370 Cherves-Richemont
45 82 22 86 + 83 24 72
Borderies
Etwas mehr als 40 ha in Produktion, jährlich etwa 70 000 Flaschen. Cognac wird auch unter dem Namen *LOGIS DE COUDRET* verkauft. Qualitäten: ★ ★ ★ (4 Jahre)/*VSOP* (8 Jahre)/*Napoléon* (12 Jahre)/*Vieille Réserve* (26 Jahre)

BARON (Louis): Prunier

BARON RANDOLPH: Pernod Ricard

BARRIASSON
7, rue de la Pierre Levée
Châteaubernard (Zone Industrielle)
16100 Cognac
45 82 18 17
(vormals N. Barriasson & Co., gegr. 1850) gehört zu Gaston de Lagrange (s. d.) und damit zur Gruppe Martini-Rossi.
Heute nur noch zwei Qualitäten:
★ ★ ★/*VSOP.*
Dazu Handelsmarken: *P. de Valle, Floquet* (s. d.), *Paul Frères, Gréville*

BATARD (Robert)
Chez Jaguenaud, bei
Vénérand
17100 Saintes
46 93 29 94
Fins Bois
★ ★ ★/*Vieille Réserve* (in VSOP-Qualität)

BATIME (Claude)
Le Breuil, bei Sonnac (3 km Richtung Thors)
17160 Matha
46 58 56 52
Fins Bois
★ ★ ★/*VSOP*

BATTON ROYAL CROWN BRANDY: Castillon-Renault

BAUBEAU (Frères)
1, rue de l'Abreuvoir
16140 Aigre
45 21 30 13
Fins Bois
Keine eigene Ernte. Produziert ★ ★ ★/ *«SOB» (= Superior Old Brandy, VSOP-Qualität)*

BAUCHANT: Fransac, Georges

BAUDRY (Christian)
Chez Chiron, 1 km W v.
St. Hilaire-de-Villefranche
17770 Brizambourg
46 95 32 42
Obwohl im Gebiet *Fins Bois,* bezieht Baudry Cognac aus der *Grande Champagne* (Lignières). Seine Sorten: *VSOP/Vieille Réserve*

BAUDY (André)
L'Echarprie,
Verrières, SW v.
16130 Segonzac
45 83 74 69
Grande Champagne
★ ★ ★ / *VSOP* / *Réserve* / *Vieille Réserve* (10 Jahre)

BEAU (Paul)
rue Millardet
16130 Segonzac (neben dem Schulkomplex an der route de Jarnac)
45 83 40 18
Grande Champagne
Vieille Réserve/Hors d'Age 43% (etwa 20 Jahre). Dazu, von den Eltern geerbt: *Extra Vieille 46%* (30 J.) aus Borderies
Le Connaisseur Paris-Club des Vins
Hohenzollernstr. 89
8000 München 40
0 89/3 81 05-2 46

DE BEAUCEYRAC (Philippe)
La Bergerie, N 137, zwischen
St. Genis-de Saintonge und
17150 Mirambeau
46 49 68 12
80% Fins Bois, 20% Petite Champagne
★ ★ ★ (4 Jahre)/*VSOP* (8 Jahre)/*Napoléon* (12 Jahre)/*Hors d'Age* (21 Jahre)

BEAUGENTRY: Mandrin

BEAUMAINE: CCG

BEAUMONT (Guy)
Fortuneau, N v.
Coux
17130 Montendre
46 49 24 66
Bons Bois
VSOP (10 Jahre)/*Réserve/Vieille Réserve* (16 Jahre)

BEAUPREAU: s. Domaine de B.

BÉGAUD (Pierre)
Fontbelle bei
Villars-les-Bois
17770 Brizambourg
46 94 91 65
Borderies + Fins Bois
★ ★ ★/*VSOP/Napoléon/Hors d'Age* (25 Jahre)

BEGEY (& Fils)
Villars-les-Bois
17770 Brizambourg
46 94 91 76 + 46 94 94 86
★ ★ ★/*VSOP/Napoléon/Hors d'Age* (ca. 20 Jahre)

BEGOUIN (Paul)
Logis du Crû
Ste-Lheurine
17520 Archiac
46 49 12 19
Petite Champagne
Reserve/Vieille Réserve (34 Jahre)

BEGUET (Bernard)
Le Poiron bei
Chenac-St.-Seurin d'Uzet
17120 Cozes
46 90 64 84
Bons Bois
Sélection (2 Jahre)/*Napoléon* (7 Jahre)

BEGUET (Michel)
Les Humes
Chenac-St. Seurin d'Uzet
17120 Cozes
46 90 64 81
Bons Bois
Sélection/VSOP

BELGONTIER: Gautier/Aigre

DE BELLABRE (Gabriel)
La Chapelle des Pots, W (D 131) v.
17100 Saintes
46 91 54 56
Fins Bois
Vieille Réserve (10 Faßjahre, keine Reduzierung durch dest. Wasser, daher 60 %)

BELLE AURORE: René Cogranne (s. u. Curlier)

LA BELLE FERRONIÈRE: G. Courant/CCG

BELLEBEAU (Jean-Louis)
Les Brousses, N (an D 222 d[4]) v.
Neuvicq-le-Château
17490 Beauvais-sur-Matha
46 26 63 88
Fins Bois
★★★/*VSOP* (12 Jahre)/*Vieille Réserve* (18 Jahre)

BELLEBEAU (Raymond)
Les Brousses, N (an D 222 d[4]) v.
Neuvicq-le-Château
17490 Beauvais-sur-Matha
46 26 64 22
Fins Bois
★★★/*VSOP/Vieille Réserve/Napoléon* (40 Jahre)

BELLERY (Jules): Royer

BELLET (Jean-Guy)
L'Ombrail, S v.
Thézac
17600 Saujon
46 94 81 81
Bons Bois
VSOP

BELLEVUE: Royer

Châteauneuf, im Charentebogen in der Petite Champagne, ist nicht nur ein Städtchen von Cognacproduzenten, sondern auch ein Handelszentrum

BELLOT: Larsen

BELLUTEAU (Philippe)
La Tacherie, SW v.
Mons
17160 Matha
46 25 04 96
Fins Bois
VSOP (12 Jahre)

BENOIT (Francky) & *MARTIN* (Jean)
Chez Talvard, N v.
Vénérand
17100 Saintes
46 93 23 56
Fins Bois
★★★/*VSOP/Vieille Réserve/Napoléon* (ca. 20 Jahre)/*Hors d'Age* (25 Jahre)

BENOIT-SERRES
46, rue Achille Viadieu
31030 Toulouse
61 52 20 01
Spirituosenfirma, die auch Cognac *VSOP* anbietet. Den gibt es auch in einer Flasche in Form des Eiffelturms. Siehe auch Bache-Gabrielsen

BÉRAC: Monnet

BERGEON: Unicognac

BERGER S.A.
Château de Lieusaint
77127 Lieusaint
6 0 60 00 60
Der Getränkekonzern mit mehreren Cognacunternehmen (s. Gautier) verfügt auch über eigene Handelsmarken, etwa *Comte de Valbelle, Grandin, Lormont.*

BERGIER (Jean)
Saint-Leger (N der Bahnlinie in)
Brives-sur-Charente
17800 Pons
46 96 40 73
Petite Champagne
VSOP (6 Jahre)/*Vieille Réserve* (10 Jahre). Etwa 25 000 Flaschen im Jahr

BÉRIN (F. A.): CCG

BERNIN (F. A.): CCG

BERRY BROS. & RUDD Ltd.
3 St. James's Street
London SW1 A 1EG
(1) 9 30 56 31
Fast 300 Jahre altes Wein- und Spirituosenhaus, seit 1735 an derselben Adresse. Eigenabfüllungen und Early landed-late bottled:

Grande Champagne landed 1935, bottled 1980 (33 %) – 1940/76 (41,6 %) – 1948/76

Als Cognacwein noch mit der Hand gelesen wurde, kamen zur Erntezeit Tausende von Helfern aus anderen Teilen Frankreichs und dem Ausland, besonders viele Spanier.

BERTEL: Hardy

BERTET (A. Bertet + Mme Y. Métreau)
Les Héraudes, W v.
17360 St.-Aigulin
46 04 12 41
Bons Bois
★★★ (5 Jahre)/*VSOP* (10 Jahre)/ *Hors d'Age* (25 Jahre)

BERTHELOT (Jean Claude)
Chez Gaudin, S v.
Aujac
17770 Brizambourg
46 25 01 98
Fins Bois
Sélection/*VSOP*/führt auch den 25jährigen Cognac von *Arrivé* (s. d.)

BERTIN: Dupin

BERTIN (Henri): Robert Dupin, 2 rue des Champs du Château, Cognac

BERTON (Alexandre): Larsen

BERTRAND (Léo)
Bois St.-Genis, W v.
17240 St.-Genis-de-Saintonge
46 49 80 75
Bons Bois
★★★ (5 Jahre)/*VSOP* (8 Jahre)/*Réserve* (13 Jahre)

BERTRAND DE CHENEVIÈRES:
2. Marke v. Clair, Michel, s. d.

BESSON (Claude)
Les Chaussades, NO v. Le Tâtre, (NO an D 14 v.)
16360 Baignes-Ste-Radegonde
45 78 54 21
Bons Bois
★★★ (4 Jahre)/*VSOP* (8 Jahre)/*Napoléon* (12 Jahre)

BÉTIZEAU (Henri)
La Paillerie, D 117 zwischen Nancras u. Sablonceaux
17600 Saujon
46 49 70 19
Bons Bois
★★★ (4 Jahre)/*VSOP* (7 Jahre)/ *Vieille Réserve* (12 Jahre)/*Fine Cognac* (20 Jahre)

Der Dolmen von Garde-Epée, nahe St.-Brice am Nordufer der Charente, zwischen Cognac und Jarnac

BIGORD: Brugerolle

BILLAUD (Paul)
La Féole, N (über D 220 e und D 219 c)
St. Pierre-de-Juillers
17400 St. Jean-d'Angély
46 26 34 64
Fins Bois
Sélection (5 Jahre)/*VSOP* (7 Jahre)

BILLON (Régine)
Le Terrier Richon (an D 24 Cognac-Ste-Sévère b. Les Varennes links abbiegen)
Nercillac
16200 Jarnac
45 32 29 58
Füllt *Fine Champagne VSOP* in Ampullen à 2 cl, Kästchen à 10

BIROLLEAU (Robert + Alain)
La Valade, W v.
Brie-sous-Archiac
17520 Archiac
46 49 11 65
Petite Champagne
Sélection (5 Jahre)/*VSOP* (10 Jahre)

BIROT (Jean-Michel)
Chez Gaucher, an D 249, S v.
Réaux
17500 Jonzac
46 48 09 43
Petite Champagne
«Fine Champagne» (4–5 Jahre)

BISQUIT
Domaine de Lignières. an D 736, N v.
16170 Rouillac
45 21 88 88

Eines der größten Cognac-Unternehmen. Gegründet 1819 von Alexandre Bisquit, dessen Schwiegersohn dann seinen Namen beisteuerte: *Bisquit Dubouché & Co*, bis vor kurzem in Jarnac. Heute Teil des größten französischen (und europäischen) Getränkekonzerns (ob alkoholische oder nicht) *Pernod Ricard* (s. d., seit 1966 bei Ricard). Bisquit verfügt zwar über 200 ha eigener Rebfläche im Gebiet Fins Bois, kauft aber von 2–300 Winzern aus den anderen crus dazu. Die Jahresproduktion wird mit rund fünf Millionen Flaschen angegeben, davon werden 80 % exportiert. Hauptmärkte sind bisher die Bundesrepublik, Benelux, Hongkong, Großbritannien und andere fernöstliche Gebiete; ein Teil des Exports ist Faßware. Zu den Handelsmarken der Gruppe gehören *CHÂTEAU DE LIGNIÈRES, DORVILLE, DE GRASSE, TINVILLE UND LAROCHE.*
Bisquit-Qualitäten: ★ ★ ★ (3–4 Jahre), haupts. *Fins Bois/VSOP/Napoléon* (20 Jahre)/*XO* (erst vor kurzem eingeführt, mehr als 20 Jahre; die vorstehenden drei sind Fine Champagne)/*Grande Fine Champagne Extra Vieille Bisquit-Dubouché* (mehr als 40 Jahre). / *Privilège d'Alexandre Bisquit* (etwa 50 Jahre). Im Verkauf liegt mit 70 % der ★ ★ ★ an der Spitze, gefolgt vom *VSOP* (20 %). *Extra Vieille* stellt etwa ein Prozent der verkauften Menge. Vertretung in der Bundesrepublik: EPIKUR GmbH (Deinhard),
Deinhardplatz 3,
5400 Koblenz
Tel. 02 61/10 41

BISTRO FRENCH
18 Avenham Street
Preston (Lancashire)
0044 7 72–53 79 8
Restaurant mit sehr großer Cognacauswahl, darunter alte vintages, z. B. Hine 1890, Hennessy 1909

BITEAUD (Jacques)
Chez Guérin, S v.
Criteuil-la-Magdeleine
16300 Barbezieux-St. Hilaire
45 83 54 26
Grande Champagne
VSOP/Vieille Réserve/Extra (20 Jahre) / *Hors d'Age 45 %* (Héritiers Biteaud)

BLANCHARD (Jean)
Vars, S v.
16330 St. Amant-de-Boixe (a.d. Route de Champniers, zw. Vars u. N 10)
45 39 71 42
Fins Bois
★ ★ ★ / *Réserve / Vieille Réserve* (15 Jahre).
Blanchard produziert und nach ihm heißt der Cognac. Vermarktet wird er von *JEAN-CLAUDE BLANLOEUIL*, ebenfalls Vars (Chez Brard), 45 39 70 46.

BOBE (Jean)
Chez Maurin, S v.
Vignolles
16300 Barbezieux-St. Hilaire
45 78 57 70
Petite Champagne
VSOP/Vieille Réserve (20 Jahre)/*Hors d'Age* (30 Jahre)

BOCUSE: Croizet, Unicoop

BOGAN FRÈRES: Croizet Eymard

BÖHM
Calwer Straße 18
D-7000 Stuttgart
(07 11) 22 12 44
Das Stuttgarter Feinkosthaus führt auch als Eigenmarke einen VSOP-Napoléon (von Réau-Richard/CCG)

BOIDRON (Michel)
Le Fouilloux, SO v.
17270 Montguyon
46 04 12 55
Bons Bois
★ ★ ★ (3 Jahre)/*VSOP* (5 Jahre)

BOILARD (A.) Royer

BOILEVIN: Leyrat/Engrand

BOINAUD (Michel)
Le Bois, NW v.
Angeac-Champagne
16130 Segonzac
45 82 21 79 + 45 83 72 72
Grande Champagne
Napoléon (ab 1986) / *Bel Age* (etwa 30 Jahre) / *Belle Epoque* (Von Anfang dieses Jahrhunderts, etwa 50 Jahre)

BOISNARD: CCG

BOISSON (Serge)
Maine Peron bei
St. Quantin-de-Rancanne, SW v.
17800 Pons
46 49 84 79
Bons Bois
★ ★ ★/★ ★ ★ *50%/VSOP*

BOIZUMEAU (Robert)
St. Eugène, S v.
17520 Archiac
46 49 13 14
Petite Champagne
★ ★ ★ (6 Jahre)/*VSOP* (10 Jahre)/*Napoléon* (13 Jahre)

BOLTON FRÈRES: Croizet Eymard

BONAPARTE: Croizet Eymard

BONCOURT: Camus

BONFIRE: Brugerolle

BONHEUR: Brugerolle

BONNEMIE, LE CHAI DE
(Sté Coopérative Agricole Cave-Distillerie de Bonnemie)
17310 St.-Pierre d'Oléron
46 47 00 32
Bois Ordinaires
Gegründet 1925, etwa 180 Winzer, ca. 200 ha, Produktion rund 650 000 Flaschen im Jahr.
★ ★ ★ (4 Jahre)/*VSOP* (6 Jahre)/*Napoléon* (10 Jahre)

BONROY: Unicognac

BON VOYAGE: Les grands chais de France

BORDES (Gaston)
Fortemont, bei St.-Simon-de-Bordes, S
17500 Jonzac
46 48 05 92
Fins Bois
★ ★ ★/*VSOP/Napoléon* (12–15 Jahre)

BORDIER-DANDONNEAU (Max)
La Chefmalière (Richtung SW-Strand)
17310 St.-Pierre d'Oléron
46 47 07 27
Bois Ordinaires
★ ★ ★/*VSOP*

BOSSIS (Raymond)
Les Groies,
St.-Bonnet-sur-Gironde, W v.
17150 Mirambeau
46 86 02 19
Fins Bois
★ ★ ★/*VSOP/Napoléon* (13 Jahre, mit 12–15% von 23jährigem)

BOSSUET (Paul)
Senouches (N v. N 141, SW v. Chevessac)
17610 Chaniers
46 91 51 90
Fins Bois
★ ★ ★ (3 Jahre) / *VSOP* (5 Jahre) / *Extra* (8 Jahre)

BOUCHARD (Jules): Camus

BOUCHER (Marc)
La Rambouderie
St. Sorlin-de-Conac
17150 Mirambeau
46 86 00 72
Fins Bois
★ ★ ★/*VSOP*

BOUJU (Daniel)
St. Preuil, SW v.
16130 Segonzac
45 83 41 27
Grande Champagne
VSOP/Napoléon/Empéreur/Extra (ca. 20 Jahre)/*Très Vieux 50%* (ca. 30 Jahre, unreduziert)/*Cognac Cuisine 60%* für Gastronomie und Küchenzwecke. Die Familie produziert Cognac seit 1805.
Casinogesellschaft Heinz Wilhelm Schoof oHG, Haidelweg 22 c, 8000 München 60, 0 89/88 52 84

BOULESTIN: Otard

BOULETREAU (René)
Font Joyeuse, neben St. André, N v. Louzac-St.-André
16100 Cognac
45 83 28 33
Borderies
VSOP

BOULLE (Guy)
Chez Massias, bei
St. Martial-de-Vitaterne, N v.
17500 Jonzac
46 48 14 42
Petite Champagne
VSOP (etwa 10 Jahre)

BOURARD Fils & Co: Castillon-Renault

BOURBON & BOUSSAGUET: Sauvion = Rouyer Guillet

BOURDET (Edgard, Nachf.)
Biard bei
16130 Segonzac
45 83 41 96
Grande Champagne
Napoléon (10 Jahre)

BOURDON: Monnet

BOURON (André)
(Monique + Bernard Parias)
Domaine de la Grange, Ortsrand v.
17400 St. Jean d'Angély
46 32 00 12
Blason d'or (★ ★ ★)/*VSOP/Grande Réserve/Très Vieille Réserve* (35 Jahre)
Hier werden auch die Cognacs für Maxims, Paris (s. d.) hergestellt.

BOUSSAC: Monnet

BOUTELLEAU S.A.
16300 Barbezieux-St. Hilaire
45 81 08 31

Die Firma gehört Marcel Braastad, Mitglied einer seit langem in der Charente ansässigen, früher norwegischen Familie; Braastads gehört *COGNAC TIFFON* (s.d.), anderen Braastads *DELAMAIN* (s.d.), wieder ein ander ist Direktor bei *COURVOISIER* (s.d.) Boutelleau wird bei und von Tiffon vermarktet; die (von der Firma selbst angegebene) Telefonnr. ist die von Tiffon in Jarnac.
Boutelleau besitzt keine eigene Rebfläche, sondern kauft die benötigte Menge. Die jährliche Produktion entspricht etwa 120–130 000 Flaschen. Qualitäten: ★ ★ ★ (5 Jahre)/*VSOP* (13 Jahre)/*Extra* (25 Jahre)/*Napoléon* (35 Jahre)

BOUTINET (Bernard)
Le Brissonneau, NW v.
Bréville
16370 Cherves-Richemont
45 80 86 63
Fins Bois
Fine (4–5 Jahre)/*Napoléon* (12 Jahre)
Handelsmarke: *La Soloire*

BOUYER (Georges)
Bassac (SW v. Jarnac)
16120 Châteauneuf-sur-Charente
45 81 94 33
Fins Bois + Grande Champagne
★ ★ ★ *Montignac/VSOP Georges Bouyer* (Fins Bois)/*VSOP Grande Champagne LOUIS DUBOSQUET/ Napoléon GC L. Dubosquet*

BOYARD: Croizet

BOYER Père & Fils: Castillon-Renault

BRARD-BLANCHARD (Jacques)
Chemin de Routreau Boutiers, nördl. Vorort v.
16100 Cognac
45 32 19 58
Fins Bois Biologischer Anbau!
★ ★ ★ (4 Jahre)/*VSOP* (7 Jahre)/ *Vieille Réserve* (10 Jahre)

BREAU (Guy)
Le Bouquet, W v.
Verrières
16130 Segonzac
45 83 74 52
Grande Champagne
★ ★ ★/*VSOP Réserve/Vieille Réserve 41%*

BREDON
Handelsmarke v. Royer, Jarnac (s.d.)
★ ★ ★ / *VSOP / VSOP Fine Champagne / XO*

G. BRIAND (Grande Champagne Héritage Gaston Briand): Ragnaud (Marcel)

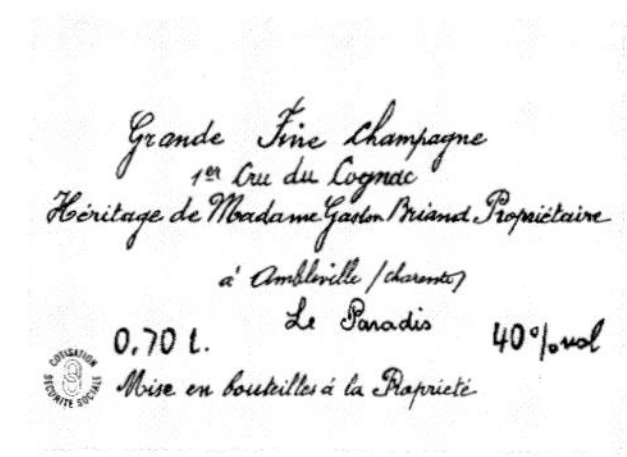

BRIAND & Co, vormals Briand-Boutiller-Delaurière: Gruppe Prunier. Weitere Handelsmarken: *Dugas, Hedouard, Jérôme, Martin*
Friedrich Dörr
Dudweiler Str. 55, 6600 Saarbrücken 3
Tel. 06 81/3 62 78:
★ ★ ★ *Fine Champagne / VSOP / Excellence Réserve Speciale / Napoléon / Eminence*

BRIAND PÈRE ET FILS
GAEC d'Etangville
Etangville, W entlang D 939 v.
St. Yrieix-sur-Charente
16000 Angoulême
45 38 10 73
Fins Bois
VSOP/Vieille Réserve/Hors d'Age

BRIDIER (Roger)
La Vénerie (D 24 Cognac-Ste-Sévère)
Reparsac
16200 Jarnac
45 83 86 31
Fins Bois
★ ★ ★ (5 Jahre)/*VSOP* (10 Jahre)
Weinhaus Schulmeister
Lange Str. 9, 7570 Baden-Baden
Tel. 0 72 21/2 41 70

BRILLET (J. R.)
Les Aireaux
Graves, SO Jarnac D 154 nach
16120 Châteauneuf-sur-Charente
45 97 05 06
Grande + Petite Champagne
P. Ch.: Sélection (ca. 4 Jahre)/*Grande Réserve* (8 Jahre)/*Hors d'Age* (18 Jahre)
G. Ch.: Napoléon (10 Jahre)/*Héritage 45 %* (30 Jahre)

C. BRISSAC & Cie: Prunier

BRISSON (Gilles)
Dizedon (D 149 v. Châteaubernard nach Merpins)
45 82 45 25
Grande Champagne
Hat 1984 mit kleiner Produktion begonnen. ★★★ / *VSOP* (zu je 50 % 7–+9jährig)

BRU (Roland)
Les Moisans (Distillerie) bei Sireuil
16440 Roullet-St. Estèphe
45 62 55 38, 62 54 43
Fins Bois
Fine Cognac (★★★) / *VSOP* / *Très Vieux Cognac Pale*/*Napoléon XO*

BRUGEROLLE
(auch: Léopold Brugerolle)
Cognac Brugerolle S.A.
17160 Matha
46 58 50 60
Seit eineinhalb Jahrhunderten in Matha etabliertes Familienunternehmen. Familienmitglieder besitzen etwa 50 ha in den crus Borderies und Fins Bois, aus den anderen Appellations wird dem Bedarf entsprechend hinzugekauft. Das Unternehmen setzt 6–700 000 Flaschen Cognac im Jahr um (dazu noch einmal so viel Weinbrand und Liköre). Etwa 60 % werden exportiert. Die wichtigsten Auslandsmärkte: Benelux – Bundesrepublik – Dänemark – Schweiz – Ferner Osten. Etwa 10 % des jährlichen Volumens werden unter anderen Handelsmarken verkauft: *BIGORD – BONFIRE – Cognac BONHEUR – BRUNEL – CAMERONE, E.H. CARDIN – Louis CHARTIER – CHASTEL & Cie – de la CROIX BEQUET – DUFAUR – DUHAU – FEU DE JOIE – DE JONKER – LABARDE – LAVOISIER – LEROY & Cie – MAJOR – MAJOS – MIRADOR – MURAT – PAVOIS – PONIATOWSKI – PRADIER – PRINAL – ROBIN – RO-*

François Brugerolle, Generaldirektor, und André Brugerolle, Präsident des Unternehmens

DIER – RODIN – SOREL – J. M. VILLARD & Cie – meist mit den Qualitäten ★★★/*VSOP/Napoléon.* Unter dem Familiennamen Brugerolle werden angeboten:
Fine Charente (2–3 Jahre) / ★★★ (4 Jahre)/*Luxe* (6 Jahre)/ *VSOP* (8 Jahre)/*Aigle Rouge* (12 Jahre)/ *Aigle d'Or* (25 Jahre)/*XO/Très Vieux Cognac* (30/35 Jahre), für Restaurants auch als *Napoléon.* Außerdem für Kochzwecke «La Flambée», und für Cocktails «Tropical Night», 42 %.

Jacques Biehl Weincabinett, Hauptstr. 40a, 5010 Bergheim, 0 22 71/4 31 09; Bernhard Steinmetz GmbH, Gottesweg 165, 5000 Köln 41, Tel. 02 21/41 15 97
Wein Compagny, Königsallee 19a, 1000 Berlin 33, Tel. 0 30/8 91 80 59

BRUN (Robert): Gautier/Aigre

BRUNEL: Brugerolle

BUJEAUD (Jean)
Beurac (nördl. Jarnac), SW v.
Foussignac
16200 Jarnac
45 81 12 16
Fins Bois
★★★/*VSOP/Napoléon*
(etwa 11 Jahre)

BUREAU (Gilbert)
Le Défend, NO v.
St. Sulpice-de-Cognac
16370 Cherves-Richemont
45 83 85 54
Borderies
★★★/*VSOP* (10 Jahre)/*Réserve*
(15 Jahre)

BUREAU (Jacky)
Le Breuil, N v.
Dompierre s/Charente
46 91 00 45
Borderies + Fins Bois
★★★ (etwa 5 Jahre) / *VSOP* (8 Jahre)

BUREAU (Michel)
Les Grands Landrys, NW v.
Guimps
16300 Barbezieux-St. Hilaire
45 78 90 36
Petite Champagne
★★★/*VSOP/Vieille Réserve*
(20 Jahre)

BURNEZ: Prunier

CALIFET: Denis Mounié

CALVET S.A.
75, cours du Médoc
33300 Bordeaux
56 39 61 86
Das Weinhandelshaus (gehört zu Whitbread) hat früher auch Cognac Calvet hergestellt, den man nicht mehr oft findet (u. a. *Grande Fine Champagne/Réserve Empire*). Zu den heutigen Handelsmarken gehört *Le Blanc* (J.) –

CAMERONE: Brugerolle

CAMUS
(Camus «la Grande Marque» S.A.)
29, rue Marguerite de Navarre
16101 Cognac
45 32 28 28
Seit der Gründung 1863 im Besitz der Familie Camus, das fünft- oder sechstgrößte Cognac-Haus (produziert auch Pineau, Brandy, Armagnac, Großhandel mit Importspirituosen). Familienmitglieder besitzen mehr als 100 ha Rebfläche in Grande Champagne und Borderies; für die benötigte Gesamtmenge wird bei etwa 250 Winzern der anderen crus außer Bois Ordinaires hinzugekauft. Die jährlich verkaufte Cognacmenge liegt über fünf Millionen Flaschen. Etwa 87 % werden exportiert. Hauptmärkte (in der Reihenfolge): USA – Hongkong – Japan – Bundesrepublik – Großbritannien – Sowjetunion; der Einzug in diese Gebiete begann mit Erfolgen in den duty free shops.
Als getrennte Marke liefert Camus auch Cognac der beiden Familienbesitzungen *CHATEAU DU PLESSIS (Fine Borderies, 38 Jahre alt)* und *CHATEAU D'UFFAUT (Grande Fine Champagne).* Als Camus-Qualitäten werden angeboten: *Célébration* (★★★) / *Grand VSOP / Napoléon / Napoléon Extra / XO.* Von den oberen Sorten wird mehr verkauft als von den unteren: *Napoléon 40 %, XO 20 %, VSOP 15 %, Célébration 25 %.*
Zu den olympischen Spielen 1984 hat Camus den Napoléon auch in einem Porzellangefäß «Los Angeles» angeboten, von dem 20 000 hergestellt wurden. Porzellankaraffen, teils in Buchform.
Camus produziert auch Cognac unter

vielen anderen Handelsmarken, u. a. *ASCOTT, BONCOURT, BOUCHARD, JEAN CANON, CARDINAL, CARNAVAL, CHABANNEAU & Co, CHABOT, DELAFARGUE, A. DORMONT & fils, DUSSAUT, FOL AMOUR, FRANCEVILLE, FRENCH BRANDY SHIPPERS CLUB, LA GAMME ELITE, GÉRARD, L. PAULHIAC & Cie, PLANAT & Cie, PIONNEAU, ROOS, SMART, SUPERLATIVE, TAMON, TEXIER GERARD, VIGNELAC.*
Herm. G. Dethleffsen AG & Co, Schleswiger Str. 107, 2390 Flensburg, Tel. 0461/021 für Camus,
Lempereur GmbH, Schroten 4, 6600 Saarbrücken, Tel. 0681/65187-8, für Dormont, Paulhiac und Pionneau

CANON: Camus

CANONNIER: Unicoop

CARDIN: Brugerolle

CARDINAL: Camus

CARLE (Jacques)
Porniviers, S v. Verrières
16130 Segonzac
45 83 74 89
Grande Champagne
Napoléon

CARNAC (L.) & Co: Courvoisier

CARNAVAL: Camus

CAROLUS MAGNUS: Data Organisation SARL, 17150 Mirambeau

CARON (P.): Marke des Wein- und Spirituosenhauses Kurz, Zürich
★★★ / *Napoléon VSOP*

CARRIERES: Croizet

CARTAIS LAMAURE: Le Grange du Bois

CARTE D'OR: Castillon-Renault

CARTEAU: Denis-Mounié

CARTE ROYALE: Unicognac

CARVAL (N.): Croizet Eymard

CASMEZE: Unicoop

CASQUE D'OR: Adet Seward

CASQUE ROUGE: Adet Seward

CASTEL SABLONS: Roux

CASTILLON-RENAULT
23, rue du Port
16100 Cognac
45 82 52 88
Beide Namen stehen für alte Firmen. Pinet, Castillon & Co machte Cognac seit 1814, Renault & Co seit 1835, zwei Häuser mittlerer Größe. Castillon war mehr Großhändler und lieferte Faßware, Renault betrieb mehr Marken- und Namenpflege. 1968 ging es dem Besitzer von Renault gesundheitlich zu schlecht, um wie bisher weiterzuarbeiten. Castillon übernahm Renault, die Marken wurden beibehalten. Heute wird mehr als doppelt soviel Renault als Castillon verkauft. Insgesamt liefert das «kleine» Unternehmen, wie seine Direktoren bescheiden sagen, jährlich etwa eine Mil-

lion Flaschen (dazu doppelt soviel Weinbrand). Unter den Cognac-Exporteuren des Wirtschaftsraumes Poitou-Charente stand es 1982 nach dem Exporterlös auf Platz 9. Die Cognacs des Hauses sind in Frankreich kaum zu finden, gute 99 % werden exportiert, hauptsächlich nach Skandinavien und dem Fernen Osten, gefolgt von Nordamerika. Das Unternehmen gibt seinen Anteil am gesamten skandinavischen Cognacmarkt mit 15 % an.
In der Bundesrepublik waren die beiden Cognacmarken lang sehr rar. Das hat seinen Grund in der jüngeren, bewegten Firmengeschichte. 1973 wurde das Unternehmen von Hennessy gekauft und bewogen, den deutschen Markt aufzugeben. Aber schon 1975 wechselte es abermals den Besitzer. Seither gehört es zur Louis Dreyfus-Gruppe.
Castillon-Renault besitzt keine eigenen Rebflächen, sondern kauft bei Winzern. Unter der Marke Castillon gibt es *Grande Fine Bons Bois / VS Grande Fine* (★ ★ ★, 3 Jahre) / *VSOP* (6 Jahre) / *Napoléon* (10 Jahre), *OVB* (Old Vintages Blend) / *Grande Fine Champagne / XO* (15–20 Jahre). Renault s.d. Mit Abstand am meisten, 70 %, wird Napoléon verkauft (★ ★ ★ 20 %). Zu den weiteren Cognac-Handelsmarken des Unternehmens gehören:
Armand Frères, Armand St. Arnaud, Batton Royal Crown Brandy, Bourard, Boyer, Carte d'Or, Celestin Ribes, Comte de la Garde, Decaumont, Dumas, Garaud, Golden Lion, De Saint-Louvent, Léon Dupot, Prince Louis, Jules Jannery, Luc & Co, Mornaud, Norvin, Paraphe, Relda, Louis Renay, Robline, Rouvert, Rouvier, Saladin
Castillon: Baus & Provot Import
Dudweiler Str. 57, 6603 Sulzbach,
(0 68 97) 42 66
Renault s. d.

CATON PÈRE & Fils: Gautier/Aigre

Angler auf der Charente

CAYRE
(Domaine de Chavenat, Sté Marguerite)
16190 Montmoreau
(Grenze Fins Bois/Bons Bois)
Vertrieb: Multi-Prestations
25 rue du Général Foy
75008 Paris
4 2 94 41 00
VSOP / XO

CCG: Companie Commerciale de Guyenne

J. CELESTIN RIBES: Castillon-Renault

CELLOU (Bernard)
St.-Simon-de Bordes, S von
17500 Jonzac
46 48 05 21
Fins Bois
Très Vieux (12 Jahre)

CERCLÉ (Pierre)
Chez Clinet,
Chantillac, S v.
16360 Baignes-Ste-Radegonde
45 78 41 33
Bons Bois
★ ★ ★ */ VSOP / Réserve*

CERES: Hardy

CFC: Compagnie Française des Champagnes

CHABANNEAU & Co
Tochtergesellschaft von Camus (s.d.): ★ ★ ★ */ VSOP / Napoléon.* Aus Frühzeiten der damals unabhängigen Firma entdeckte ich 1865 *Grande Fine Champagne Très Vieille Réserve* im Feinschmecker-Tempel «Traube», Grevenbroich.

CHABASSE (René-Luc), 1 rue Maichin, 17400 St. Jean-d'Angély, ★ ★ ★

CHABAUT: Beausoleil/CCG

CHABERNAUD (Viviane)
Chez Drouet, SO v.
Criteuil-la-Magdeleine
16300 Barbezieux-St.-Hilaire
45 83 54 21
Grande Champagne
★ ★ ★ */ VSOP / Vieille Réserve* (10 Jahre)

CHABOT: Camus

CHAGNOLEAU (Jean + Joel)
G.A.E.C. de Chalons,
Le Gua
17600 Saujon
46 22 82 77
Bons Bois
VSOP (8 Jahre)

CHAIGNER (Dominique)
La Barde
Arthenac
17520 Archiac
46 49 12 85
Petite Champagne
VS / VSOP / Extra (etwa 25 Jahre)

CHAIGNIER (Pascal)
La Martinière, SW v.
Guitinières
17500 Jonzac
46 48 31 63
Petite Champagne + Fins Bois
auch Alleinvertrieb für den Cognac seines Vaters (Jean Ch., La Borderie, Lussac, NO v. Jonzac).
VSOP (8 Jahre)*/ Réserve* (19 Jahre)

CHAILLOUD (Adelys)
Le Bourget, N v.
St.-Simon-de-Bordes
17500 Jonzac
46 48 05 94
Fins Bois
★ ★ ★/*VSOP*/*Réserve*

CHAINIER (Guy & Fils)
La Barde Fragnouse, S (über D 149 oder D 699, zwischen denen es liegt, etwa 3 km von
17520 Arthenac
46 49 12 85
Petite Champagne
★ ★ ★/*VSOP*/*Napoléon* (etwa 20 Jahre)/*Vieille Réserve* (ca. 35 Jahre)

CHALIFOUR (René)
16370 Cherves Richemont
(bei der Kirche von Cherves)
45 83 25 54
Borderies
★ ★ ★ /*VSOP* (6 Jahre)

CHALOUPIN (V.): Leyrat/Engrand

CHANCELORD & DE VITIS
(S.A.R.L. Quéron & Co)
Macqueville
17490 Beauvais-sur-Matha
46 26 60 11, 26 61 93
Fins Bois
Napoléon Chancelord (15 Jahre)/*Antique de Vitis* (20 Jahre/*Age d'Or de Vitis* (50 Jahre)

CHANDELAC: Hardy

CHANEL (Jean-Paul): Les grands chais de France

CHANTAL (R.): Royer

CHANTELIAC: CCG

CHANTEVIGNE: CCG

CHARDON: AMAD

CHARGEDAVOINE (Bernard)
Expiremont, NO v.
17130 Montendre
46 49 21 29
Bons Bois
★ ★ ★ (5 Jahre)/*VSOP* (8 Jahre)/*XO*

CHARPENTRON (Claude)
Mérienne bei
Gondeville
16200 Jarnac
45 81 13 27
Grande Champagne
★ ★ ★ (5 Jahre)/*VSOP* (15 Jahre)/*Vieille Réserve Spéciale* (40 Jahre)

CHARRIER: Albert Robin/Prunier

CHARTIER: Brugerolle

CHASTAGNE: Eigenmarke der Warenhauskette «Printemps»

CHASTEL & Cie: Brugerolle

CHAT (Yves)
Chez Drouillard, NO v.
Bercloux NO v.
17770 Brizambourg
46 95 33 36
Fins Bois
★ ★ ★/*VSOP*/*Vieille Réserve* (10 Jahre)

CHATEAU CHESNEL
(Comte de Roffignac)
16370 Cherves-Richemont (am Westrand)
45 83 28 11
Grande Fine Champagne «Prestige»/*Extra Vieille Fine Champagne*

CHATEAU CLAIR ABBAYE: s. Roux

CHATEAU DE BEAULON
(Christian Thomas)
17240 St.-Dizant-du-Gua
46 49 96 13
Fins Bois
Blason (7 Jahre)/*Vieille Fine* (ca. 20 Jahre)/*Extra* 30 Jahre)/*Collection* (50 Jahre, 1980 in kleiner Stückzahl herausgebracht)
ARWO Vertriebs-GmbH,
Müllerweg 10,
3002 Wedemark 15 (Resse),
Tel. 0 51 31/20 12
Sigle, Bahnhofstr. 42,
7014 Kornwestheim, Tel. 0 71 54/61 75

CHATEAU DE BOIS CHARENTE
(Fondation Fougerat)
Bois-Charente
Graves (SO v. Jarnac)
16120 Châteauneuf-sur-Charente
45 81 92 91
Grande + Petite Champagne (50:50)
Wird vom Bureau National Interprofessionel du Cognac zur Forschung und Erprobung benutzt.
Vieille Réserve (20 Jahre)

CHATEAU DE BRIVES: Prunier

CHATEAU DE BRIZAMBOURG
(Hard, Pierre, s.d.)
17770 Brizambourg
46 94 37 15
Fins Bois
Napoléon (20 Jahre)

CHATEAU DE DIDONNE: s. de Didonne

CHATEAU DE FLAVILLE: Croizet Eymard

CHATEAU DE FONTPINOT
s. Frapin

CHATEAU DE LA GRANGE: s. Bouron

CHATEAU DE LIGNIERES: Bisquit

CHATEAU DE NIEUL
16270 Nieuil (Charente)
(N v. N 141, SO v. St. Claud)
45 71 36 38
(Fam. Bodinaud).
Schloßhotel und Restaurant mit außerordentlicher Cognacauswahl.

CHATEAU DE TRIAC: Tiffon

CHATEAU d'UFFAUT: Camus

CHATEAU DU PLESSIS: Camus

CHATEAU GIBEAU: Unicoop

CHATEAU MONTIFAUD, auch: Domaine de Montifaud (Vallet & Cie), Jarnac-Champagne
17520 Archiac
46 49 50 77
Petite Champagne
★ ★ ★ (5 Jahre)/*VSOP* (8 Jahre)/*Napoléon* (15 Jahre)/*Hors d'Age* (30 Jahre)/ *Extra vieux Cognac 45 %* (von Anfang des Jahrhunderts)
Export: Julien Thiry, Château du Puy, 83440 Tourettes-Fayence (Var)
(94) 76 12 44, 76 21 37

CHATEAU PAULET
Route de Segonzac
16101 Cognac-Châteaubernard
45 32 07 00
Älteres Handelshaus, das über eigene Rebflächen in Grande Champagne und Fins Bois verfügt, aber auch Borderies anbietet; Zukauf auch von anderen Winzern. Das Haus war ursprünglich in Jarnac und hat im Lauf der Zeit andere Marken aufgekauft, darunter *BARNETT & ELICHAGARAY;* auch *F. GEOFFROY & Fils*, *GAMES & Cie* und *GASSIES* sind Marken des Hauses. Château Paulet seinerseits ist seit Jahren eine Tochtergesellschaft der Likör- und Apéritif-Firma *Cusenier*, die 1975 von der Gruppe Pernod Ricard übernommen wurde. Von Cusenier erbte es die Handelsmarke *FROMY*. Weitere Handelsmarken: *Darvilly, de Louval, F. Dubois, J. Faure, Lacroux, Paulet, Tricoche.*
Château Paulet Cognacs:
★ ★ ★ ★ ★ *Ecusson Rouge* (5 Jahre)/*VSOP Réserve* (8 Jahre)/*Napoléon* (15 Jahre, auch in 1 l-Bonbonne)/*XO Fine Champagne* (30 Jahre)/*Paradis* (nur in Japan)/*Age Inconnu-Très Rare Cognac* (60 Jahre)/*Borderies 47 % Très Vieilles* (ca. 80 Jahre)/*Fine Champagne Extra Vieille, Réserve Louis XVI* (60 Jahre) in Kristallkaraffe. Eine Vieille Reserve gibt es auch in Porzellankaraffe.
In Japan hatte sich Château Paulet die Bezeichnung «Paradis» eintragen lassen, bevor sich Hennessy dafür in den anderen Ländern Markenschutz verschaffte. Château Paulet liefert u. a. Cognac für Harrod's in London. Dort kann man vielleicht noch die «Sélection Paradis 1895» und eine «Sélection Paradis Fins Bois 1904» finden. Die noch wesentlich ehrwürdigere «Fine Champagne Château Paulet 1811» ziert den Keller des Restaurants «Pyramide» in Vienne bei Lyon.
WESA Krichel & Nicklas KG,
Theodor-Heuss-Str. 2, 6601 Scheidt,
Tel. 06 81/81 20 11/2

CHATEAU ST. GEORGES
(L. Lescure), Laiterie Coopérative Ste-Anne de Claix
Sers/Claix
16440 Roullet
45 97 30 02
Fins Bois
Vieille Reserve (14 Jahre)
Ein ★ ★ ★ (4 Jahre) wird unter dem Namen des Besitzers angeboten:
Cognac Maison L. Lescure

CHATEAU SAINT-SORLIN
(Mme Castelnau-Gros)
St.-Sorlin de Conac
17150 Mirambeau
46 86 01 27
Fins Bois
★ ★ ★ (3 Jahre)/*VSOP* (7 Jahre)/*Hors d'Age* (15 Jahre)

Jacques und Bernard Lacroux, Geschäftsführer von Château Paulet, Nachkommen des Firmengründers

CHAUCHET (Guy)
Le Maine Verret, SW v.
Verrières
16130 Segonzac
45 83 75 70
Grande Champagne
VSOP (15 Jahre)/*Extra* (ca. 19 Jahre)
Telefonisch anmelden

CHAUFFE-COEUR
Eigenmarke von Martayrol
137, Ave du Président Wilson
93210 St.-Denis
(1) 8 20 63 08

CHAURAUD (Claude)
La Croix,
St.-Léger
17800 Pons
46 91 23 77
Fins Bois
★ ★ ★ (3 Jahre)/*VSOP* (6 Jahre)/ *Vieille Réserve* (15 Jahre)

CHAUVET (Louis)
Marke des Spirituosenhauses Georges Monin
Place des Maronniers
18001 Bourges
48 50 64 36

CHAUVIGNAC: CCG

CHEVAL ARDENT: Gautier/Aigre

CHEVALERIE: Duc de Théon

CHEVALIER GUILLAUME DUCHATEL: Data Organisation SARL, 17150 Mirambeau

CHEVALLIER (Louis): Larsen

CHOLLET (Jacques)
Distillerie du Planty,
St.-Trojan
16100 Cognac
45 32 12 93
Fins Bois
★ ★ ★/*VSOP*

CHRISTOPHER & Co
4, Ormond Yard
London SW 1
(1) 9 30 55 57
Eigenmarke (Christopher's Virgin) und verschiedene early landed – late bottled: *Pellisson 1948/75, Otard 1948/75, Hine 1952/79*

CLACQUESIN S.A.
18 Avenue du Maréchal Leclerc
92240 Malakoff
(1) 6 55 55 55
Auch dieses Spirituosen- und Apéritifhaus vertreibt eine Cognac-Eigenmarke: *La Claie* (nur ★ ★ ★)

CLAIR (Guy), Distillerie
Brie-sous-Matha
17160 Matha
46 26 61 33
Marken «guyclair»: *Napoléon/XO François* (s.d.), *Jean Mérigot* (s.d.)

CLAIR & Co (Michèle)
Pont Renoux, SO v.
Thors
17160 Matha
46 58 56 46
Fins Bois
★ ★ ★/*VSOP/Napoléon*
2. Marke: *BERTRAND DE CHENEVIÈRES*

CLAIR (P.)
Neuillac, W v.
17520 Archiac; 1 km vom Dorf entfernt
46 48 32 01
Petite Champagne
★ ★ ★/*VSOP*

CLAUDON: Salignac

CLER (René): Royer

CLERY (Raymond)
Le Maine Drilhon, SW v.
Barret,
16300 Barbezieux
45 78 04 44
Petite Champagne
VSOP/Vieille Réserve (21 Jahre)

CLOSTRE (Pierre) au *COQ D'OR*,
5, place du Molard,
CH-1204 Genève
00 41 22 28 43 11
Weinhaus mit guten alten Cognacs, z. B. *Ragnaud/Briand (s.d.)*

CLOUET (Alfred): s. Croizet

COGNAC DE LA DISTINCTION: A.M.A.D.

COGNAC DES TROIS EMPEREURS: Domaine du Chillot. *VSOP/XO Spécial* in Karaffe.

COGNAC DES PAYSANS CHARENTAIS: Unicoop

COGNAC DU ROY 1840: A.M.A.D.

COGNAC LIBRE: Exshaw (Otard)

COGNAQUEUR: Les grands chais de France

LA COGNATHEQUE
10, place Jean Monnet,
16100 Cognac
45 82 43 31, 32 07 71
Wohl die größte Auwahl an Cognac, die es irgendwo in einem Geschäft gibt – ausdrücklich nicht nur zum Verkauf: man kann auch nur anschauen. Fast zweihundert Sorten vom ★ ★ ★ bis zum teuersten. Günstig gelegen am großen Parkplatz hinter der place François I, nahe dem Touristenbureau (Nr. 19) (Syndicat d'Initiative), ein paar Meter von der Fußgängerzone. Für Interessierte um so günstiger, als fast alle Geschäfte des Anbaugebietes nur eine vergleichsweise dürftige Cognac-Auswahl bieten, Besitzer: *Serge Arrou*, der auch Cognac des Namens *Serge Alexandre* herstellt (s.d.).

COGRANNE (René): S. Curlier

COJAY S. A.
Tilloux, S v.
Bourg-Charente
16200 Jarnac
45 81 30 64, 81 18 53
Beliefert nur Firmen für Geschenkzwecke. Cognac Jay: ★ ★ ★ / *VSOP/ Napoléon/Vieille Réserve* (alle Fine Champagne).

COLLIN (Jean-Noel)
La Font Boureau
Salles d'Angles
16130 Segonzac
45 83 70 77
Grande Champagne
★ ★ ★ (4–5 Jahre) / *VSOP* (10 Jahre)

COMANDON
16200 Jarnac (Ortsausgang, Straße nach Angoulême)
45 81 04 33
Eines der alten Unternehmen (gegründet 1821), längere Zeit im Besitz der Likörfirma *Bénédictine*, jetzt aber in der *Hine-Gruppe* (s.d.) innerhalb der britischen Distillers Company. Die Produktion lag letzthin bei ungefähr 300 000–350 000 Flaschen jährlich.
★ ★ ★ *VS/VSOP Fine Champagne/ Napoléon/Très Vieille Grande Champagne Extra Age / Gr. Champ. 45 %.*
Handelsmarken: *Harrier, Montagu, Monteru, Philebert*

COMBE (Gabriel)
La Grande Rente
Meux
17500 Jonzac,
Tel. 46 48 16 56
Petite Champagne
★ ★ ★ (3–5 Jahre)

COMPAGNIE AGRICOLE ET VITICOLE COGNAC: Salignac

In der Werkstatt des Faßmachers

COMPAGNIE COMMERCIALE DE GUYENNE (C. C. G.)
(Inh. Michel Coste)
26, rue Pascal Combeau
16100 Cognac
45 82 32 10
In den letzten Jahren stark expandierende Holding, unter deren Dach sich bisher folgende Cognacmarken befinden: *Georges Courant* (s.d.), *Lucien Foucauld & Cie.* (★ ★ ★ / *VSOP), A. C. Meukow* (s.d.), *Moullon* (Bastier Chagnaud) (s.d.), *Réau Frères* (s.d.), *Richard Frères* (s.d.), *F. Latour* (Beausoleil) (s.d.), dazu der Armagnac Marquis de Caussade und eine beachtliche Weinbrandproduktion. Weitere Cognac-Handelsmarken des Unternehmens:
Ambrosy, Audouin, Bérin, Bernin, Boisnard, Chabaut, Courbet (Extra, XO), De Belfort, Derevel, De Marsanex, Duplantier (Napoléon XO, Napoléon Extra), P. Fillioux, Jacquelin, La Belle Feronière, Lafont, Martin, Moitard, Nicot, Normand, Patricia, Pauly, Rousseau-Garin, Serre, Sicard & Fils, Triboulet, Videau, Cunningham (★ ★ ★/VSOP), de Baupréau (★ ★ ★/ VSOP), de Beaumaine (★ ★ ★/ Napoléon), de Florignac (★ ★ ★), Delorme, Duc de la Salle (★ ★ ★), Chanteliac (★ ★ ★/VSOP), Chantevigne (★ ★ ★), Chauvignac (★ ★ ★), Lainé (★ ★ ★/VSOP), Marcel Duvignac, Merpin, Roger & Cie (★ ★ ★ / VSOP / Napoléon).
Die Firmengruppe verkauft etwa 2 Millionen Flaschen Cognac im Jahr, teilweise als Faßware.

COMPAGNIE FRANÇAISE DES CHAMPAGNES (CFC)
18, rue des Champs du Château
16100 Cognac
45 82 22 48
Vermarktet Cognac mehrerer unabhän-

giger Produzenten, teilweise untereinander verwandter, meist im Gebiet Grande Champagne (insgesamt 85 ha) nebst hinzugekauftem. Jahreskapazität bis etwa 800 000 Flaschen, Umsatz bisher hauptsächlich in Faßware; Export nach Südostasien.
Flaschenmarken: *De l'Asterie (VS ★ ★ ★ / Grande Fine Champagne / VSOP / Napoléon.)*
Prince de France: *(VS/VSOP/Napoléon/XO).*
Weitere Handelsmarken: *Debussy, Part des Anges.*

COMTE & CO: Hardy

COMTE DE CHAVIZAC
Sedipro (Société pour l'Expansion, la diffusion et la promotion)
2, route du Plessis
94430 Chennevières-sur-Marne

COMTE DE DAMPIERRE
Domaine de Plassac,
Plassac, an N 137, S v.
17240 St.-Genis-de-Saintonge
46 49 81 85
Bons Bois
★ ★ ★/*VSOP/Napoléon/Vieux Cognac* (15 Jahre)

COMTE DE GERMIGNAC: vormals de Laurière, jetzt Prunier

COMTE DE LA FAYETTE: Unicoop

COMTE DE GRIFFON: Pierre Tessier; Louzac St. André, 16100 Cognac

COMTE DE LAFONT: Philippe de Castaigne

COMTE DE LA GARDE:
Castillon-Renault

COMTE DE TREMOREDE: Handelsmarke von Berger, Gautier/Aigre

COMTE DE VALBELLE: Berger

COMTE DE VALBELLE: Handelsmarke von Berger, Gautier/Aigre

COMTE DE VALMANTE: Handelsmarke von Berger, Gautier/Aigre

COMTE JOSEPH: Les Grands Chais de France

COMTE LOUIS DE NAIVES: Courvoisier

CONDOR: Jules Robin/Martell

CONFIDENTIA J.A.M.S.
20 rue Principale
Kirrwiller Bosselshausen,
67330 Bouxwiller
88 70 78 09
Wein- und Spirituosenunternehmen im Verbund mit Les grands chais de France (s. d.). Confidentia-Handelsmarken: *Gersac, Relac, H. René, Valac*

COOPERATIVE LA CHARENTAISE VINICOLE
Avenue de la Corderie
17310 Saint-Pierre d'Oléron
46 47 00 65
Bois Ordinaires
Vermarktet den Cognac von etwa 500 Winzern mit zusammen etwa 500 ha Anbaufläche, erzeugt durchschnittlich ein Volumen, das etwa 1,4 Millionen Flaschen entspricht, liefert 80 % davon als Faßware an andere Produzenten. Als Eigenmarke bietet die Coopérative: ★ ★ ★ (3 Jahre)/*VSOP* (5 Jahre)/*Napoléon* (8 Jahre)/*Spécial Cuisine 45 %* in Literflaschen

CORDONNIER: Prunier

CORONATION: Unicognac

COSSON (Gilles)
La Grange Neuve, W. v.
Guimps
16300 Barbezieux-St. Hilaire
45 78 90 37
Grande + Petite Champagne
★ ★ ★ (4 Jahre)/*VSOP Fine Champ.* (7 Jahre)/*VSOP Blason Fine Champ.* (10 Jahre)/*Vieille Réserve Fine Champ.* (15 Jahre)/*Très vieille Réserve Fine Champagne* (25 Jahre)

G. COUDERT: A. E. Dor

COUILLAUD (Jacques)
Domaine du Vinet, O. v.
St.-Georges-Antinac
17240 St.-Genis-de-Saintonge
46 48 49 15
Fins Bois
★ ★ ★/*VSOP/Napoléon*

COUILLAUD (Pierre-Robert)
La Tuilerie, 1 km N (D 152) v.
St. Maigrin, Richtg.
17520 Archiac
46 70 00 40
Petite Champagne + Fins Bois
VSOP (8 Jahre) / *Vieille Réserve* (20 Jahre)

COUILLEBAUD (Rémy)
G.A.E.C. du Maine Ormeau
Malvieille (N 141 v. Jarnac
n. Angoulême)
Moulidars
16290 Hiersac
45 96 91 27
Fins Bois
★★★ (4 Jahre) / *VSOP* (7 Jahre) / *Napoléon* (9 Jahre)/*Vieille Réserve* (25 Jahre)

COULON (Guy)
St.-Gilles, NW v.
17310 St. Pierre d'Oléron
46 47 02 71
Bois Ordinaires
★★★/*VSOP* (6 Jahre) / *Napoléon* (10 Jahre)

COUNT DE BEAUFORT: Unicoop

COUNT DE GAUTRET: Unicognac

COUPRIE (André)
La Roumade, N v.
Ambleville
16300 Barbezieux
45 83 54 69
Grande Champagne + Fins Bois
★★★ *(Fins Bois)* / *VSOP* (8 Jahre) / *Napoléon* (12 Jahre) / *Très vieille Réserve* (18–20 Jahre)/*Hors d'Age 45%* (aus 1936, im Faß bis 1977, nicht mit Wasserbeigabe reduziert). Alle außer ★★★ sind *Grande Champagne*
DVC, Barzuwall 5–7
2000 Hamburg 11
Tel. 0 40/37 60 42 51

COURANT (Georges)
10, rue du Chanoine Dufayet
16100 Cognac
45 35 00 65
Gehört zur *CCG* (70%), die Cognacmarken der überwiegend als Likörproduzentin bekannten Firma dürften mit der Zeit verschwinden. Bisher bot sie: *Dry Cognac* (für C. mit Wasser) / ★★★ / *Fine Cognac / Fine Champagne/VSOP / Napoléon / Vieille Fine Champagne/Extra/Hors d'Age*
Weitere Handelsmarken: *Minard Frères, Marquis de Moncy; Triboulet.* In Holland: *Perquis & Fils Fine Champagne*

Daniel Dumon, Directeur Technique, oberster Kellerchef bei Courvoisier

COURBET: CCG

COURARD (J.) & Fils: Gautier/Aigre.

COURCEL: Eigenmarke von La Martiniquaise (s.d.)

COURONNE, Cognac de la: Cusenier

COURTELLE & CO: Godet

COURVOISIER (S. A.)
place du Château
16200 Jarnac
45 81 04 11

Das viertgrößte Cognac-Haus, gegründet im 19. Jahrhundert, aber wirklich erfolgreich erst im 20. Jährlicher Verkauf in der Größenordnung von etwa 18 Millionen Flaschen. Gehört seit 1964 zum kanadischen Konzern Hiram Walker Gooderham & Worts. Deckt seinen Bedarf durch Käufe bei etwa 3000 Winzern und etwa 30 Destillerien, davon knapp 30 Prozent in den beiden Champagne-Regionen, fast zwei Drittel in Fins und Bons Bois. Rund 92 Prozent des erzeugten Cognacs werden exportiert; VS ★★★ macht 70 Prozent des gesamten Verkaufs aus, VSOP etwas mehr als 20 Prozent. Hauptmärkte: USA – Großbritannien – Frankreich (in Amerika allein zwischen 6 und 7 Millionen Flaschen). Die heutigen Courvoisier-Qualitäten: *Petit Caporal* und *Gala Special* (für long drinks, werden kaum noch geliefert)/*VS* oder ★★★ (4–5 Jahre, über 60% Fins Bois)/*VSOP* (7–8 Jahre Fine Champagne)/*Napoléon* (15–20 Jahre, *Gr. + Pet. Champ. + Borderies*)/*XO* (Neueinführung 1984, etwa 20 Jahre, *Gr. + Pet. Champ. + Borde-*

ries): Extra Vieille (über 50 Jahre, *Grande Champagne)/Cour Impériale Grand Cru (Grande Champ.)* in vergoldeter Flasche, *Château Limoges (Fine Champagne)* in blauer Porzellanflasche, für Tax-Free-Shops.
Weitere Handelsmarken: *Carnac, Carvalho, Comte Louis de Naives, Curlier, Garde Impériale, Grandier, Lafontaine, Royal Symbol, Symbole Royal, Frédérick Wildman.*

Schneider Import,
Mainzer Str. 152–160, 6530 Bingen,
Tel. 0 67 21-18 50

COUTANSEAUX: Rouyer Guillet

CROIX ROYALE: Marke der Rola-Weinbrennerei, 8303 Niederhatzkofen

CROIZET (Philippe + Jacques Eymard)
16720 St.-Même-les-Carrières
45 81 90 11

Im Flaschenfüllraum von Croizet-Eymard

Destillerie und Handelshaus mit beträchtlichem eigenen Weinbesitz (150 ha) in der Grande Champagne; Zukauf. Besteht seit 1805, liefert Faßware an die skandinavischen Monopole, verfügt über beachtliche Vorräte alter Cognacs. Das jährliche Produktionsvolumen entspricht etwa 430 000 Flaschen. Zahlreiche Handelsmarken für Supermärkte usw., darunter Bogan Frères, Bolton, Bonaparte, Boyard, Carval, Carrières, Château de Flaville, B. Léon Croizet, Delour, Dorlan, EMLO, Florentz, Grand Finage, Loquessy & Fils, Loursson Napoléon Brandy, Raillard Frères, Tarin & Fils, für Extrakunden Alfred Clouet (Extra Age/XO).
Croizet-Qualitäten: ★★★*/VS Fine Champagne/Fine Champagne Château Flaville / VSOP F. Ch. / Napoléon F. Ch. / Bonaparte F. Ch. / XO Age Inconnu/Réserve Royale F. Ch./Réserve des Héritiers/Réserve des Héritiers Grande Fine Champagne/Lot 33 Régional (F. Ch. 42%) / Lot 42 (Gr. Ch. 46%)/Lot Piton (Gr. Ch. 44%)/Lot 97 (Gr. Ch. 45%) / Lot 1616.*
Croizet Eymard bietet neuerdings Jahrgangscognacs an, beginnend mit (jeweils in kleineren Mengen) 12-, 20-, 25-, 30- und 50jährigem, dazu weitere einzelne «Lots», älterer Cognacs (Lot 30/33/877/1427).
Croizet stellte längere Zeit auch Cognac für *PAUL BOCUSE* her (was inzwischen die Unicoop übernommen hat, s.d.), von dem noch einiges im Handel zu finden ist, z. B. *Grande Fine Champagne Extra Vieille,* Franz Keller (Kaiserstühler Weinversand), 7818 Vogtsburg-Oberbergen, Tel. 0 76 62/715/716.

CROIZET (B. Leon): Croizet-Eymard

CROIZET (Pierre)
Lantin, Triac-Lautrait, W v.
16200 Jarnac (N 141 n. Angoulême)
45 81 14 37
Fins Bois
★★★*/VSOP/Napoléon* (15 Jahre)
Weitere Marke: *Pierre Morin* (s.d.)

CRYSTAL DRY: Roux

CUNNINGHAM: CCG

CURLIER: Courvoisier

CURLIER (Frédéric)
(René Cogranne)
69, cours Saint-Emilion
75012 Paris
4 3 43 15 01
Spirituosenhaus, das ursprünglich vom Inhaber Courvoisiers, Curlier, gegründet wurde (ab zweite Hälfte des vergangenen Jahrhunderts gehörte Courvoisier den Curliers, bevor es 1909 in englische

Hände überging). Heute besteht kein Zusammenhang mehr. Zum Angebot gehört auch Cognac, darunter alte, noch aktivierbare Bestände aus der damaligen Zeit. Im quantitativ kleinen Angebot zur Zeit: ★★★/*VSOP/Hors d'Age*, doch könnte auch Älteres abgefüllt werden. Einige Handelsmarken Cogrannes: *Belle Aurore, Culinor, Lapeyrac.*

CURLIER FRERES
Quay de Paludate
33800 Bordeaux
56 94 06 60
Wein- und Spirituosenhandelshaus, Tochter von Hiram Walker im Verbund mit Salignac (s.d.). *Curlier* ist auch eine Handelsmarke des Konzerns.

CULINOR: Cogranne (Curlier)

CUSENIER
Seit 1975 in der Gruppe *Pernod Ricard* und keine eigene Cognacproduktion mehr; Bestände gingen an *Château Paulet* (s.d.). Frühere Qualitäten: ★★★/*VSOP/Napoléon/Belle Epoque* (etwa 60 Jahre).
Aus sehr alten Zeiten: *«Grande Fine Champagne collection Aigle Impérial»*, im Keller der «Pyramide» in Vienne.
Weitere Cognac-Handelsmarken, wohl für Château Paulet: *Cognac de la Couronne, Fromy, The Golden Cognac.*
Einen Fromy aus dem Jahr 1830, als dieses Unternehmen noch selbständig war, entdeckte ich im Frühjahr 1984 bei Dallmayr in München.

DALLMAYR (Alois)
Dienerstraße 14–15
8000 München 2
Tel. 0 89/2 13 50
Feinkosthaus mit überdurchschnittlichem Cognac-Angebot, zu dem eine Reihe uralter Jahrgangscognacs gehören, Jahrgänge 1789, 1802, 1811, 1820 usw.

DAMOUR: Monnet

DANFLOU (Jean) S.A.
36, rue du Mont-Thabor
75001 Paris
4 2 61 51 09
Spirituosenhaus, das auch Cognac Danflou anbietet, der von Denis-Mounié hergestellt wird (s.d.): *Fine Champagne* (ca. 15 Jahre) / *Extra (Gr. Ch. ca. 25 Jahre).*

D'ANGLAR: Unicognac

DANIAUD FILS: Hardy

DANJOU (Noé)
Goux (N v.)
Pérignac.
17800 Pons
46 96 41 84
Petite Champagne
★★★ / *VSOP* (9 Jahre) / *Napoléon* (15 Jahre)

DANTAN: A. E. Dor

DARCY: Denis-Mounié

DARNAC: Unicognac

DARTIMON: Royer

DARVILLY: Château Paulet

DAUD (Marcel)
Burie
17770 Brizambourg
(a. d. Straße Brizambourg–St. Hilaire de Villefranche)
46 94 90 61
Borderies + Petite Champagne
3 Grappes (★★★, 5 Jahre)/ *VSOP/ Vieille Réserve* (15 Jahre)

DAUDIN (Jean & Fils)
Chez Topier, SO (D 153) v.
Touzac
16120 Châteauneuf-sur-Charente
45 97 03 24
Grande + Petite Champagne
★★★ (6 Jahre)/*VSOP/Napoléon/ Très Rare Vieille Réserve Petite Champagne* (v. 1923)/*Très Vieille Réserve Grande Champagne* (v. 1923).
Liefert im allgemeinen en gros, außer für die ganz alten Qualitäten, die nur in kleinen Mengen verfügbar sind. Keine eigene Rebflächen

DAVID (Guy)
Courcerac (Ortsmitte)
17160 Matha
46 25 03 81
Fins Bois
★★★/*VSOP/Napoléon/Vieille Réserve* (18–20 Jahre)

DAVID (Robert & Fils)
Ste Lheurine
17520 Archiac
46 49 12 39
Petite Champagne
Nicht im Ort, sondern an der Straße Pons–Barbezieux
★★★/*VSOP/Napoléon/Réserve* (25 Jahre)/*Hors d'Age* (57 Jahre)

DARVILLY: Château Paulet

DE BAUCHAIS
(Handel)
Marancheville bei
16720 St.-Même-les-Carrières
45 81 14 06
VSOP/Vieux Cognac/Vieux Cognac 50%/Vieille Grande Champagne/ Vieille Grande Champagne 45%

DE BEAUMAINE: CCG

DE BEAUMONT (L.) : Prunier

DE BEAUPREAU: CCG, s. auch Domaine de Beaupreau

DE BELFORT (R.) CCG

DE BERSAC: Guy de Bersac

DE BONNEFORT: Unicoop

DE BONROY: Unicognac

DE BRIÈRE: Puy Gaudin

DEBUSSY: Comp. Française des Champagnes

DE CHABRAC: Unicoop

DECAUMONT: Castillon-Renault

DE CHAVAGNAC: Salignac

DE CHASSOR: Larsen

DE DIDONNE
Coopérative Agricole des Cantons de Cozes et de Saujon
17120 Cozes
46 90 70 44
Bons Bois
Früherer Besitz der Familie *Martell.* Die Kooperative betreibt Weinbau (800 ha) seit 1956 und produziert Cognac seit 1980. Sie erzeugt aus eigenem Weinbau (840 ha nur für Brennwein) jährlich (umgerechnet) rund eine Million Flaschen 70%igen Cognacs; rund neun Zehntel dieser Menge werden als Faßware an größere Unternehmen verkauft. Eigene Flaschenmarken: De Didonne in zahlreichen Verbindungen wie *Baron de Didonne, Marquis de Didonne, Prince de Didonne, Prince Hélie de Didonne, Geoffrey de Didonne, Pierre de Didonne, Asmodie de Didonne, Richard de Didonne, Gifard de Didonne, Seigneur de Didonne, Fouques de Didonne, Guibert de Didonne, Marguerite de Didonne, Girard de Didonne, Jeanne de Didonne, Jeanne de Didonne, Chevalier de Didonne, Clos de Didonne, Côte de Didonne, Côteau de Didonne, Château de Didonne, Logis de Didonne, Domaine de Didonne, Hameau de Didonne, Jardins de Didonne, Terres de Didonne, Fermes de Didonne, Garenne de Didonne, Dames de Didonne.* Außerdem *Didonné, Didonnet, Didonney, Didonnais.* Ferner: *Bernhard Palissy.* Die meisten dieser Bezeichnungen sind Weinen reserviert.

DE FLORIGNAC: CCG

DE FORSAC: Unicognac

DE FOULHIAC DE PADIRAC
(Philippe)
Château Laffitte Carcasset
33250 St.-Estèphe
Wein- und Spirituosenhaus mit eigener Cognac-Marke

DE GRASSE: Bisquit

DE GUYON
Fine Petite Champagne
Hergestellt von Larsen (s.d.) für (und vermarktet von) Cheval Quancard (hauptsächlich Bordeaux), Rue Barbère, 34440 La Grave d'Ambarès
56 06 40 22
★ ★ ★ */ VSOP / Napoléon / XO*

DE JONKER: Brugerolle

DE LAAGE: Gautier (Aigre)

DELABONNE (Odette)
16120 Châteauneuf-sur-Charente
45 62 55 22
(tel. verabreden!)
Petite Champagne
★ ★ ★ */ VSOP / No 15* (15 Jahre) */ No 40* (40 Jahre) */ No 80* (80 Jahre)
Eine *Vieille Réserve,* deren 40 % überstempelt war mit 38 %, sah ich vor einigen Jahren bei Maxim's am Flughafen Orly-West.

DELABRUYÈRE: Duboigalant

DE LACHENAIE: Hardy

DE LACHENAIE & CO: Hardy

DE LA COUR: Unicognac

DE LA CROIX BEQUET: Brugerolle

DELAFARGUE: Camus

DE LAGRANGE: Gaston de Lagrange

DE LA GRANGE: Bouron

DE LA GRANGE: s. Moulin de la Grange

Alain Braastad, Delamain & Co

DELAMAIN & CO
7, rue Delamain
16200 Jarnac
(45) 81 08 24
Firma mit langer Geschichte, gegründet von einem Hugenotten, der nach Irland ausgewandert war und 1759 nach Jarnac zurückkehrte. Erstes Unternehmen *RANSON & DELAMAIN** 1763–1817, Neubeginn 1824 als *ROULLET & DELAMAIN,* seit 1920 nur noch *DELAMAIN.* Das Haus hat sich seinen Ruf mit alten Cognacs für die gehobene Gastronomie verschafft. Heute im Besitz der Familien *Braastad* und *Sauzey,* Nachkommen Delamains aus weiblicher Linie. Der Bedarf an Brennwein wird durch Käufe im wesentlichen in der Grande Champagne gedeckt, eigene Rebflächen sind nicht vorhanden; Mischung und Alterung in eigener Regie. Die Jahresproduktion be-

* s. a. Ranson

trägt etwa 5–600 000 Flaschen im Jahr, mehr als drei Viertel werden exportiert. Qualitäten (nicht in allen Gebieten gleichmäßig angeboten): ★★★/*VSOP*/*Liquid Gold (oder Or Liquide)*/*Pale & Dry* (Gr. Ch.)/*Vesper* (Fine Champ.)/*Très Vieux Cognac* (Gr. Ch.), in USA *«Très Vénérable»*/*Réserve de la Famille 43%* (Gr. Ch.). Den weitaus größten Anteil am Verkauf hat der *Pale & Dry*. Gelegentlich noch zu finden: 1920.

Sonderanfertigungen für berühmte Restaurants, z. B. *V.V.O. Grande Champagne* für *ROGER VERGÉ* (Moulin de Mougins), numeriert.

In der Boutique des Restaurants «Troigros» in Roanne werden angeboten: Très Vieille Petite Champagne, 40% und 44% / Vieille Grande Champagne, 47% / Borderies, 45%.
Delamain-Handelsmarken u. a.: *Aigle Impériale, François Tourrel.*
Monopole Marken Getränke Import
Werner Götz KG,
Westring/Industriestr.,
4044 Karst 1, Tel. (0 21 01) 6 40 76

DE LA MOTTE (Jean Bigot)
Domaine de la Motte, Sainte Lheurine
17520 Archiac
46 49 12 25, 49 15 88
Petite Champagne
62 ha, Prod. ca. 160–200 000 Flaschen
★★★/*VSOP*/*Napoléon*/*Hors d'Age*

DE LANCENAC: Hardy

DELANOU (Père & Fils)
Les Pibles, S. v.
17310 St.-Pierre-d'Oléron
46 47 05 89
Bois Ordinaires
★★★/*VSOP*/*Napoléon* (ca. 10 Jahre)

DOMAINE DE GUIGNEFOLLE: Landreau-Maurin

DE LAROCHE & CO
Route d'Angoulême,
16103 Cognac
45 32 09 11
Gehört zur *AMAD*-Gruppe (s.d.). Kiosk für Proben an der Straße gegenüber. ★★★ / *VSOP* / *VSOP Fine Champagne*/*Vieille Réserve Napoléon*/*XO*/*Hors d'Age* (gibt es auch in 0,5 l und in Magnum 1,5 l)/*Extra* (50 Jahre)/*Age Inconnu* (in Baccarat-Karaffe)
Baus & Provot,
Dudweiler Str. 57,
6603 Sulzbach/Saar, (0 68 97) 42 66.

DE LA ROSILLE: Meslier, Claude

DE L'ASTERIE: Comp. Fr. des Champagnes

DELATOUR: Puy Gaudin

DE LESTAPIS (Bruno)
94, Quai des Chartrons
33000 Bordeaux
56 52 26 02
Hauptsächlich Weinhaus, das sich aber nach eigener Maßgabe einen Cognac als Eigenmarke herstellen läßt (von *Vallein Tercinier*, s.u. *SORIN*).
Angebot: ★★★/*VSOP*/*Fine Champagne*/*XO*/*Extra.*

DE LIGNAC (Jean): Gautier/Aigre

DELIGNAC: Unicognac

DELORME (Jules): Lucien Foucauld & Co, CCG

DE LOTHERIE (Edith)
Beauregard, W v.
Juillac-le-Coq
16130 Segonzac
45 83 47 06
Grande Champagne
«Coupe 15 ans» und eine Serie von Jahrgangscognacs 1919 – 1928 – 1935 – 1938

DELOUR & FILS: Croizet Eymard

DE LOUVAL: Château Paulet

DELPECH FOUGERAT (Mme Jacques)
Font Gireau, W. v.
Barret, NW v.,
16300 Barbezieux
45 78 06 01
Petite Champagne
★★★/*VSOP* (über 7 Jahre)/*Napoléon*/*Vieille Réserve* (über 15 Jahre) /*Vieille Réserve Ancestrale* (25 Jahre). Sonderabfüllungen, z. B. Vieux Cognac de Propriétaire für Château de Nieuil (s.d.)
Steeb, 8190 Wolfratshausen
Tel. 0 81 71/13 51

DELSAY: Unicognac

DEL SOL & CO: A.M.A.D.

DELTOUR: F. Latour

DE LUZE (A.) & FILS
Gegründet 1820, gehört heute zu Rémy Martin (s.d.)
★ ★ ★ *Grand Cognac / VSOP / Napoléon / Réserve Royale / XO / Porzellandekanter* u. a. in Form des Eiffelturms, Kristallkaraffen

DELYEUSE (M.): Royer

DE MARSANEX (L.): CCG

DE MARSY: Prunier

DE MARTIGNAC (Francois): Domaine du Chillot
(Fine Champ. ★ ★ ★ */ VSOP / Napoléon)*

DE MUSAC: Bache-Gabrielsen

DENIS-MOUNIÉ
16200 Jarnac
(Ortsende, N 141 nach Angoulême)
45 81 05 38

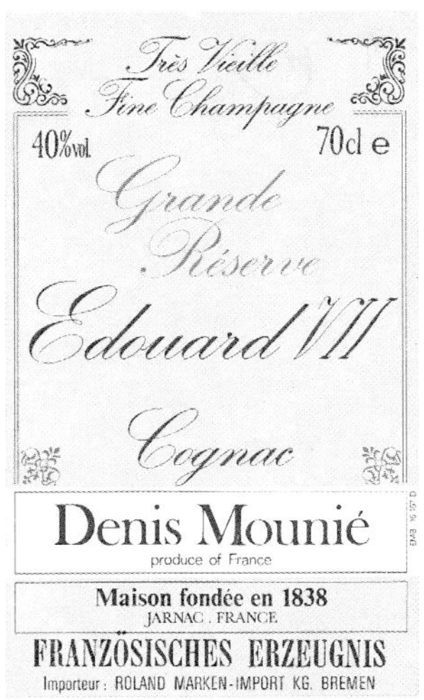

1838 als *J. DENIS, HENRY MOUNIÉ & CO* gegründet, 1977 von *Bénédictine* (Likör) übernommen, seit Anfang der achtziger Jahre im Besitz von *Hine,* also der britischen Distillers Company. Die Produktion betrug bis zu diesem Wechsel jährlich etwa 6–700 000 Flaschen, seitdem mehr als 700 000. Der Exportanteil liegt bei 92 Prozent. Die Qualitäten: ★ ★ ★/ *VSOP* (Fine Champagne) / *Napoléon XO / Très Rare Fine Champagne Edouard VII / Grande Champ. Extra Hors d'Age.* Ein 1820 Grande Champagne, *Réserve de la Maison,* von dem ich 1983 bei «Girardet» in Crissier (nahe Lausanne) kosten konnte, ist hoffentlich noch nicht alle.
Weitere Handelsmarken: *Aguins, L. Arnaud, Baron d'Arcy, Califet, Carteau, Danflou, Darcy, des Carmes, Gold Leaf, Latournel*
Roland Marken-Import KG,
Auf der Muggenburg 7,
2800 Bremen 1, Tel. 04 21/3 99 41

DE POURVIL: Henri Mounier/Unicoop

DE PULIGNY: Brugerolle

DEREIX (Jean & Fils)
Distillerie A. Guillot
16410 Dignac
45 24 50 41
Handelshaus und Destillerie (A. Guillot wurde von Dereix übernommen), verarbeitet Wein und Cognac anderer Produzenten. Unter dem Namen *Dereix:* ★ ★ ★ (4 Jahre)
Unter *(Les Petits Fils de) A. Guillot:* ★ ★ ★ (4 Jahre) / *VSOP* (5 Jahre) / *Vieille Réserve* (20 Jahre)

DEREVEL (A.): CCG

DE ROCHENAC: Hardy

DE SAINT-AULAIRE
A. Tesseron, Cognac en gros,
16120 Châteauneuf-sur-Charente
45 62 52 61
Das Großhandelshaus mit Faßware (dem Inhaber gehört auch Bordeaux-Besitz, darunter Château Pontet-Canet) hat nun auch eine eigene Marke, von der es eine junge und zwei alte Qualitäten anbietet:
Grande Champagne/Archétype (Gr. Ch., 50 Jahre)/*Haute Epoque,* Ref. 106 (Gr. Ch.) noch etwas älter

DE SAINT-LOUVENT: Castillon-Renault

P. DESBORDES & CIE: A. E. Dor

DES CARMES
in Frankreich vertrieben von Gouin
2, rue Saint-Estèphe
75012 Paris
4 3 44 46 73
Hergestellt von *Denis-Mounié* (s.d.) in drei Qualitäten: ★ ★ ★/*VSOP Fine Ch./Extra (Gr. Ch.).* Die geschützte Marke gehört dem Provinzial der Karmeliter von Aquitanien, Sitz Monte Carlo.

DES COURTILS (Bernard)
La Ménède, Rouffiac
16210 Chalais
45 98 10 97
Bons Bois
★ ★ ★ (5 Jahre)/*VSOP* (9 Jahre)

DESSE (Gabriel)
rue Millardet
16130 Segonzac (gegenüber der Straße nach St.-Même)
45 83 41 17
Grande Champagne
VSOP (9 Jahre) / *Réserve* (15 Jahre) / *Vieille Réserve* (30 Jahre)

DE VALLE: Barriasson/Gaston de Lagrange

DEVERNEY & CO: A.M.A.D.

DE VERNON: Bache-Gabrielsen

DE VERTEUIL: Bache-Gabrielsen

B. DE VILBERT & CO: Bache-Gabrielsen

B. DEVILLARD & CO: Gautier/Aigre

A. DEVIN & CO: Bache-Gabrielsen

DHIERSAT (Jean-Claude)
Le Breuil, Südrand v.
16170 Rouillac
45 96 75 75
Fins Bois
★ ★ ★ (4 Jahre) / *VSOP* (8 Jahre) / *Napoléon* (10 Jahre) / *Vieille Réserve* (15 Jahre)

DISCUS: Monnet

DISTILLERIE ET COMPTOIR DES CHARENTES: Jubert & Guerry

DISTILLERIE DE MONTIGNAC: Baron de Montignac

DOCKS ST. JACQUES: Prunier

DOMAINE DE BEAUPREAU
(Louis Mégraud)
Rioux, SW v.
17460 Thenac
46 91 60 52
Bons Bois
VS / VSOP / Napoléon (10 Jahre) / *Vieille Réserve* (13 Jahre)

DOMAINE DE LA CHAUVILLERE
(Fam. Hauselmann)
Sablonceaux, zw. Nancras u.
17600 Saujon
46 94 70 17
Bons Bois
★ ★ ★ (5 Jahre)/*VSOP* (7 Jahre)/*Hors d'Age* (10 Jahre)

DOMAINE DE LA GROIE
(Claude Boitteau)
Meursac
17120 Cozes
46 94 80 40
Bons Bois
VSOP (7–8 Jahre). Interessanter Kleinbetrieb, Kundschaft bisher hauptsächlich Touristen

DOMAINE DE MONTELIN
(Jean Chartier)
Montélin,
an D 122 von Le Gua n. Ste-Gemme
17250 St. Porchaire
46 22 80 19
Grenze zwischen Bons Bois und Bois Ordinaires
★ ★ ★ (5 Jahre) / *VSOP* (6 Jahre) / *Vieille Réserve* (8 Jahre)

DOMAINE DES BRISSONS DE LAAGE (Raymond *Bertrand & Fils)*
Les Brissons, S v.
Réaux, NO v.
17500 Jonzac
46 48 09 03
Petite Champagne
★ ★ ★ / *VSOP* (über 10 Jahre) / *Napoléon* (20 Jahre) / *Vieille Réserve* (28 Jahre)
«Les Châteaux» D. Chesal,
Paradiesstr. 22–24, 8500 Nürnberg,
Tel. 09 11/57 11 41, 45 84 85

DOMAINE DU CHILLOT S.A.
60 Avenue de la Bourdonnais
75007 Paris
45 56 12 20
Tochter von Asbach. In Frankreich tätig als Brennweinexporteur (der größte), mit Cognac *(Guy de Bersac,* (s.d.), *Cognac des Trois Empereurs, Fr. de Martignac,* (s.d.), *Armagnac und Likör* (Brillat Savarin) und *Calvados* (Gilbert). Charente-Sitz: Le Chillot, St. Preuil, 16130 Segonzac.

Madame Odile Rivière, A. E. Dor

DOMAINE DU FAUCAUDAT: Ricard, Gilbert

DOMAINE DU MAINE BRUN
(R. Menager, Hotel-Restaurant Moulin du Maine Brun)
16290 Asnières-sur-Nouère
(Nördl. N 141 Angoulême-Jarnac, nach etwa 8 km rechts)
45 96 92 62
Fins Bois
Vieille Réserve / Hors D'Age 47% / «Fleur de Fins Bois» 50% (jung) für Cocktail u. Küche

A. E. DOR (Phillipe & Jacques Rivière)
4, bis rue Jacques Moreau
16200 Jarnac (Ausfahrt Richtung Rouillac)
45 81 03 26
Keines der uralten Cognac-Häuser (gegründet 1858), wohl aber eines mit besonders alten Beständen und das einzige mit dem amtlich bestätigten Privileg, auch Cognacs als Cognacs in den Handel zu bringen, die durch sehr langes Faßlager und entsprechenden Alkoholverlust auf weniger als 40% gesunken sind – das wäre für alle anderen das legale Minimum. Entsprechend hochklassige Kundschaft. Die Rivières stellen aber auch jüngeren, «neuen» Cognac her. Sie verfügen über eigene Rebflächen in der Petite Champagne und kaufen junge und alte Cognacs hinzu, hauptsächlich aus den beiden Champagnelagen, um die Tradition der sehr alten Spezialitäten fortsetzen zu können. Sie produzieren jährlich etwa 45 000 Flaschen.
Einige der sehr alten Qualitäten sind nicht mehr lieferbar, wohl aber noch in manchen Restaurants und Luxus-Feinkostläden zu finden. Eine Petite Champagne 1900 kostete ich 1984 in der berühmten Auberge de l'Ill (Elsaß).
Die Liste: ★ ★ ★ für *Fine à l'eau* (wird nicht mehr gemacht)/★ ★ ★ *Grand Cognac* (3 Jahre)/*VSOP* (6 Jahre)/*Napoléon* (10 Jahre)/*Vieille Fine Champagne Napoléon* (15 Jahre)/Verschiedene *Hors d'Age* mit 50 und mehr Faßjahren: *No 1* (1893) Gr. Ch. «Age d'Or»/ *No 2* (1889) «Excellence»/*No 3* (1875) «Prince Impérial» nicht mehr lieferbar/ *No 4* (1858) «Napoléon» III 36% n. m. l./*No 5* (1840) «Louis Philippe» 34%/*No 6* Gr. Champ. n. m. l./*No 7* Gr. Champ. 42% n. m. l./*No 8* Gr. Champ. 42% / *No 9* (40–50 Jahre, Gr. Champ. und sehr alte Fins Bois) / *1811: Roi de Rome, Très Vieille Fins Bois 31%* n. m. l./*1805:* 30% n. m. l.

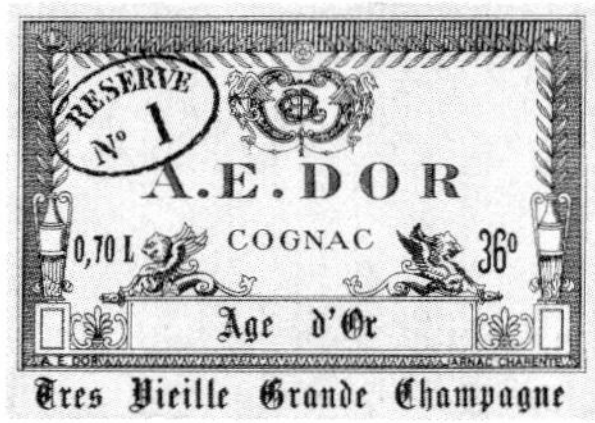

Einige der «Hors d'age» gibt es auch in 48%, nicht oder kaum reduziert. A. E. Dor verfügt über mehrere Handelsmarken, die teilweise ebenfalls in sehr alten Qualitäten angeboten wurden oder werden: *René Dantan, P. Desbordes, J. Fouché, G. Goudert, Albert Jarraud, L. Hubert.*
Ferner Sonderabfüllungen für *M. LEHMANN* (New York), *MAISON ROUGE* (Dinard), *HAUS GRASHOFF* (Bremen) (z. B. Petite Ch. 62% aus dem Besitz Chez Maurin).

DORAIN FRÈRES: Bache-Gabrielsen

D'ORFIN: Gautier/Aigre

DORLAN: Croizet Eymard

A. DORMONT: Camus

DORVILLE: Bisquit

DOURIS: Hardy

DROUINEAU: Puy Gaudin

DRUGEON (Joel)
Le Temple, Südteil v.
Les Touches-de-Périgny
an D 131, NO v.
17160 Matha
46 58 73 68
Fins Bois
★ ★ ★/*VSOP* (8–9 Jahre)

DUBINY (Jean)
Pouvet, D 731 v. Burie nach
17770 Brizambourg
46 94 91 78
Borderies
★ ★ ★/*VSOP*/*Vieille Réserve* (20 Jahre)/*Très Vieux Hors d'Age 47%* (33 Jahre)

DUBOIGALANT S.A.R.L.
(Maxime Trijol)
St. Martial-sur-le-Né
17520 Archiac
46 49 53 31
Petite Champagne
★ ★ ★ *Luxe P. Ch.*/*Napoléon Fine Ch.* (12 Jahre)/*XO Fine Ch.* (ca. 20 Jahre)/*VRXO Grande Fine Ch.* (ca. 45 Jahre)/*Très Vieille Réserve Fine Ch.* (ca. 50 Jahre)/*Très Vieille Réserve Borderies* (ca. 50 Jahre). Auch Cognac Maxime Trijol (s.d.). Handelsmarken: *Delabruyère, Font-Aubert.*
Wilhelm Gronewaldt, Kolonnaden 15, 2000 Hamburg 36, Tel. 0 40/34 53 62

DUBOIS (F.): Château Paulet

J. DUBOIS & CIE: Salignac

DUBOSQUET (Louis): Bouyer, Georges

DUBREUIL (Marcel)
La Sentinelle, NW v. Malaville, SW v. (D 699 oder D 84)
16120 Châteauneuf-sur-Charente
45 97 08 13, 97 08 76
(Sohn Jean Dubreuil, Font Fougeroux, ein paar hundert Meter entfernt)
Grande Champagne
Einer der angesehenen Spezialisten alten Cognacs, ca. 25 ha Rebfläche, 70–80 000 Flaschen im Jahr, wovon das meiste an große Häuser wie *RÉMY MARTIN, COURVOISIER* und (weniger) *HENNESSY* geht.
Drei Qualitäten: *Vieille Reserve 43%* (15 Jahre)/*Très Vieux Cognac 43%* (34 Jahre)/*Très Vieux Cognac Grande Fine Champagne 41%* (ca. 70 Jahre).

Jean Dubreuil, Sohn Marcels, führt nun die Geschäfte

DUCASSE & CO: Leyrat/Engrand

DUC DE LA SALLE: CCG

DUC DE MONTEAU: Baron de Montignac

DUCAUZÉ FRÈRES: Larsen

DUC DE THÉON
(Sté Commerciale de Théon Fannoy-Camus)
Château de Théon, S v.
17120 Cozes
46 90 81 74
Besitzer: Pierre Fannoy
3, Avenue du Manoir
B 1640 Rhode-St.-Genèse (Belgien)
25 ha *Bons Bois* und Zukäufe. Hälfte der Produktion wird exportiert.
★ ★ ★ (5 Jahre)/*VSOP* (10 Jahre)/*Napoléon* (15 Jahre)/*XO* (mehr als 15 Jahre)/*Vieille Fine Champ.* (mehr als 15 Jahre)
2 Qualitäten «Chevalerie»

DUCHAMP (René)
Mons, SW v.
17160 Matha (gegenüber dem Monument aux Morts)
46 25 03 53
Fins Bois + Borderies, in Flaschen nur Borderies
★ ★ ★ (6 Jahre)/*VSOP* (12 Jahre)/*Vieille Réserve* (20 Jahre)

DUCHESSE DE LANGEAIS: CODEC (französische Supermarktkette)

DUCLOS (V.): Salignac

DUDOGNON (Raymond)
Lignières-Sonneville
16130 Segonzac
45 83 50 42
Grande + Petite Champagne
★ ★ ★ *Sélection* (5 Jahre)/*VSOP 42%* (10 Jahre)/*Napoléon 42%* (15 Jahre)/*Extra Vieux* (25 Jahre)/*Réserve des Ancêtres* (35 Jahre)/*Sélection des Ancêtres* (50 Jahre).
Hanseatische Weinhandelsgesellschaft, Neustadtpersonenbahnhof 3, 2800 Bremen 1, Tel. 04 21/50 63 38

COGNAC
Grande Fine Champagne
1er CRU du COGNAC
EXTRA HORS d'AGE
R. DUDOGNON
Propriétaire Viticulteur
70 cl. LIGNIÈRES-SONNEVILLE 40 % vol.
(Charente)
COGNAC FRANKREICH

DUFAUR & CIE: Brugerolle

DUGAS (Gaston): Briand & Co./Prunier

DUGONTIER: Gautier (Aigre)

P. DUHAU & CIE: Brugerolle

DULAC (A.): A.M.A.D.

DULUC (Gatien)
Chez Guionnet, bei Chez Huet (D 1 Richtung Barbezieux, nach der Kreuzung bei Lignières-Sonneville 1. Abfahrt rechts, NW v.
Touzac
16120 Châteauneuf-sur-Charente
45 97 03 30
Grande Champagne
Vieille Réserve (20 Jahre)/*Réserve Familiale* (mehr als 50 Jahre). Siehe auch *BARON DE L'IF*
Gasthof Huber
8223 Purkering (Chiemgau)
0 86 23/5 22

DU MAINE GIRAUD (Durand, Jacques)
Le Maine Giraud, zwischen Champagne-de-Blanzac und
16250 Blanzac-Porcheresse
45 64 04 49
Fins Bois
★★★ / *VSOP* / *Vieille Réserve* (15 Jahre)

DUMAS (Alexandre): Royer

DUMAS (Jules): Jules Robin/Martell

DUMAS (Père & Fils): Castillon-Renault

DUMERGUE (Jean)
Rue de la Mairie
Fléac (vor dem Westrand v. Angoulême)
16290 Hiersac
45 91 04 07
Fins Bois
VSOP

DUMOURIER: Hardy

DUMOUSSAUD (André)
Chez Beillard, NNO (D 75) v. Sonneville, NW v.
16170 Rouillac
45 96 71 79
Fins Bois
VSOP (15 Jahre)/*Napoléon* (20 Jahre)

DUPARC: Prunier

DUPIN (Robert)
2 rue des Champs du Château,
16100 Cognac
45 82 11 04
Liefert hauptsächlich nach Benelux unter diesem Namen, Export nach Japan mit der Handelsmarke Henri Bertin. *Fine Cognac* (★★★) / *Napoléon.*

DUPLANTIER: CCG

J. DUPONT & CIE (J. Cognet)
30, rue de Constantine
16100 Cognac
45 35 00 02
Produzierte früher auch *Baron de Montignac,* hat aber die Marke an Distillerie de Montignac (s. d.) verkauft. Jährliche Produktion derzeit etwa eine halbe Million Flaschen.
★★★ / *VSOP* /*Réserve Napoléon* / *Monopole* (ca. 30 Jahre).
Weitere Handelsmarken: *Guelin, Naulin*

DUPONT (Léon): Castillon-Renault

C. DUPUIS FILS & CO
(Vallein-Tercinier)
Domaine des Forges
Chermignac
17460 Thenac
46 92 64 30
ca. 24 000 Flaschen jährlich
★★★/*VSOP*/*Napoléon*/*Grande Champagne Extra*/*Hors d'Age 42%, Réserve de la Maison.*
Den Besitzern gehört auch die Marke *SORIN* (s. d.)

DUPUY
(A. Edmond Dupuy & Co.), gehört der Sté Ths. Bache-Gabrielsen (s. d.)
32, rue de Boston
16100 Cognac
45 32 07 45
Büro: 5, rue Louis Dominique
Verarbeitet Brennweine anderer Winzer. Produktion entspricht dem Volumen von etwa 650 000 Flaschen, viel davon als Faßware. Rund 70% werden exportiert. Hauptabnehmer: Canada, USA und Belgien.

COGNAC FRANZÖSISCHES ERZEUGNIS

★★★ (3 Jahre, *Bons Bois*)/*Jeune Fine Champagne*/*VSOP (Fins Bois und Bons Bois)*/*Napoléon VSOP (FB, BB, + Borderies,* ca. 10 Jahre)/*Napoléon*/*Napoléon Réserve Fine Ch.* (10–15 Jahre)/ *XO Fine Champagne* (für die Bundesrepublik, entspricht dem Napoléon Réserve)/*Hors d'Age Gr. Ch.* (40 Jahre).
Exkl. Michel Laugel,
102, rue du Général de Gaulle,
F-67520 Marlenheim, (88) 87 52 20
Dallmayr
Dienerstr. 14–15
8000 München 2
0 89/2 13 50

DUPUY (Guy)
La Motte, Ambleville, S v.
16130 Segonzac
45 83 54 63
Grande Champagne
La Motte Extra (15 Jahre) / *La Motte Qualité Spéciale* (25 Jahre)

DURAN, Guy: JOUSSON

JULES DURET & CO: Royer

Sonntag in Cognac

DU ROY: A.M.A.D.

DUSSAUT: Camus

DU VERON (D.)
Mesnac, SW v.
16370 Cherves-Richemont
45 82 26 61
Fins Bois
VS (6 Jahre)

DUVIGNAC (Marcel): CCG

ECUSSON: Otard

EMERIT (Michèle).
Le Liboreau, NW v.
Sonnac, SO v.
17160 Matha
46 26 64 20
Fins Bois
★★★ / *VSOP* / *Hors d'Age* (ca. 20 Jahre)

EMLO: Croizet Eymard
Etienne Gasqueton: Rullaud-Larett (Rémy Martin)

L'ENCLOUSE DES VIGNES
(Familien Renou u. Bourreau)
Mageloup
Floirac
17120 Cozes
46 90 63 29
Grenze Bons Bois zu Fins Bois
(zwischen N 730 und Küste)
Spécial 65 % (6 Jahre)/★★★ (5 Jahre)/ *VSOP* (15 Jahre) / *Réserve Familiale* (25 Jahre)

ENGRAND SAZERAC DE FORGE
13, rue Fort de Vaux
16000 Angoulême
45 92 02 12
Nachfolgehaus der Unternehmen *SAZERAC DE FORGE & FILS* (gegr. 1782) und *EMILE ENGRAND* bzw. *ENGRAND FRÈRES* (gegr. 1863). Produziert heute hauptsächlich Likör, bis Anfang der siebziger Jahre auch Cognac sowohl unter dem heutigen Namen als auch unter dem der beiden Ursprungsfirmen. Cognac-Marke und -bestände hat *E. Leyrat* (s.d.) erworben. Beide Marken sind weiter lieferbar, werden aber nur auf Bestellung aktiviert, Kunden können Sonderanfertigungen erhalten. Abfüllung und Auslieferung z.T. auch bei *Georges Courant* (s.d.), Cognac; dieses Unternehmen ist mittlerweile in der *CCG* (s.d.) aufgegangen. Von den Marken findet man gelegentlich noch: ★★★/*VSOP Fine Champagne*/*Rarissime (Gr. Champ.) Von Sazerac de Forge gab es auch Roi de Rome.* Weitere Handelsmarken: *Boilevin, Chaloupin, Ducasse, Magnier, Saint Cirq & Co*

ENTREPOTS CHARENTAIS: Moyet

ESCANDE & CIE
Domaine de Courpe, S v.
17150 Mirambeau
46 49 60 33
Fins Bois
★★★ *VS* (5 Jahre)/*VSOP* (8 Jahre)/*Napoléon* (12 Jahre)/*Hors d'Age XO* (25 Jahre)

ESTÈVE (Jacques)
Les Corbinauds, NW v.
Celles (D 48 SW v. Salles d'Angles), aber Post:
17520 Archiac
46 49 51 20
Petite Champagne
Etwa 3000 Flaschen pro Jahr. *Napoléon* (ca. 15 Jahre)/*Hors d'Age* (35 Jahre)

l'ESTUAIRE: Puy Gaudin

ETENDARD: Hardy

EXSHAW S.A. (John)
Château de Cognac
127, Bd. Denfert-Rochereau
16100 Cognac
45 82 40 40
Gehört seit 1975 zu *OTARD* (s.d.). Produziert etwa 250 000 Flaschen Cognac pro Jahr, davon 90% für Export. Hauptabnehmer: Hongkong, Benelux, Großbritannien, Bundesrepublik.
VSOP (7 Jahre) / *No 1* (ca. 15 Jahre) *Gr. Ch.* / *Age d'Or* (ca. 35 Jahre), *Gr. Ch.* / *Extra* (jüngster 35, ältester 70 Jahre).
Seit einigen Jahren eingestellt: *Napoléon/Réserve d'Austerlitz (Fine Champagne)*. Handelsmarken: *Cognac Libre, Prince Robert*
Frankhof Weinkellerei, 6203 Hochheim/Main, Tel. 0 61 46/40 51

FABRE (Simone)
Logis de Villars, S v.
St.-Saturnin, SO
16290 Hiersac
45 96 92 90
Fins Bois
★★★ (8 Jahre)/*VSOP* (15 Jahre)/*Vieille Réserve* (25 Jahre)

FAILLON (Jean-Marie): Les Plassons

Kirche in Cognac

FALANDY-LIANDRY & CIE
6, rue Barbezieux
16100 Cognac
45 35 02 35
Falandy: *VSOP Fine Champ.* (4 Jahre)/ *Napoléon FC* (6 Jahre) / *Réserve Extra* (10 Jahre) / *Vieille Réserve Gr. Ch.* (15 Jahre) / *Très Vieille Réserve* (80 Jahre)
Liandry: *VSOP FC* (4 Jahre) / *Réserve XO Gr. Ch.* (10 Jahre) / *Vieille Réserve Gr. Ch.* (15 Jahre)

FAUCHON
26, place de la Madeleine
75008 Paris
4 7 42 60 11
Feinkosthaus mit großer Cognacauswahl und Cognac-Eigenmarke, u. a. *Fine Champagne VSOP;* beliefert auch zahlreiche Delikatessenläden in ganz Frankreich.

FAUCON D'OR DE LAAGE: Gautier (Aigre)

FAURE (J.): Château Paulet

FAURE (Père & Fils)
La Fromagerie, NW v.
17310 St.-Pierre-d'Oléron (D 734 nach St.-Denis)
46 47 07 04
Bois Ordinaires
★★★/*VSOP*

FAURE (Pierre)
La Font, SW v. Guitinières (D 148 W v.)
17500 Jonzac
46 48 17 59
Fins Bois
★★★/*VSOP/Napoléon*

FAUSTIN (J.): Royer

FAYARD, A. & H.: Gautier/Aigre

FAUVEL: Royer

FAVRAUD S.A.R.L. (Jean Sabouraud)
Château Souillac (N 141 nach Angoulême, Ortsausgang v.)
16200 Jarnac (a. d. rechten Seite)
45 81 00 22

Eigene Weinberge in *Fins Bois,* aus denen ein Volumen von ca. 350 000 Flaschen gewonnen wird, Zukauf in anderen Gebieten, viel Bons Bois, insgesamt sehr variable Produktion je nach Bedarfslage, sehr viel Faßware. 99% Export, hauptsächlich Europa.
Weitere Handelsmarken: Marquis de Lonac, M. Michaud.
Favraud-Qualitäten: *VS* ★★★/ *VSOP/Napoléon/Napoléon Extra Réserve/XO*

FEDON (Bernard)
Sauvignon
St.-Bonnet-sur-Gironde
17150 Mirambeau
Fins Bois
VSOP (11 Jahre)

FERRAND (Paul)
Les Métairies, N.v.
16200 Jarnac (D 736 Richtung Sigogne)
45 81 05 29
★★★ / *VSOP / Napoléon (Fine Ch.)*

FERRAND (Pierre)
La Nérolle (NNO v.)
16130 Segonzac
45 83 43 16
Grande Champagne
27 ha; nur ältere und alte Qualitäten: *Réserve de la Propriété* (12 Jahre)/*Sélection des Anges* (25 Jahre, auch als *«Sélection du Paradis»*)/*Réserve Ancestrale* (50 Jahre, bei ausreichendem Auftrag auch als 43% lieferbar).
«les Châteaux» D. Chesal,
Paradiesstr. 22–24, 8500 Nürnberg,
Tel. 09 11/57 11 41, 45 84 85
Georg Schmidt Weinimporte,
Ahler Grenzweg 74, 4980 Bünde 11,
Tel. 0 52 23/6 15 21:
«Larmes des Anges» (= Sélection)
BODA-Weinhaus, In der Beek 33,
5600 Wuppertal 1, 02 02/71 17 17

Die Leute der Charente sind verschlossen und zurückhaltend ... nicht immer

G.A.E.C. DU FERRY (J.P. Lambert)
Place du Champs de Foire
(gegenüber Mairie)
16370 Cherves-Richemont
45 83 24 77
Borderies
★ ★ ★ / *VSOP* / *Vieille Réserve* (19 Jahre)

FEU DE JOIE: Brugerolle

FILLIOUX (Jean)
(Sté Fillioux Fils
La Pouyade
Juillac-le-Coq, SW v.
16130 Segonzac
45 83 47 01
Grande Champagne
Coq ★ ★ ★ (3/4 Jahre)/*Spéciale Amateur 44%* (3/4 Jahre)/*Napoléon* (8/10 Jahre) / *Cep d'Or* (12 Jahre) / *Spéciale Amateur 42%* (10 Jahre) / *Très Vieux* (23/25 Jahre) / *Réserve Familiale* (45 Jahre, aus den Jahrgängen 1926 + 1933). Vieille Réserve Franz Keller (Grande Champagne v. 1924) 48% / Très Vieille Grande Champagne (gleiche Qualität) Réserve Roland Burtsche (Colombi-Hotel, Freiburg).
Franz Keller,
Gasthof + Weingut Schwarzer Adler,
7818 Vogtsburg-Oberbergen,
Tel. 07662/715

FILLIOUX (P.): G. Courant/CCG

FILLONEAU (Guy)
Montbruneau (N v. Le Gua)
Ste Gemme
17250 St. Porchaire
46 22 81 03
Bons Bois a. d. Grenze zu *Bois Ordinaires*
★ ★ ★ (5 Jahre)/*VSOP* (6 Jahre)

LES FILS DE MARCEL QUANQUARD: Quancard

LA FINE GOULE
17520 Archiac
46 49 10 14, 49 12 27, 49 11 68
(Le Patis, unterhalb des gr. Platzes)
Unter diesem Namen vermarkten einige Produzenten aus der Grande und Petite Champagne gemeinsam etwa 15 000 Flaschen Cognac im Jahr *(Patrick Magnand*, Brie-sous-Archiac, *Phillipe & Jean-Bernard de Larquier*, Arthenac*)*. Bisher kaum Export.
VSOP 42% / Napoléon 42% / Hors d'Age 45%/Très Vieux Cognac 46% (v. 1937)

FLAVIEN COGNAC: Abrard

FLORENTZ (L.) Croizet Eymard

FLOQUET: Gaston de Lagrange

FOL AMOUR: Camus

FOLLIGNY & CIE: Jules Robin

FONT-AUBERT: Duboigalant

FONT-BORNE (Jobit, Georges)
Font-Borne,
Malaville
16120 Châteauneuf-sur-Charente
45 97 08 05
Grande Champagne
Réserve Familiale (20 Jahre)/*Très Vieux Cognac* (50 Jahre)

FORESTIER (André)
16370 Cherves-Richemont
(a. d. Kirche)
45 83 24 66
Borderies
★ ★ ★/*VSOP* (8–10 Jahre)

FORGERON (Michel)
Chez Richon, NO (D 18, dann D 95) v.
16130 Segonzac
45 83 43 05
Grande Champagne
★ ★ ★ / *VSOP* / *Vieille Réserve* (17 Jahre)

FORT (Robert)
Chez Thoreau, W.v.
La Chapelle-des-Pots,
17100 Saintes
46 93 02 55
Fins Bois
★ ★ ★ / *VSOP / Napoléon / Vieux Cognac / Vieux Brut de Fût 55%*

FOUCAULD-LECHANTRE: Hine

FOUCAULD (Lucien) & *CO.:* CCG

FOUCHÉ: A.E. Dor

FOUCHER (Henri)
La Brousse, NW v.
17160 Matha
46 58 53 68
Fins Bois
★ ★ ★/*VSOP*/*Vieille Réserve*

Die automatische Erntemaschine setzt sich auch hier durch

FOUNTAINBLUE: Gautier/Aigre

FRADON (Marc)
Le Château, kurz vor
Réaux, W der D 699 v.
17500 Jonzac
46 48 09 21
Petite Champagne
★ ★ ★ / *VSOP* / *Vieille Réserve* (20 Jahre)

FRANCEVILLE: Camus

FRANÇOIS: Handelsmarke von Guy Clair (s. d.), überwiegend für Ketten und Supermärkte.
★ ★ ★/*VSOP*/*Napoléon*/*XO*
Elmar Schmitz, Hauptstr. 108,
5551 Lösnich (Mosel),
Tel. 0 65 32/22 15, 43 93

FRANSAC (Georges)
(Georges Roullet)
Domaine des Forges
Chermignac
17460 Thenac
46 92 64 30
Sohn eines früheren Teilhabers von Denis-Mounié (s. d.). Das Haus besitzt beachtliche Bestände alten Cognacs, es produziert jährlich etwa 70–80 000 Flaschen.

Qualitäten: *Grande Fine* (Fins Bois, 4 Jahre)/*VSOP* (Fins Bois, 6 Jahre)/*Très vieille Fine Extra Pale* (Pet. Champ., 12 Jahre)/*Vieille Réserve de la Maison Fransac 43 %* (Gr. Champ., 20 Jahre)/*Très Vieille Réserve* (Gr. Ch.)/*Grande Champagne Extra* (40 Jahre)/*Gr. Fine Champ. XO Extra* (40 Jahre mit Anteil 1910) / *Gr. Champ. Extra-Exception* (50 Jahre), *Gr. Champ. Extra, Lot No. 34, 45,5 %*, von 1934 (51 Faßjahre), Sonder-Etikett für Deutschland.
Handelsmarke: *Bauchant*
Interpartner HWG Weinimport,
Essener Str. 95, 2000 Hamburg 62,
Tel. 0 40/5 27 45 95
Anraths GmbH,
Bilker Allee 57
4000 Düsseldorf 1
02 11/30 70 27
In der Domaine des Forges entstehen auch andere Cognacs, z. B. für das Haus Bruno de Lestapis (s. d.), C. Dupuis Fils (s. d.), Audry (s. d.); beteiligt sind die Familien Vallein-Tercinier.

P. FRAPIN & CO S.A.
Rue Pierre Frapin
16130 Segonzac
45 83 40 03

Vielseitiges Handelshaus mit eigenem Weinbestand (137 ha Rebfläche in der Grande Champagne), aus dem etwa 350 000 Flaschen jährlich erzeugt werden, und Zukauf bei anderen Produzenten anderer crus. Spezialisiert sowohl in der Zulieferung an anspruchsvolle Luxusfirmen wie *BERRY BROS. & RUDD*, London, *FAUCHON* und *CAVES MAXIMS*, Paris, oder *GRASHOFF*, Bremen, teilweise unter deren Eigennamen, als auch in der Bedienung von Handelsketten, auch mit Faßware und mit praktisch unbegrenzter Kapazität. Frapin gehört der Schwester der Hauptaktionärin von Rémy Martin. Sie ist die Ehefrau des Likörproduzenten Max Cointreau und hält eine Minderheitsbeteiligung an Rémy Martin; die beiden Familien sind zerstritten.

Yoghurtreklame …

Frapin-Qualitäten: *VS* oder ★ ★ ★ (3 Jahre)/*VSOP* (Gr. Ch., 5 Jahre)/*Napoléon* (Gr. Ch., 10 Jahre)/*Domaine Frapin* (Gr. Ch., etwa 12 Jahre/*Château de Fontpinot* (Gr. Ch., 12 Jahre/*XO* (Gr. Ch.)/*Très Vieille Grande Réserve* (Gr. Ch., 40 Jahre), auch 46 %.
Frapin exportiert 98 % seiner Produktion. Hauptmärkte: Skandinavien – USA – Bundesrepublik – Benelux – Frankreich.
Handelsmarken: *Rabelais, Andrée Renaud, Union Club.*
Eggers & Franke,
Töferbohm 8, 2800 Bremen,
Tel. 04 21/31 01 81
Frapin ★ ★ ★ / *VSOP* / *Napoléon*

FRAPPIER & CO: Salignac

FREDEFONT (Marcel)
Courpe, S (N 137) v.
17150 Mirambeau
46 49 65 42
Fins Bois
M. Fredefond hat aus Altersgründen die Produktion aufgegeben und verkauft seine Bestände, die aber noch eine Weile reichen werden: ★ ★ ★ / *VSOP* / *Vieille Réserve* (13 Jahre)

FRENCH BRANDY SHIPPERS CLUB: Camus

FRERES DE CHEVESSAC
(Distillerie Merlet & Fils)
St. Sauvant
17610 Chaniers
46 91 50 36
Fins Bois + Borderies
XO (10 Jahre) / *Très Vieux Cognac* (40 Jahre)

FROMY: Handelsmarke von Cusenier (s.d.) und Château Paulet (s.d.): ★ ★ ★ / *VSOP*

FRONTILLAC: Roffignac

FRONTIN & FILS: Gautier (Aigre)

FROUIN (Jean)
Chez Massias, entlang D 731 Barbezieux n. Archiac, Abzweigung D 125 nach Norden, Richtung
La Chaise
16300 Barbezieux-St-Hilaire
45 78 09 16
Petite Champagne
VSOP (10 Jahre) / *Vieille Réserve* (15–18 Jahre)

GABET (Romain)
Le Treuil, N v.
Aumagne, (NO v.)
17770 Brizambourg
46 26 32 60
Fins Bois
★ ★ ★ (5 Jahre) / *VSOP* (10 Jahre) / *Vieille Réserve* (17 Jahre)

GACON (Francis)
Les Touches-de-Périgny, NO v.
17160 Matha
46 58 53 27
Fins Bois
Spécial ★ ★ ★ / *VSOP* (8 Jahre) / *Vieille Réserve* (12 Jahre)

G.A.E.C. DE LA FRUITIERE
s. Ardouin (André)

GAGNEROT (René)
Les Girauds, D 156 kurz vor, Jussas, O v.
17130 Montendre
46 49 23 99
Bons Bois
★ ★ ★

GAMES & CIE: Château Paulet

LA GAMME ELITE: Camus

GARANDEAU FRERES
Champblanc, NO
16370 Cherves-Richemont
45 83 24 11
Borderies
★ ★ ★ / *VSOP*

GARAUD & CO: Castillon-Renault

GARDE IMPÉRIALE: Courvoisier

GARDRAT (Pierre & Jean-Pierre)
La Touche
17120 Cozes
46 90 83 00
Bons Bois
★ ★ ★ (5 Jahre) / *VSOP* (6 Jahre) / *Napoléon* (9 Jahre)
Depots: 236, rue Paul Thomoux
93330 Neuilly-s/Marne
138 Ave. Gén. Leclerc
54500 Vandœuvre-les-Nancy

GARNIER (Marcel)
Montsauson
Javrezac
16100 Cognac
45 82 13 10
Vieilleries de Borderies 42% (ca. 25 Jahre)
R. H. Prietze Weinimport
Georgstr. 40, 5300 Bonn 1
Tel. 02 28/65 69 77, 32 20 85

GASQUETON (Etienne): Rullaud-Larret (Rémy Martin)

B. GASSIES & CO (Château Paulet):
★ ★ ★ / *VSOP* / *Napoléon Fine Champ.* / *Réserve Speciale (Gr. Ch.)* / *Fine Ch. Vat 93*
Marcantor Import Handels GmbH
St.-Johanner Str. 94
6600 Saarbrücken
Tel. 06 81/4 77 55

GASTINE (Henri): A.M.A.D.

GASTON DE LAGRANGE S. A.
7, rue de la Pierre Levée
Châteaubernard
16100 Cognac
45 82 18 17

Marke in den fünziger Jahren eingeführt, zunächst mit Cognacs des Hauses *BACHE-GABRIELSEN*, gehört zur Gruppe *MARTINI & ROSSI*. Etwa 65 ha Rebfläche in Borderies (13 ha) und Fins Bois; Zukäufe von anderen Produzenten. Kleine benachbarte 7500-Quadratmeter-Fläche in Grande Champagne ist mehr als Reserve für weitere Expansion der Anlagen bestimmt als für Brennwein genutzt. Die jährliche Produktion beträgt etwa 2 Millionen Flaschen, 70% werden exportiert. Hauptauslandsmärkte: Kanada, Großbritannien, Belgien, Holland, Italien. Bestände an altem Cognac wurden entweder hinzugekauft oder durch Übernahme von Firmen wie *BARRIASSON* gewonnen.
Angeboten werden: ★★★ (2–3 Jahre) / *VSOP* (8 Jahre, Fine Ch.) / *Napoléon* (10–12 Jahre) / *Prestige* (20 Jahre, Gr. Ch.) / *XO* (25–30 Jahre, Gr. Ch.)
Der Firma gehören als weitere Marken:
Barriasson: *Prestige* ★★★ / *VSO* / ★★★/ *Très vieille Fine Champagne.*
Floquet: *VSS* (Special Selection of Greens Ltd., London)/ *VSOP Louis Romain Fils* (haupts. in Großbritannien und Holland), *Géo Sayer* (Louis XIV), *Cognac Brandy* «Pilgrims».

Martini & Rossi AG,
Rosenheimer Str. 218,
6550 Bad Kreuznach, Tel. 06 71/60 31

GAUCHE (Serge)
Château Maillou, W v.
St. Saturnin
16290 Hiersac
45 96 92 63
Fins Bois
VSOP (10 Jahre)

GAUDRAP & CO: Adet Seward

GAUTIER FRÈRES: Gautier/Aigre

GUY GAUTIER & CO
16200 Jarnac (Ortsende, N 141 n. Angoulême)
45 81 05 38
Eines der ältesten Cognac-Unternehmen, gegründet Ende des 17. Jahrhunderts; war ebenso wie *COMANDON* (s.d.) und *DENIS-MOUNIÉ* (s.d.) vorübergehend im Besitz von *BÉNÉDICTINE* und gehört heute wie die beiden anderen zu *HINE* (s.d.).
Qualitäten: *Excelsior* ★★★ / *Fine Champagne/ Vieille Réserve/ Très vieille Réserve*
Handelsmarke: *Christian*

GAUTIER S. A.
28, rue des Ponts
16140 Aigre
45 96 10 02
Ebenfalls eines der ganz alten Cognac-Häuser, gegründet 1755, gehört heute zur Apéritif- und Spirituosen-Gruppe *BERGER S. A.* (77127 Lieusaint, Seine-et-Marne, (6) 0 60 00 60). Das Anwesen liegt auf einer kleinen Insel, dem Gelände einer früheren Wassermühle; ein Teil der Cognacvorräte lagert also feucht, mit durchaus erfreulicher Wirkung für seine Geschmacksentwicklung. Von der Produktion (die Firma gibt sie nicht an) werden 78–80% exportiert.
Qualitäten: ★★★/ *VSOP*/ «Prestige» in der Fischerkugel/ *Napoléon/ XO/ Extra / Royale / Réserve Impériale* (40 Jahre) / *Cristal Extra* (über 40 Jahre) / *Réserve 230ème Anniversaire* (noch älter). Flaschen in Spezialformen (Netzboje, Schiffslampe). Zu Gautier gehört seit 1972 auch die Marke *PASCAL COMBEAU* (gegründet 1858), deren Gebäude in Cognac in der Straße gleichen Namens heute die *CCG* (s.d.) bewohnt: ★★★ / *VSOP / Napoléon.* 1976 wurden weitere drei Unternehmen übernommen und in der Tochtergesellschaft *GEMACO* vereinigt, die Marken jedoch weitergeführt:
NORMANDIN: ★★★/ *VSOP/ Napoléon/ Grande Réserve* (20 Jahre)/ *Cave Privée*
DE LAAGE bzw. FAUCON D'OR DE LAAGE: ★★★/ *VSOP/ Napoléon.*
GIRARD: ★★★/ *VSOP/ VSOP Fine Champagne/ Napoléon.*
Weitere Handelsmarken der Gruppe: *Ace Brandy, Bach, Bagier, Belgontier, Brun (Robert), Caton, Cheval Ardent, Chollet, Clement, Comte de Tremorede, Comte de Valbelle, Comte de Valmante, Courard & Fils, De Lignac, Devillard, D'Orfin, Dugontier, Fayard, Fountainblue, Gautier Frères, Guérin Bernard, Guibert, Gervais & Co, Isard, Laplenac, Lorel, Moco, Mondésir, Pelton, Pierre & Co, Pierrefont, Pomarel, Jules Rebel, Reuss (Jules), Rex, Rivière Gardrat, J. Robert, Robillot, Roland (Geo), Vannier, Versayes, Vivienne & Co, Vrillaud.*

GAUTRET, Jules: Unicognac

GAY (Jean-Claude)
Les Maines, N.v.
Ste-Lheurine
17520 Archiac
46 49 13 36
Petite Champagne
★★★ / *VSOP* (7 Jahre) / *Napoléon* (15 Jahre)

N. V. GEENS Benelux S. A.
94, Leuvensestr.
B 3220 Aarschot (Belgien)
(16) 56 83 51
Besitzt bzw. vertreibt Cognac *La Grande Bruyère* (s.d.) und *Rolet* (s.d.)

GEFFARD (Henri)
La Chambre, S (D 418 v. Verrières
16130 Segonzac
45 83 74 90
Grande Champagne
★ ★ ★ (6 Jahre)/ *VSOP* (8 Jahre)/ *Vieille Réserve* (10 Jahre)

GÉNÉRAL DE MONTRANDY: Prunier

F. GEOFFREY & FILS: Château Paulet

GEO ROLAND: Gautier/Aigre

GEO SAUNIER: Rémy Martin

GÉRARD (V.H.): Camus

V. H. GERARD & Co (Jules Bertier): Marke der Louis Pistorius GmbH, 6653 Blieskastel (0 68 42) 20 94. Angeboten als ★ ★ ★ / *VSOP Napoléon.*

GERMAIN & CIE: Prunier

GERSAC: Confidentia

GERVAIS & CO: Gautier/Aigre

GESTRAUD (Pierre)
Chez Mouchet, NW v.
St.-Sulpice-de-Cognac
16370 Cherves-Richemont (rechts v. D 731 n. Burie)
45 83 84 15
Borderies
VSOP (8 Jahre)/ *Napoléon* (15 Jahre)/ *Hors d'Age* (30 Jahre)

GIBOIN (Michel)
L'Hermitage
16370 Cherves-Richemont
45 83 24 58
Borderies
(Schild an D 46 Cognac-Bréville, 6 km nach Cognac)
★ ★ ★ / *VSOP* (10 Jahre) / *Napoléon* (18 Jahre)

GIRARD: Gautier (Aigre)

GIRARDOT (Louis): Larsen

GIRAUD (Paul)
Bouteville, W (D 95) v.
16120 Châteauneuf-s-Charente
45 97 03 93
Grande Champagne
Cognacbetrieb seit 17. Jahrhundert
VSOP (6 Jahre) / *Napoléon* (12 Jahre) / *Vieille Réserve* (20 Jahre)
R. und J. Bühler, Wichheimer Str. 82, 5000 Köln, (02 21) 63 13 04

GODET (Frères)
1, rue du Duc
17003 La Rochelle
46 41 10 66, 41 43 76

Ursprünglich holländische Familie, seit Anfang des 17. Jahrhunderts in der Charente-Maritime im Weinbrand-Faßhandel tätig, seit 1838 in La Rochelle mit eigener Flaschenmarke. Bezieht von anderen Winzern und Produzenten, lagert erst die fertigen Mischungen. Das Haus handelt auch mit anderen Spirituosen und bezeichnet sich als «das größte von den kleinen» Cognac-Unternehmen. 65 % des Umsatzes im Export.
Godet-Qualitäten: ★ ★ ★ (3 Jahre) / *VSOP* (5 Jahre) / *Fine Champagne* (4 Jahre) / *VSOP Gastronome Fine Champ.* (7–8 Jahre) / *Napoléon* (15 Jahre) / *Extra Vieille Réserve Fine Champ.* (mehr als 40 Jahre) / *Extra Vieille* (Gr. Champ.) / *Cristal St. Louis* (Gr. Champ. von 1921, etwa 50 Faßjahre).
Weitere Handelsmarken: *Artaud de la Ferrière, Baron de Chastelard, Courtell & Co, Grace Dieu, Hivert Pellevoisin, Hautefort.*
Doornkaat AG, Neuer Weg 35, 2980 Norden, Tel. 0 49 31/18 50

GODINEAU (Pierre)
Boscamnant, NW v.
17360 St. Aigulin
46 04 82 06
Bons Bois
★ ★ ★ (4 Jahre)/ *VSOP* (7 Jahre)/ *Réserve* (10 Jahre)/ *Napoléon* (15 Jahre)

GOLDEN COGNAC (The): *FROMY*/ Cusenier

GOLDEN LION: Castillon-Renault

GOLVET (Robert)
Chez Gente
Juillac-le-Coq
16130 Segonzac
45 83 47 45
Grande Champagne
VSOP/ *Napoléon* (12 Jahre)

GOMBERT (Guy)
Chez Lunaud, O v.
Villars-les-Bois
17770 Brizambourg
46 94 93 17
Grenze *Fins Bois*/ *Borderies*
★ ★ ★/ *VSOP*/ *Napoléon*/ *Vieille Réserve*

GOULEBENEZE: Raymond Menager, 16130 Gensac La Pallue

Pierre Voisin (Cognac Gourmel) mit seinem Winzer und Destillateur Jean-Michel Bourgoin

LEOPOLD GOURMEL
(Pierre & Michèle Voisin)
BP 194
16106 Cognac
45 82 07 29, 3 76 60
Chais: La Couture
Gente (S v. Cognac)
Fins Bois
Junges Unternehmen eines enthusiastischen Technikers, der sich bemüht, den Erfahrungsschatz der Cognac-Spezialisten mit originellen Ideen des einfallsreichen erfahrenen Ingenieurs zu vereinigen und einen möglichst natürlichen Cognac herzustellen, ohne die vielfach übliche Kältebehandlung, mit einer eigens berechneten Filteranlage. Auch die Reduktion durch destilliertes Wasser, die den Cognac auf die normale Trinkstärke von mindestens 40 % herunterbringt, führt Voisin nach einem originellen Verfahren durch: während dem jungen hochprozentigen Cognac in den meisten Unternehmen das Wasser zugeführt wird, bzw. mit destilliertem Wasser verdünnter Cognac, reichert Voisin für die Hälfte des Volumens umgekehrt das Wasser mehr und mehr mit Cognac an (die andere Hälfte besteht aus „konventionell" verdünntem Cognac). Auch er erstreckt diese Operation über mehrere Jahre.
Voisin wird von zwei Winzern im Gebiet der Fins Bois beliefert. Seine Cognacs sind jeweils von einem Weinberg und Jahrgang. Die Qualitäten: *Age des Fleurs* 41 % (10 Faßjahre)/*Age des Epices* 43 % (13 Faßjahre)/*Quintessence*

43–44 % (18–20 Jahre). Außerdem *Cognac pour la Grande cuisine 58 %*. Trotz seiner Jugend (etwa zwei Jahrzehnte) hat das Unternehmen mit seinen ziemlich hellen Cognacs in der großen Gastronomie Fuß gefaßt. Von der Produktion von nur etwa 8000 Flaschen jährlich (Verdoppelung ist angestrebt) werden 80 % exportiert, hauptsächlich nach der Schweiz, Großbritannien, Bundesrepublik, Österreich und USA.
Bremer Weinkolleg
A. & H. Segnitz GmbH & Co,
Löwenhof 2, 2800 Bremen 1,
Tel. 04 21/38 80 07

GOURNAY & CO: Salignac

GOURRY (Eugène): AMAD

GOURRY (Gourry de Chadeville)
16130 Segonzac (Ortsausg., D 1 n. Lignières-Sonneville)
45 83 40 54
Grande Champagne
Familienbesitz seit 1619.
VSOP (5 Jahre)/*Napoléon* (10 Jahre)/*Très Vieux* (18 Jahre)
Weincontor Importgesellschaft mbH,
6940 Weinheim, Postfach 1864,
Tel. 0 62 04/7 70 31

GOUVERNEUR
Coopérative Vinicole de l'Ile de Ré
17580 Le Bois Plage en Ré
46 09 23 09
Bois Ordinaires
★ ★ ★/*VSOP*

GRACE DIEU: Godet

GRAILLY (Jacques de)
Le Goulet, NO v.
Thors
17160 Matha
46 58 56 01
Fins Bois
★ ★ ★/*VSOP/Napoléon*

GRAND CHAMBELLAN: Unicoop

GRAND CHADENNE (Sica)
(Compagnie des Vignerons et Bouilleurs de Cru de la Région délimitée du Cognac)
Grand Chadenne (zwischen) Péreuil u.
17250 Blanzac-Porcheresse
Fins Bois
45 64 08 29
★ ★ ★ (3 und mehr Jahre)/*Spécial 45 %* (5 und mehr Jahre) / *VSOP / Napoléon 41 % / Vieille Réserve 42 %*

GRAND CHEVALIER: Unicoop

GRAND COGNAC: Marke des französischen Tabakmonopols

GRAND CONNAISSEUR: Prunier

GRANDE BRUYERE (la)
Besitz und Cognac von N. V. Geens Benelux S.A. (s.d.)
★ ★ ★/*VSOP/Napoléon* ★ ★ ★ ★ ★

GRAND LIEU: Hardy

GRAND MONARQUE: Unicoop

GRAND RAYON: Marke der Rola Weinbrennerei, 8303 Niederhatzkofen

GRANDS CHAIS DE FRANCE, LES
(Joseph Helfrich)
8, rue des Prés
67330 Kirrwiller
88 70 78 09, 70 70 70
1979 gegründetes Wein- und Spirituosenunternehmen, dessen Erzeugnisse der elsässische Besitzer sowohl für die Luxusgastronomie als auch für die großen Ketten anbietet. Jährliche Cognacproduktion etwa 1,3 Millionen Flaschen einschließlich Faßware; keine eigene Rebfläche. 95 % der Produktion werden exportiert, hauptsächliche Auslandsmärkte: Japan, USA, Bundesrepublik, Holland, Österreich, Belgien.
Marken des Hauses: Comte Joseph: ★ ★ ★ – VS/VSOP/XO/*Extra* (Gr. CH., 20 Jahre)/*Paradis Royal* (Gr. Ch., 40–50 Jahre, wird nur in St.-Louis-Kristallkaraffe geliefert).
Weitere Handelsmarken: *Bon Voyage, Chanel* (Jean-Paul), *Cognaqueur, Sérac. Prince Laurent: VS/Napoléon* – Rudorfer Euroimport, Industriestraße, 5590 Cochem, Tel. 0 26 71/40 55;
Serac: *VS/VSOP Fine Champ./VSOP* – Gedelfi Großeinkauf, Kirchweg 2, 5000 Köln 40, Tel. 02 21/48 96
Monac: ★ ★ ★/*VSOP* – Kaufhof

LES GRANDES DISTILLERIES RÉUNIS: Castillon-Renault

GRANDIN (Henri): Berger

GRANDIER: Courvoisier

GRAND DUCAL MONOPOLE: Dupont (J. Cognet)

GRAND FINAGE: Croizet Eymard

GRAND MAITRE: Monnet

GRAND NAPOLÉON: Nicolas Napoléon

LE GRAND SIÈCLE: Royer

GRANERAU: Hardy

LA GRANGE Cognac: Rouyer Guillet

LA GRANGE DU BOIS
(Cartais Lamaure)
Bourg-Charente
16200 Jarnac
45 81 10 17
Fins Bois
Vieux Cognac / Hors d'Age (30 Jahre)

GRASHOFF
Contrescape 80
(am Plaza-Hotel)
2800 Bremen 1
(04 21) 1 47 49

Feinkosthaus mit großer Cognacauswahl, auch «early landed late bottled» mit Jahrgangsangaben, dazu Eigenmarken: *Grande Champagne* (8 Jahre) / *Grande Champagne très vieille* (ca. 18 Jahre)/*Vieille Fine Champagne,* Sonderabfüllungen von Croizet (s.d.), *Château du Plessis, Normandin-Mercier* u. a.

GRATEAUD (Maurice)
Le Maine Garnier, N v.
Chérac (oberhalb N 141 Cognac-Saintes)
17610 Chaniers
46 96 44 96
Borderies
★ ★ ★/*Vieille Réserve* (12 Jahre)/*Napoléon* (18 Jahre)

GRELLIER (André)
Courcerac (D 134 SW v.)
17160 Matha
46 25 03 40
Fins Bois
★ ★ ★/*VSOP/Napoléon*

GRENON (Jean-Marie)
Dompierre-sur-Charente (D 24 O v.)
17610 Chaniers
46 91 03 74
★ ★ ★ (5 Jahre)/*VSOP* (7 Jahre)/*Hors d'Age,* 45 % (20 Jahre) alle *Borderies*

GRÉVILLE & CO: Barriasson

GRILLON: Monnet

GROS (Félix): Salignac

GUELIN (J.H.): Dupont (J. Cognet)

GUELIN (Philippe)
GAEC de Ste Foy, NO (D 732)
Pérignac
17800 Pons
46 96 32 20
Petite Champagne
Vieille Réserve (10 Jahre) / *Très Vieille Réserve*

GUERBÉ (Jean & Co)
Logis de Puyguiller, (S v. Segonzac) und L'Echalotte, NW. v.
Juillac-le-Coq
16130 Segonzac
45 83 67 06
Grande Champagne
Logis (5 Jahre)/*Spécial* (7 Jahre)/*VSOP* (9 Jahre)/*Napoléon* (15 Jahre)/*Grande Réserve* (25 Jahre)
D. Gevaudan
Ziegelstr. 45
6750 Kaiserslautern
06 31/6 66 00 und 1 69 06

L. GUERIN BERNARD & CIE: Pascal Combeau/Gautier-Aigre

GUERIN Frères: Puy Gaudin

A. GUIBERT: Gautier/Aigre

GUICHARD (Claude)
Villars-les-Bois, SO über D 731 v.
17770 Brizambourg
46 94 92 82
Fins Bois
★ ★ ★/*VSOP*/*Réserve*

GUIET (Daniel)
Le Châtelet, S v.
Verrières
16130 Segonzac
45 83 75 08
Grande Champagne
VSOP (7 Jahre)/*Napoléon* (10 Jahre)/ *Vieille Réserve* (23 Jahre)

GUILLET: Rouyer Guillet

GUILLON-PAINTURAUD
(Jean-Pierre Guillon)
Biard, NW über D 49 v.
16130 Segonzac
45 83 41 95
Grande Champagne

VSOP (5 Jahre)/*Réserve* (10 Jahre)/ *Vieille Réserve* (20 Jahre)
Georg Schmidt, Ahler Grenzweg 74, 4980 Bünde 11, Tel. 0 52 23/6 15 21
B. Steinmetz GmbH, Gottesweg 165, 5000 Köln 41, Tel. 02 21/41 15 97

A. GUILLOT + Les petits fils de A. Guillot: Jean Dereix

GUILLOTEAU (Michel)
Les Bosses Champagnières
Les Métairies, NW v.
16200 Jarnac
45 81 12 18
Fins Bois
★ ★ ★ (8 Jahre)/*Napoléon* (15 Jahre)

GUIONNET (Bernard)
Gensac-la-Pallue, NW über D 49 v.
16130 Segonzac
45 35 93 52
Grande Champagne
VSOP (6 Jahre) / *Vieille Réserve* (12 Jahre)

GUY, Joseph: S.A. de la Vieille Cure de Cenon, Cenon/Gironde

GUY DE BERSAC
Domaine du Chillot N (D 90) v.
St. Preuil
16130 Segonzac
45 83 43 66
Dieser Cognac der Domaine du Chillot (s.d.) wurde Ende 1983 eingeführt, mit den Qualitäten *Fine Cognac* ★ ★ ★ / *VSOP* (5 Jahre) / *Napoléon* (10 Jahre) / *Grande Fine Champagne* (10 Jahre) / *Très Vieille Fine Cognac* (etwa 20 Jahre). *XO* für Japan.

GUY LABARDE & Co: Brugerolle

GUY MARAIS: Eigenmarke von Pabst & Richarz, früher Fa. Emil Magnus

HARD (Pierre)
Château de
17770 Brizambourg
46 94 37 15
Fins Bois

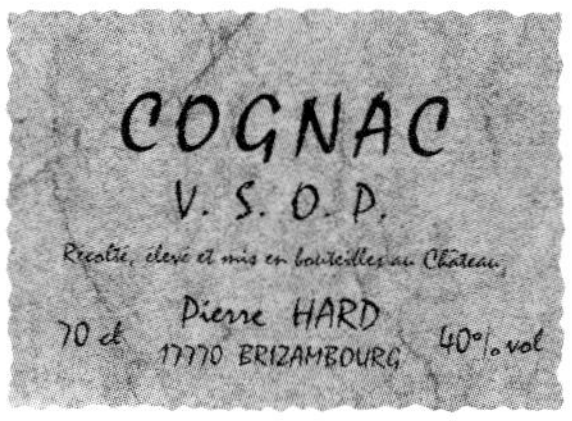

VSOP (12 Jahre)/*Napoléon Château de Brizambourg* (20 Jahre)

A. HARDY & Co
Rue basse de Crouin
16101 Cognac
45 82 59 55
Eines der großen unter den Cognac-Familienunternehmen; nach eigener Beschreibung «an der Spitze des zweiten Pelotons» hinter den Supergroßen. Vertreibt auch andere Spirituosen und Pineau nebst Brennweinen für deutsche Weinbrandfirmen. Cognacverkauf 1984 knapp 1,1 Millionen Flaschen; keine eigenen Rebflächen, aber drei Destillerien. Rund 44 % der Menge wurden exportiert; Hauptabnehmer im Ausland sind die USA und Kanada, gefolgt von der EG und Südostasien. Hardy etablierte vor einigen Jahren den Rekord für den «Teuersten Cognac der Welt» (aus lieferbarer Produktion). Ein uralter Bestand, den der Urgroßvater des heutigen Firmeninhabers gegen 1860 ins Faß gefüllt hatte, war in den dreißiger Jahren in «Bonbonnes» umgefüllt worden, hatte aber nach dem zweiten Weltkrieg noch einmal fast zwanzig Jahre im Faß verbracht (einem alten, kaum noch Tannin abgebenden). Unter dem Namen «Perfection» bot Hardy diesen Cognac dann in den USA für 3.750 Dollar an: dafür bekam der Kunde eine große Kristallkaraffe zusammen mit einem Originalbild des Malers Carzou; die Karaffe mit dem teuren Inhalt wurde im Cadillac angeliefert. Im ersten Schwung der Reklame fanden sich etwa 800 Abnehmer («fast 60 % des Geldes ging an den Zwischenhandel», sagt Jacques Hardy). Der heutige Preis ab Firma (sie trägt alle Versandkosten): etwa 30 000 Francs, also DM 10 000 (nachfragen).

Der teuerste Cognac der Welt (unter den lieferbaren)

Zu den Handelsmarken von Hardy gehören: *De Lancenac, L. Daniaud Fils, C. Lagier, Grand Lieu, Rastagnac, Angevin, Dumourier, Chandelac, Bertel, Henry Tytell & Fils, Arnoux, Ceres, Comte & Co, De Lachenaie, Douris, Etendard, La Rocheandrey, E. Lecomte, Messiré, Tournell.*

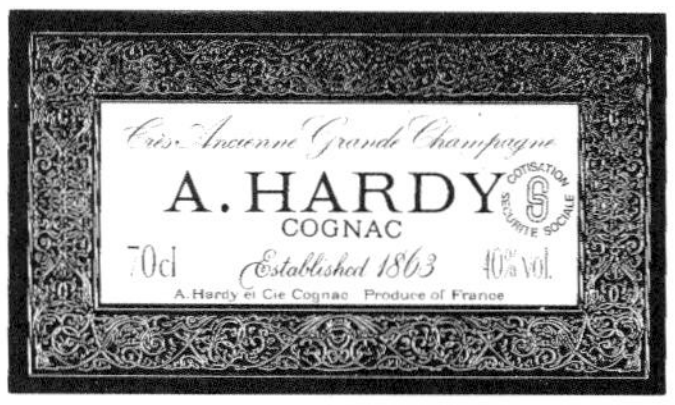

Die Hardy-Qualitäten: ★ ★ ★ (3 Jahre), auch als *«Red Corner»* / *VSOP* (4 Jahre)/ *Napoléon* (6 Jahre) / *VSOP Fine Champagne* (5–7 Jahre)/ *Noces d'Argent* (25 Jahre) / *XO* / *Noces d'Or* (50 Jahre) / *Extra* / *Réserve de la famille* 42 % (mehr als 50 Jahre) / *Crystal Diamond* (i. Karaffe) (über 70 Jahre)/ *Perfection* (ca. 90 Jahre)
Veuve Cliquot Import GmbH,
Taunusstraße 21, 6200 Wiesbaden,
Tel. 0 61 21/52 10 11

HARRIER: Comandon/Hine

HARRODS Ltd.
Knightsbridge
London SW1X 7XL
(1) 7 30 12 34
Das berühmte Londoner Warenhaus mit seiner gewaltigen Feinkostabteilung bietet neben einer interessanten Auswahl bekannter Cognac-Marken auch seine Eigenmarke *«Harrods», die es von* CHÂTEAU PAULET (s.d.) bezieht: *VSOP/Napoléon Extra Très Vieille Fine Champagne / Vieille Réserve Fine Champagne.* Von Château Paulet führt Harrods zwei in Frankreich nicht erhältliche Abfüllungen: *Sélection Paradis 1895* und *Sélection Paradis Fins Bois 1904.*

HART (Raymond)
Thors S v.
17160 Matha
46 58 74 54
Fins Bois
★ ★ ★/*Vieux Cognac* (10 Jahre)

HARVEYS (John Harvey & Sons Ltd)
Harvey House, Whitchurch Lane
Bristol BS99 7JE
(272) 83 61 61 (f. orders). Geschäfte:
12 Denmark Street, Bristol,
27 Pall Mall, London SW 1
Dieses Weinhaus führt seit jeher Cognac-Eigenmarken: *Fine Champagne/ Liqueur Cognac Grande Champagne/ Petite Champagne 1955,* bottled 1980/ *Fins Bois 1961,* bottled 1982, und jüngere.

HAUTEFORT: Godet. Eckes-Import, Bahnstr. 6, 6501 Nieder-Olm, Tel. 0 61 36/3 51

HEDIARD
5, rue Jules Ferry
92400 Courbevoie b. Paris
4 7 88 62 62
Die Luxusfeinkost-Kette, die im Sommer 1985 vom britischen Guinness-Konzern übernommen wurde, bietet in ihren rund 300 Geschäften (in Paris z. B. 21 place Madeleine, Einkaufszentren Rosny 2, Parly 2 u.v.a.) auch eigenen Cognac an: *VSOP/Très Vieux Cognac (Gr. Ch.) / Très Vieille Fine Champagne / Grande Champagne Napoléon / Grande Champagne Vieille Réserve Hédiard.* Interfood GmbH, Dürener Str. 223, 5000 Köln 41, Tel. 02 21/40 64 59 und Schießstättstr. 29, 8000 München 2, Tel. 0 89/5 02 40 56

HEDOUARD (Jules): Briand & Co

HEIMERDINGER Import GmbH
Am Stadtrand 50–56
2000 Hamburg 70
0 40/6 93 80 25
Setzt die Tradition des früheren Feinkosthauses im Hamburger Zentrum fort, mit sehr alten Cognacs zu handeln.

JA^S HENNESSY & CO
1, rue de la Richonne
16100 Cognac
45 82 52 22
(Gruppe *MOËT-HENNESSY*, 30 Avenue Hoche, Paris VIII, (1) 5 63 01 01). Die seit 1984 größte Cognac-Firma, eine der ältesten (gegründet 1765) und eine der sehr wenigen, deren Aktien an der Börse gehandelt werden, die also ziemlich freimütig über ihren Geschäftsgang

Maurice Hennessy, Chef des Hauses von 1928 bis 1966, dann Ehrenpräsident

Der Probenraum von Hennessy

Auskunft gibt. Zunächst hatten die Hennessys (der Gründer, Richard Hennessy, kam aus Irland) ein allgemeines Handelshaus betrieben – Spirituosen und Wein, aber auch Getreide, Gewürze, Felle, Kolonialwaren. Die Spezialisierung kam erst einige Jahrzehnte später. Heute bezeichnen die Hennessys ihren Vorrat alter Cognacs als den größten der Welt. In ihren Lagern liegt ein Cognacbestand, der 100 Millionen Flaschen entspricht. Sie besitzen rund 250 Hektar Rebfläche und kaufen von mehr als 2000 Produzenten und Winzern dazu, von ihren Aufträgen leben etwa 30 Destillerien (die Firma besitzt drei eigene). 1984 verkaufte Hennessy etwa 24,5 Millionen Flaschen Cognac. Von dieser Menge wurden 97 % exportiert. Seit der Fusion mit der Champagnergruppe *MOËT & CHANDON* (1970) bemüht sich Hennessy besonders aggressiv um den amerikanischen Markt, seit 1983 auch verstärkt um den deutschen. Die wichtigsten Auslandskunden für Hennessy: USA (35 %), Japan, Großbritannien, Irland, Bundesrepublik, Hongkong, Malaysia, Singapur, Thailand. Am Gesamtverkauf hat der *VS* (★★★) mit 70 % den höchsten Anteil (im Export 69 %), dann kommt der *VSOP* mit 23 %. Unter anderen Marken vertreibt Hennessy auch Weinbrand und Pineau nebst anderen Spirituosen. Eine Tochtergesellschaft, die ebenfalls Cognac herstellt, ist *PELLISSON* (s.d.)
In der Bundesrepublik hat Hennessy 1984 1,15 Millionen Flaschen verkauft. Hennessy-Qualitäten: *VS* (★★★, 4 Jahre) / *VSOP Fine Champ.* (12 Jahre) / *Bras d'Or Napoléon* (25 Jahre) / *Cuvee Supérieure-Privilège / Bras d'Or Napoléon* (25 Jahre) / *Bibliothèque* (Napoléon in Karaffe) / *XO* (fast 50 Jahre) / *Paradis* (mehr als 50 Jahre) / *No. 1* (noch älter). Da und dort noch zu finden: *Extra* (mehr als 50 Jahre), dessen Produktion vor einigen Jahren eingestellt wurde. Verschiedene Sonderanfertigungen für Prominente, z. B. für Paul Bocuse, Eddie Barclay.
Chandon Handelsgesellschaft mbH, St.-Anna-Platz 2, 8000 München 22, Tel. 0 89/22 73 31

Onkel Maurice prüft, was Neffe Yann Fillioux zurechtmacht – sechste und siebente Generation einer ungebrochenen Familientradition als Maîtres de Chai bei Hennessy

HENRI DE BRIERE: Puy Gaudin

HERAUD
St. André de Lidon
17260 Gemozac
46 94 28 01
Bons Bois
★★★/*Napoléon Fine Champagne/ Hors d'Age* (ca. 12 Jahre)

HERIARD-DUBREUIL (Jacques)
Logis de Germeville
Oradour
16140 Aigre
45 21 31 39
Fins Bois
Bruder des Ehemannes der Rémy Martin-Mehrheitsaktionärin; kein geschäftlicher Zusammenhang. *Réserve du Logis 42 %* (12 Jahre / *Très Vieille Réserve du Logis 42 %* (25 Jahre)

R. & J. Bühler, Wichheimer Str. 82
5000 Köln 80 (02 21) 63 13 04

HERISSON: Intermarque S.A., rue Emile Zola, Cenon/Gironde

HERMELLE
Gourry (Pierre), Mme Monique Hermelle, SW v.
Lignières-Sonneville
16130 Segonzac
45 83 50 47
Grande Champagne
«Cognac Hermelle» (4 Jahre)

HERVE DE LA HORSE: Bache-Gabrielsen

HILLAIREAU (Jean)
La Pinelle, SW v.
Haimps, W v.
17160 Matha
46 26 64 82
Fins Bois
★★★ (Im VSOP-Alter)

HINE S.A.
16, Quay de l'Orangerie
16200 Jarnac
45 81 11 38
Mittleres Haus, gegründet 1763, mit Tradition als Produzent höherer Qualitäten. Die Nachfahren des englischen

Cognacprobe bei Hine: Brian Thompson, Bernard Hine (mit Schnurrbart), einige ihrer Referenzflaschen

Gründers sind noch in der Geschäftsleitung, das Unternehmen gehörte lange zur britischen Distillers Company. Um deren Übernahme bemühten sich Anfang 1986 die Lebensmittelgruppe Argyll und der Brauereiriese Guiness; Guiness schien die größeren Chancen zu haben, aber bei Abschluß dieses Buches war es nicht entschieden. Hine bezieht seine Grundweine von etwa 300 Winzern in den Lagen Grande und Petite Champagne und Fins Bois und verkauft jährlich in der Größenordnung von 2,4 bis 2,5 Millionen Flaschen. Zur Gruppe gehören auch die Cognacmarken *DENIS-MOUNIÉ* (s.d.) mit rund 700 000 und *COMANDON* (s.d.) mit 300 000 – 350 000 Flaschen, nebst der Firma *GUY GAUTIER* (s.d.).

Eine der Handelsmarken ist *Foucauld-Lechantre*.
Hine exportiert 97% der Produktion. Es gehört zu den wenigen Häusern, die das Hauptgeschäft mit älteren Qualitäten machen (★★★ kommt nur für 35% auf). Traditionell bester Markt: Großbritannien, gefolgt von Fernost und den USA. Angeboten werden: *Fins Bois* / ★★★ *de Luxe oder VS*, auch als *«Signature» Fine Cognac* ★★★/ *VSOP Fine Champagne* / *Napoléon* (auch in Kristallkaraffe oder Porzellan in Form des Arc de Triomphe) / *Antique* (Fine Champ., 20–25 Jahre) / *XO* / *Old Vintage* (30 Jahre Gr. Ch.) / *Triomphe* (Gr. Ch., ca. 40 Jahre)/ *Family Reserve* (44 oder 45% Gr. Ch., ca. 45 Jahre, *Cognac von 1922;* nach Ausverkauf 1924). Sonderanfertigungen, z. B. für Troisgros (s.d.) und Faßlieferungen nach England, die dort spät abgefüllt werden («early landed late bottled»).
Charles Hosie GmbH, Spitaler Str. 16, Hamburg 1, Tel. 0 40/33 95 00

HIRAM WALKER
Zu diesem kanadischen Konzern gehören die Cognacfirmen Courvoisier (s.d.) und Salignac (s.d.), dazu die Spirituosen- und Weinfirma Curlier Frères (s.d.). Weitere Handelsmarke: Loubert.

HIVERT PELLEVOISIN: Godet

HOSMAN FRERES (Auberge)
Korte Dam 8–10
3111 BG Schiedam (am Rand Rotterdams)
00 31 10–26 40 96
Sehr gutes Restaurant mit außerordentlicher Auswahl alter Cognacs,
s. S. 104 ff.

L. HUBERT: A.E. Dor

CH. HUVET & CO: Salignac

IBIS: Larsen

IRIS: Larsen

ISARD FRÈRES ET NEVEUX: Gautier/ Aigre

ISIS: Larsen

JACQUELIN: G. Courant/CCG

JANNERY (Jules): Castillon-Renault

JARRAUD (Albert): A. E. Dor

JAY: Cojay

JEAN MERIGOT: Guy Clair

JÉRÔME: Briand & Co

JOBET (Pierre)
Macqueville, S (D 133) v.
17490 Beauvais-sur-Matha
46 26 61 16
Fins Bois
★★★ (5 Jahre)/*VSOP* (10 Jahre)/*Très Vieille Réserve* (15 Jahre)

JOBET (René)
Macqueville
17490 Beauvais-sur-Matha
46 26 64 11
Fins Bois
★★★/*VSOP*/*Vieux Cognac, Réserve de la Propriété*

JOBIT: Font-Borne

Nach Fisch schmeckt mancher Cognac besser ▷

JOLY (Dominique)
Chez Virton, SW v.
Arthenac
17520 Archiac
46 49 14 14
Petite Champagne
★ ★ ★ (4 Jahre)/*VSOP* (ca. 8 Jahre)
Die Französische Weinbotschaft,
6501 Nieder-Olm, Tel. 0 61 36/28 36

JOLY (Henri)
Chez Taule, S v.
Arthenac
17520 Archiac
46 49 10 02
Petite Champagne
★ ★ ★ / *VSOP* / *Vieille Réserve* (15 Jahre) / *Hors d'Age* (jüngster 15, ältester 60 Jahre)

JOUBERT: Latour

JOUSSON (Jean), auch
CHATEAU JOUSSON (Guy Duran)
Le Bois d'Angeac, NW v.
Angeac-Champagne
16130 Segonzac
45 83 73 90
Grande Champagne
Hauptsächlich Destillateur für *RÉMY MARTIN*, produziert jedoch in kleinen Mengen alte Cognacs: *Extra* (15 Jahre)/ *Réserve des Ancêtres* (30 Jahre)/*Sélection des Ancêtres* (50 Jahre)

JULES BELLERY: Royer

JULES GAUJON: Unicognac

JULES GAUTRET: Unicognac

JULLIARD (Pierre)
Pérignac (neb. d. Kirche) N v.
17800 Pons
46 46 30 42
Petite Champagne
VSOP (6 Jahre)/*Réserve* (12 Jahre)

JULLIEN (André)
Roissac, NO v.
Angeac-Champagne
16130 Segonzac
45 83 74 86
Grande Champagne
VSOP/XO/VXO
auch: *Logis de la Mothe* (s.d.)

JUSTERINI & BROOKS
61, St. James's Street
London SW 1
(1) 4 93 87 21
Weinhaus mit Cognac-Eigenmarke und mit «early landed late bottled», darunter *Hine 1960, Hennessy 1959.*
Filiale in Edinburg: 39, George Street, (31) 2 26 42 02

JUTTAUD (Dominique)
Durand,
Montpellier-de-Médillan, NW v.
17260 Gemozac
46 90 71 10
Bons Bois
★ ★ ★/*VSOP*

KADEWE
Tauentzienstraße 21–24,
1000 Berlin 30, Tel. 0 30/24 01 71:
In der Spirituosenabteilung eine Auswahl sehr alter Jahrgangscognacs.

LABARDE (Guy): Brugerolle

LA CLAIE: Eigenmarke des Apéritif- und Spirituosen-Unternehmens Clacquesin S. A., 18, Avenue du Maréchal Leclerc, 92240 Malakoff bei Paris, 46 55 55 55

LACROUX: Château Paulet

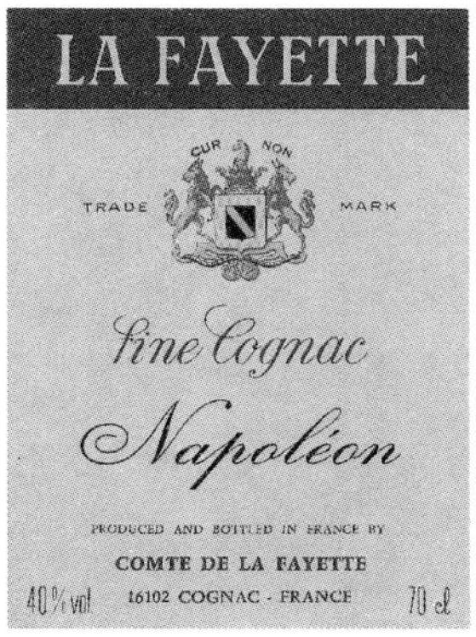

LA FAYETTE (Comte de): Unicoop.
★ ★ ★ / *VSOP Fine Champagne / Napoléon*
Weinhandelskontor KG,
Rosenstraße 27, 7000 Stuttgart 1,
Tel. 07 11/24 01 48

LAFITE ROTHSCHILD
Cognac Très Vieille Réserve 40,5 %
Selectionné par Lafite Rothschild
Cognac der Luxusklasse
A. Segnitz & Co
Löwenhof 2
2800 Bremen 1
04 21/38 80 07
Einen *1878 «J. J. Mortier Lafite Rothschild»* fanden wir in der Auberge Hosman Frères (Schiedam, Holland).

LA FLAMBEE: Brugerolle

LAFONT & CO: Royer

LAFONT (J.): CCG

LAFONTAINE: Courvoisier

C. LAGIER & CO: Hardy

LA GRANGE und LAGRANGE: Rouyer Guillet. Siehe auch Gaston de Lagrange.

LAINÉ: Compagnie Commerciale de Guyenne
★ ★ ★ / *Fine Champagne VSOP*
Gstöttl GmbH
Vogelbeerenweg 34
8011 Kirchheim
0 89/9 03 17 11

LAITERIE COOPERATIVE STE.ANNE, CLAIX: Château St. Georges

LA JASSERIE: Unicoop

LA MARTINIQUAISE
18, rue de l'Entrepôt
94220 Charenton bei Paris
43 75 92 34
Das Spirituosenhaus, bekannter für Rum, vertreibt auch Cognac anderer Produzenten als Eigenmarke, z. B. *BERTEL und COURCEL*

LAMBERT COGNAC: s. *GAEC* du Ferry

LA MOTTE: Dupuy

LANCREY: Henri Mounier/Unicoop

LANDIER (Rémi & Fils)
(G.A.E.C. du Domaine du Carrefour)
Chais des Pères, W v. Cors, D 66, NO v.
Foussignac
16200 Jarnac
45 81 14 52
Fins Bois
Jährlich etwa 21 000 Flaschen. ★ ★ ★/ *VSOP/Napoléon/Spécial Gastronomie*

LANDREAU (Paul + Daniel)
Beaumont, S v.
Criteuil-la-Magdeleine
16300 Barbezieux-St.-Hilaire
45 83 54 25
Grande Champagne
VSOP (5 Jahre)/*Réserve* (15 Jahre)/ *Vieille Réserve* (40 Jahre)

LANDREAU, Pierre: Logis de Montifaud

LANDREAU-MAURIN
Domaine de Guignefolle
Verdille
16140 Aigre
45 21 39 96
Fins Bois
Ca. 115 000 Flaschen im Jahr. Exportiert 40 %, vor allem nach Benelux ★ ★ ★ (3 Jahre) / *VSOP* (6 Jahre) / *Hors d'Age* (17 Jahre)

LANDRY
Domaine de Beaulieu
Germignac
17520 Archiac
46 49 13 67
Petite Champagne
Hors d'Age (15 Jahre)

LANQUIER (E.): A.M.A.D.

R. & B. LANXNER
Cronor Intercontinental Cie
104–6, rue d'Aershot
B 1030 Brüssel
Tel. 2 14 01 22
Belgisches Unternehmen, das in Zusammenarbeit mit Staub & Cie (s.d.) einen koscheren Cognac vermarktet, den Staub & Cie herstellt. Der Cognac Lanxner wird unter strenger jüdisch-religiöser Überwachung hergestellt; in allen Stadien der Produktion, von der Weinlese an, sind jüdische Kräfte tätig. (Strenggläubigen Juden war Cognac bis zur Einführung dieses Produktes im Jahre 1983 nicht zugänglich).
★ ★ ★/*VSOP/Napoléon Fine Champagne*

LAPEYRAC: R. Cogranne/Curlier

LAPLENNE: Gautier/Aigre

LAPOIRE (F.): Rouyer Guillet

LAROCHE: Pernod Ricard/Bisquit

LA ROCHEANDREY: Hardy

LARSEN
54, Boulevard de Paris
16102 Cognac
45 82 05 88
Gegründet 1926 von einem unternehmungslustigen Norweger, der einige Jahre bei Prunier (s.d.) gearbeitet hatte. Das Haus verarbeitet die Produktion anderer Winzer und exportiert 95 % seines Cognacs, hauptsächlich nach Fernost (Japan, Südkorea, Taiwan), Norwegen und Nordamerika. Nach eigenen Angaben hatte es Mitte der siebziger Jahre einen Platz unter den zehn größten Cognacexporteuren erreicht; neue Zahlen liegen nicht vor.
Qualitäten: Spécial (★ ★ ★, 3 Jahre)/ *VSOP* (5 Jahre)/*Très Vieux, Fine Champ* (5 Jahre)/*Napoléon* (8 Jahre)/ *Extra* (mehr als 35 Jahre). Larsen bietet eine Flasche in Form des Segelschiffes «Drakkar l'Invincible» (Glas oder Porzellan), in der größten Ausführung 35 Liter. Weitere Handelsmarken: Louis Dellys: ★ ★ ★ / *VSOP / Napoléon / Extra*;
De Guyon, Petite Champagne (für Les Fils de Marcel Quancard): ★ ★ ★ / *VSOP / Napoléon / XO*. Ferner: *Berton-Chevallier, De Chassor, Ducauzé, Fradet Napoléon Brandy, Girardot, Ibis, Iris, Isis, Jean Pagel, Pouchet Frères, Viking Brandy.*
Calvet & Co GmbH, Schloßstr. 65, 4000 Düsseldorf 30, Tel. 02 11/48 40 96; Tax free shops: Tuxedo GmbH (TUMAS), Anton Ree Weg, 2000 Hamburg 26, Tel. 0 40/2 51 61 01

LASCAUX (Maurice)
Logis du Renfermis, N v.
16720 St.-Même-les-Carrières
45 81 90 48
Grande Champagne
VSOP (6 Jahre)

F. LATOUR & CO
(S.A.R.L. Cognac Beausoleil, F. Guignard)
34, rue de Segonzac
16104 Cognac
45 32 10 25
Das Haus kaufte seine Brennweine bei anderen Produzenten. Die Produktion wurde zu 80 % exportiert, Hauptabnehmer: Großbritannien, DDR, USA. Angeboten werden ★ ★ ★ (3 Jahre)/*Fine Champagne/VSOP Napoléon* (6 Jahre)/ *Extra* (Gr. Ch., 15 Jahre). Weitere Handelsmarken: Henri Joubert (VS), Deltour, Bernard Renaud.
Im Sommer 1984 meldete die Firma Konkurs an. Sie wurde von der CCG (s.d.) übernommen.

LATOURNEL: Denis-Mounié

LATRÈBE: Royer

LAURAINE
(Mme Josse-Bouffandeau),
La Grelauderie
17100 Saintes (Straße nach Chaniers, nach dem Lycée Technique Bernard Palissy rechts dem Pfeil «Ramet» folgen)
46 92 10 22
Fins Bois + Borderies
VSOP (14 Jahre) / *Vieille Réserve* (etwa 60 Jahre)

LAURENT: Henri Mounier/Unicoop

LAVAL (Henri) + *AUBINAUD* (Louis)
Mons, SW v.
16140 Aigre
45 96 12 02
Fins Bois
★ ★ ★/*VSOP*

LAVAL (Jean)
Rue du Maine Frapin
16130 Segonzac
45 83 40 38
Grande Champagne
VSOP (7 Jahre/*Napoléon* (13 Jahre)/ *Très Vieille Réserve* (50 Jahre)

LAVENAT (Bernard)
Chéville, NO v.
Bassac, NW v.
16120 Châteauneuf-sur-Charente
45 81 93 30, 81 94 64
Fins Bois
★ ★ ★ (5 Jahre / *VSOP* (8 Jahre) / *Napoléon* (15 Jahre) / *Vieille Réserve* (mehr als 40 Jahre)

LAVIGNE (Robert)
La Motte
Ambleville
16300 Barbezieux-St.-Hilaire
45 83 54 59
Grande Champagne
VSOP/Réserve Familiale (ca. 20 Jahre)

LAVOISIER: Brugerolle

LE BLANC (J.): Calvet

Sonntag in Cognac ▷

G.A.E.C. LE CLOS
(Marc Joumier)
Puybollier, N v.
Echallat, S (D 14) v.
16170 Rouillac
45 96 72 68
Fins Bois
★ ★ ★ (7 Jahre)/ *VSOP* (13 Jahre)/ *Vieille Réserve* (20 Jahre)

LECOMTE (E.): Hardy

G. LECOMTE & CO: Bache-Gabrielsen

LE DUC (Pierre): Royer

LEFRANC (Jules): Rouyer Guillet

LEGIER (Elisée): Logis de Barbe

LE MAY: Unicoop

LEROY & CO (Jean): Brugerolle

LES CELLIERS DU TROPIQUE
(Distillerie Charlemagne, Jean-Claude Bouyer)
rue du Tropic
16000 Angoulême
45 95 02 77 (Dist.) 81 76 57 Bouyer
★ ★ ★ (Fins Bois) / *Vieille Réserve VSOP* (Fins Bois) / *Grande Fine Champagne* (10 Jahre)

LESCURE: Château St.-Georges

LES FILS DE MARCEL QUANCARD: Quancard

LESPINAT: Pernod Ricard

LES PLASSONS
Faillon (Jean Marie)
Bors de Montmorau, SO v.
16190 Montmoreau-St. Cybard
45 60 34 32
Bons Bois
Sélection (5 Jahre)/ *VSOP* (10 Jahre)

LE TANNEUR: Royer

LEYRAT, Edgard
Domaine de Chez Maillard, SW v.
16440 Claix-Blanzac
45 66 35 72
Fins Bois

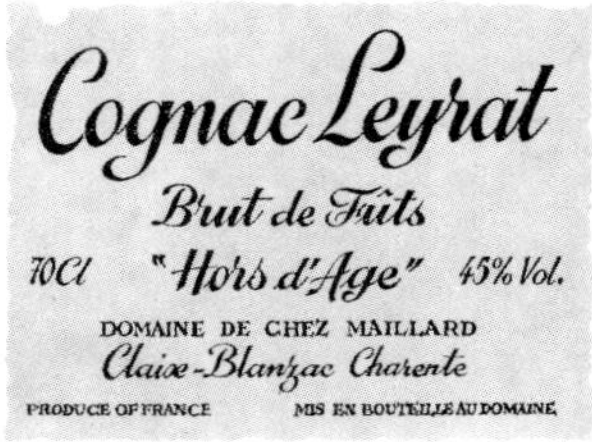

50 ha, die jährliche Ernte würde etwa 100 000 Flaschen ergeben. Mit den Spitzenqualitäten gut eingeführt in der großen Gastronomie Frankreichs.
Leyrat-Angebot: ★ ★ ★ / *Fine Cognac/ VSOP/ Napoléon* 42 % / *Vieille Réserve* 42 % / *Brut de Futs* 43 % bis 45 % / *Très Vieille Réserve, Sélection E. Leyrat*
Leyrat gehört auch die Marke Engrand Sazerac de Forge (s.d.)

LHERAUD (Guy)
Domaine de Lasdoux, SW v.
Angeac-Charente
16120 Châteauneuf-sur-Charente
45 97 12 33
Petite Champagne
Ca. 140 000 Flaschen im Jahr. ★ ★ ★ / *VSOP / Réserve du Templier 42 % / Vieille Réserve 43 %* (15 Jahre) / *Cognac Spécial Cuisine 50 %*

LHERITAUD (James)
Rouchave (N.D 146, v.)
Echebrune
17800 Pons
Zu finden im Gîte Rural
46 96 44 49
Petite Champagne
★ ★ ★ (4 Jahre) / *VSOP* (8 Jahre)

LIANDRY: Falandy-Liandry

LICHINE & CO (Alexis)
109, rue Achard
33300 Bordeaux
56 50 84 85
Gehört zum britischen Konzern Bass Charrington. Das Haus (überwiegend Weinhandel) hat noch winzige Reste eines alten Cognacbestandes «Grande Champagne – Private Stock of Alexis Lichine, 42 %», von dem es freilich nur selten, meist als Geschenk für Geschäftsfreunde, etwas hergibt.

LISIÈRES: Brugerolle

LOGIS DE L'AJASSON
(Yves Fillioux-Michel)
L'Ajasson, NW v.
Eraville
16120 Châteauneuf-sur-Charente
45 97 08 55
Grande Champagne

Médaillon (★ ★ ★) / *Réserve* (4 Jahre) / *Vieille Réserve* (12 Jahre)
E. Dycke, Trautweinstr. 14,
8000 München 70, Tel. 0 89/7 14 11 42

LOGIS DE BARBE
(Elysée Légier)
Logis de Barbe, W v.
Criteuil-la-Magdeleine
16300 Barbezieux-St.-Hilaire
45 53 54 22
Grande Champagne
VSOP (6 Jahre)/ *Hors d'Age* (15 Jahre)
Stecher & Krahn
Parkstr. 31
4000 Düsseldorf 30
02 11/49 20 95
Les Vignerons Français
Klosterstraße 2
4054 Jüchen-Damm
0 21 82/40 38

LOGIS DE BEAULIEU
St. Laurent-de-Cognac
45 82 30 50
Etwa 6 km von Cognac landschaftlich reizvoll gelegenes Hotel mit Restaurant, das eine große Cognac-Auswahl bietet: gute Auftaktprobe für diejenigen, die dann dort übernachten können.

LOGIS DE BONNEFORT: Unicoop

LOGIS DU COUDRET: (Veuve) *BARON* & Fils

LOGIS DE MARVILLE
(Marcel Boulinaud)
Alte Cognac-Marke der Familie Boulinaud, früher in Gente (südlich Cognac), die den Handel mit eigener Abfüllung vor einigen Jahren aufgegeben hat und nur noch Faßware an große Häuser wie Rémy Martin liefert. Interessante alte Bestände sind aber noch vorhanden. Edouard Boulinaud findet man im Getränkehandel «Le Chemin des Vignes», 24 Avenue de Barbezieux, Châteaubernard (am Rand von Cognac); Tel. 45 82 17 15.
Von Logis de Marville gibt es noch einiges im Pariser Drei-Sterne-Restaurant «Taillevent»: die Grande Champagne-Abfüllungen 1860, 1906 und 1917.

LOGIS DE LA MONTAGNE
(Paul Bonnin & Cie)
La Montagne, SW v.
Challignac, SO v.
16300 Barbezieux-St.-Hilaire
45 78 55 65, 78 52 71
Fins Bois

★ ★ ★ (4 Jahre) / *VSOP* (8 Jahre) / *Vieille Réserve* (15 Jahre) / *Hors d'age* (20 Jahre) / «Sante-Montagne» zum Mischen.
De Castelbajac, Mühlstr. 66, 6900 Heidelberg, Tel. 0 62 21/47 20 02

LOGIS DE MONTIFAUD
(Landreau, Pierre)
Montifaud
Salles d'Angles
16130 Segonzac
45 83 71 26
Grande + Petite Champagne
★ ★ ★ (7 Jahre) / *Réserve* (15 Jahre) / *Vieux Cognac* (50 Jahre)

André Jullien, Produzent aus der Grande Champagne (S. 170 und Logis de la Mothe)

LOGIS DE LA MOTHE
(Mme Armand Jullien)
Criteuil-sur-Charente
16300 Barbezieux
45 83 54 02
Grande Champagne
Familienbetrieb, 23 ha, lange gemeinsam mit A. Jullien, Roissac (s.d.), aber getrennte Marken. ★ ★ ★ / *VSOP / XO*
45 %

LOQUESSY & FILS (P.): Croizet Eymard

LOREL & CIE (Jules): Gautier/Aigre

LORMIN (J.)
Domaine des Forges
Chermignac
17460 Thenac
46 92 64 30
Lage in Fins Bois, aber Produktion nur Grande Champagne, hauptsächlich für große Gastronomie.
XO / Extra / Réserve Exceptionnelle
Georg Schmidt
Ahler Grenzweg 74
4980 Bünde 11
0 52 23/6 15 21

LORMONT: Berger

P. LOTI & CIE: Brugerolle

LOUBERT: Hiram Walker

LOUIS BARON: Prunier

LOUIS DELLYS: Larsen

LOUIS D'OR: Augier

LOURSSON NAPOLEON BRANDY: Croizet Eymard

LUC & CO: Castillon-Renault

LUCAS Frères
Mailleberchie, S v.
16320 Villebois-Lavalette
45 64 97 09
Fins Bois
★ ★ ★ / *VSOP / Napoléon / Hors d'Age / Très Grande Fine Cognac*

LYCEE AGRICOLE DE L'OISELLERIE
16400 La Couronne (zwischen Angoulême und La Couronne Richtung Bordeaux, rechts von der N 10, ausgeschildert
45 67 10 04
Fins Bois
VSOP

LYON (J.) & CO: Royer

MAGNIER (A.): Leyrat/Engrand

MAILLEBERCHIE: Lucas Frères

MAINE BRUN: DOMAINE du Maine Brun

MAISON DE LA TRUFFE
19, place de la Madeleine
Paris VIII
4 2 65 53 22
Luxus-Feinkosthaus, in dem man auch Funde alter, anderswo nicht mehr erhältlicher Cognacs machen kann.

MAJOR: Brugerolle

MAJOS: Brugerolle

MALBEC (Raymond)
La Roulerie, SO v.
Le Douhet, NO v.
17100 Saintes
46 74 20 83
Fins Bois
★ ★ ★ (4 Jahre) / *VSOP* (9 Jahre) / *Vieille Réserve* (19 Jahre)

MALLEGER (Jean)
GAEC du Maine Pannetier, S.v.
Moulidars (S N 141 Jarnac-Angoulême)
45 96 91 45
Fins Bois
★ ★ ★ / *VSOP*

J. P. MALLET: Unicoop

MANDRIN (Louis)
SARL du Cep d'Or
Les Aireaux, SO v.
Graves
16120 Châteauneuf
45 97 05 67 + 45 97 05 45
Petite Champagne
Gruppe junger Winzer, die seit kurzem ihre eigene Marke produzieren, in den Qualitäten *Sélection* (★ ★ ★) / *VSOP / Vieille Réserve / Hors d'Age* (aus Bränden von 1928, 1944–46 und 1956). Handelsmarke für USA: *Beaugentry (VS / VSOP / Napoléon).*

MARCADIER (Marcel)
Le Pible, SO v.
16130 Segonzac
45 83 41 18
Grande Champagne
★ ★ ★ / *VSOP* (8 Jahre) / *Napoléon* (12 Jahre) / *Vieille Réserve* (18 Jahre)

R. & G. MARCHIVE
Logis de Scée
Vars, S v.
16330 St.-Amant-de-Boixe
45 95 87 86
Fins Bois
★ ★ ★ / *VSOP / Napoléon* (10 Jahre) / *Très Vieille Réserve* (25 Jahre) / Très Vieille Réserve 45 %

MARETT
Marke der *AMAD* (s.d.), ursprünglich eigenständiges Unternehmen, gegr. 1822, im wesentlichen Grande und Petite Champagne.
Angebot: *VS / VSOP / Napoléon / Ambassade XO / Age Inconnu* (in Baccarat-Karaffe).

MARGUERITE DE LUZE
Blanchard-Dignac
1 rue de l'Université
75007 Paris
42 21 47 70

MARIANNE: Taillefer

MARJOLAIS: Quancard

MARLIVE (Charles): Prunier

MARMITON: Royer (als gesalzener und gepfefferter Cognac!)

MARMOT
(Marmot Kellerei AG, vormals J. Wertheimer & Co)
CH 8832 Wollerau am Zürichsee
0 04 11/74 85 50
Alter Familienbetrieb, der seit Generationen seine Cognac-Eigenmarke einführt. ★ ★ ★ / *Napoléon VSOP Grande Réserve / Napoléon Hors d'Age / Napoléon 1906.*

MARNIER-LAPOSTOLLE
(Sté des Produits Marnier-Lapostolle)
Château de Bourg-Charente
16200 Jarnac
45 81 30 22

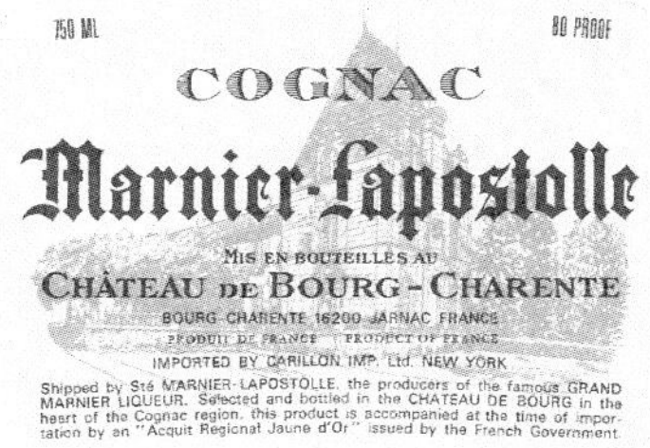

Die bekannte Likörfirma braucht Cognac nicht nur für den Grand Marnier, der auf Cognacbasis hergestellt wird, sondern ihre Filiale in Bourg-Charente produziert auch seit 1920 den eigenen Cognac, für den im wesentlichen aus der Grande und Petite Champagne und den Borderies eingekauft wird (das Haus besitzt 4 ha in der Petite Champagne). Die Cognacproduktion beläuft sich auf knapp eine halbe Million Flaschen im Jahr, von denen 70 % exportiert werden. Die Hauptexportmärkte sind USA,

Kanada und Italien. Angeboten werden ★ ★ ★ (3 Jahre, haupts. Bord.) / *VSOP* (Fine Champ. 6 Jahre) / *XO* (Gr. Ch., 15 Jahre, erst seit 1984).
Jacobi & Co, Halbergstr. 49,
6600 Saarbrücken, Tel. 06 81/6 13 53

MAROT (Laurent): Réau-Richard/CCG

MAROY: Royer

MARQUIS (Jean): Unicoop

MARQUIS DE LA FAYETTE: Unicoop

MARQUIS DE LAGEARD
Dr. Schueler-France SARL
Résidence de Lageard
St. Couat d'Aude
11700 Capendu
Vom deutschen Nachkommen einer alten französischen Familie aktivierter Name, unter dem seit kurzem Cognac aus der Petite Champagne angeboten wird:
de Luxe (★ ★ ★, 3 Jahre) / *VSOP* (8 Jahre) / *XO* (12 Jahre).
Dr. Schüler GmbH
6140 Bensheim-Auerbach
0 62 51/7 96 79

MARQUIS DE LORAC: Favraud

MARQUIS DE MONCY: Georges Courant

MARQUIS DE SALENCON: Jules Robin/Martell

MARQUIS DE ST. MAIGRIN
G.A.F. du Château de St. Maigrin (SO v. Ort, D 152E)
17520 Archiac
46 70 01 56, 70 00 52
Bons Bois
VSOP/Vieille Réserve Extra (15 Jahre)
Hanseatisches Wein- u. Sekt-Kontor Hawesko GmbH, Doormannsweg 43, 2000 Hamburg 19, Tel. 0 40/4 31 70 20
Schweiz: Arnold Dettling,
CH-6440 Brunnen

1715
Cognac Martell
Ce jour, les portes de notre Paradis
ont été ouvertes pour permettre à Mr. SCHMIDT
de déguster Un cognac de 1848 vieilli en fûts pendant 65 ans
(mis en bonbonnes le 30 mai 1913)
Un cognac de 1875 vieilli en fûts pendant 49 ans
(mis en bonbonnes le 1er octobre 1924)
Cet événement a été consigné dans notre Livre d'Or
en date du 22.09.83

Zertifikat einer Verkostung alter Cognacs, an die Jürgen Schmidt noch lange denken wird, im Paradis von Martell

MARQUIS PIERRE DE VILLEMIN: Henri Mounier/Unicoop

MARQUIS ROCADOUR: Quancard

MARROT (Marcel)
St.-Fraigne, N (D 737) v.
16140 Aigre
45 31 63 44
Fins Bois
★ ★ ★ (3 Jahre)/*VSOP* (5 Jahre)/*Napoléon* (10 Jahre)

MARSAT: Unicognac

MARTELL & CIE
Place Edouard Martell
16100 Cognac
45 82 44 44
Das nach Volumen seit 1984 zweitgrößte Cognac-Unternehmen und das älteste unter den großen, gegründet 1715 von Jean Martell von der Insel Jersey. Auf Cognac konzentrierte es sich 1815, bis dahin handelten die Martells auch mit Kolonialwaren, Vieh, Leder, Blumenzwiebeln und Strümpfen. Es ist ein Familienunternehmen geblieben, wenn auch seit 1972 als Aktiengesellschaft organisiert. Die Martells sind freilich heute mehr eine Firino-Familie: Marie Mathilde Martell heiratete im vergangenen Jahrhundert Paul Firino, Sohn René nahm den Namen Firino-Martell an, und so heißt die Familie noch heute. Einige Jahrzehnte hieß das Unternehmen nach der zweiten Frau des Gründers (1737) Martell-Lallemand, bis 1807.
Martell verfügt über 230 ha Weinberge in den beiden Champagnes und in Borderies; um auf die benötigten Mengen zu kommen, kauft es bei etwa 2700 Winzern dazu. Der Verkauf lag 1984 bei 23,4 Millionen Flaschen, wovon ca. 97 % ex-

portiert wurden. Die wichtigsten Auslandsmärkte sind (in der Reihenfolge) Großbritannien, USA, Hongkong, Japan, Singapur, Bundesrepublik. Der VS (★ ★ ★) stellt 65 % der Exportmenge. Martell besitzt oder kontrolliert etwa zwanzig Brennereien, seine Bestände lagern in etwa 140 000 Fässern. Über Tochter- und Partnerfirmen ist die Firma auch in anderen Bereichen der Spirituosen- und in der Champagnerbranche vertreten, ebenso in Parfümerie und Kosmetik, neuerdings auch wieder in Luxus-Lederwaren. Als separate Handelsmarke auch für Cognac besitzt es die Firma *JULES ROBIN* (s.d.).
Auch Martell lagert uralte Qualitäten für seine Mischungen; der älteste noch benutzbare Cognac stammt von 1830, der älteste in Fässern von 1922. Die zur Zeit angebotene Qualitäten:
VS / ★ ★ ★ (5 Jahre) / *Médaillon* (VSOP, 10 Jahre) / *Cordon Rubis* (25 Jahre) / *Cordon Noir* (ca. 20 Jahre, ist nur für duty free shops bestimmt)/*Cordon bleu* (über 30 Jahre, hauptsächlich Borderies) / *XO* / *Extra-Cordon Argent* (ca. 50 Jahre, aus Gr. Ch., P. Ch. und einem großen Anteil Borderies von 1944).
Der Extra-Cordon Argent hat vor einigen Jahren die beiden Spitzenqualitäten Extra und Cordon Argent abgelöst, die aus noch älteren Bränden zusammengesetzt waren. Den alten Extra findet man noch hier und da im Luxushandel und in Restaurants. Er enthält als jüngstes Element Cognac von 1926/27, als älteste 1914 und 1917, überwiegend Gr. Ch. und P. Ch., sehr wenig Borderies. Ebenfalls eine Rarität und kaum noch auffindbar ist: *Réserve du Fondateur* (1982): jüngster Bestandteil 1921, ältester von Ende des vergangenen Jahrhunderts. Hiervon wurden nur 2160 Flaschen hergestellt.
Underberg, Underbergstr. 1–3,
4134 Rheinberg 1, Tel. 0 28 43/1 81.

Im Abfüllraum von Martell in Cognac

MARTIN & CO: Briand & Co

MARTIN (J. R.): Rouyer Guillet

MARTIN (Marc)
Courgeau, S (an D 730) v.
Le Fouilloux, SO v.
17270 Montguyon
46 041598
Bons Bois
★ ★ ★

MARTIN (Pierre): CCG

MARTIN (P. S.): CCG

MARTIN & ROGÉE: Monnet

MARTINAUD, Albert: Unicoop

MARTINAUD (H.)
Le Bignac
Chantillac
16300 Baignes-St.-Radegonde
45 78 41 25
Bons Bois
★ ★ ★ (4 Jahre) / VSOP / Napoléon (12 Jahre) / *Vieux Cognac* (18 Jahre) / *Très Vieux Cognac* (25 Jahre)

MASSÉ (Michel)
Camp de César, an N 150 zwischen St. Romain-de-Benet und
17600 Saujon
46 94 81 89, 02 98 13
Bons Bois
(Destillerie «La Cabane» südwestlich Thézac)
★ ★ ★ *41% / VSOP 41% / Vieille Réserve 41%*

MATHEZ: Royer

J. MATTE & Cie: Croizet

MAUDET (Leon) & Cie: Bache Gabrielsen

MAUDET & RENAUDOT
Les Coteaux de l'Obre
Champagne de
16250 Blanzac
Fins Bois
★ ★ ★ / *Réserve* (18–20 Jahre)

M. G. MAUGER: Royer

(Henri) *MAUGET & Co:* Salignac

MAURIN (Marcel): Unicoop

MAURIOL (J.): Salignac

MAXIM'S
76, rue du Faubourg St.-Honoré
75008 Paris
4 2 66 10 09
Vertrieb bis vor kurzem als Eigenmarke *Cognac Fine Champagne* und *Réserve du Prince Eugène* (Gr. Ch.). 1984 Wechsel zu Cognacs anderer Aufmachung, etwas jüngerer Qualität: *Fine Champagne / VSOP Maxim's / Napoléon / XO / Très Vieille Réserve* (35 Jahre) schließlich *Maxim's-Cognac Bouron, VSOP / Napoléon / XO.*

Ältere Abfüllungen existieren noch vereinzelt unter der Bezeichnung *«Réserve de l'Omnibus – caves du Restaurant Maxim's».*

MAYFLOWERS COGNAC: Royer

MAZIERE (Yves)
La Métairie
Guimps
16300 Barbezieux-St. Hilaire
45 78 90 30
Petite Champagne
★ ★ ★ ★ (5 Jahre) / *VSOP* (8 Jahre) / *Réserve Napoléon* (12 Jahre)

MELIER (Michel)
Mérignac, W v.
16200 Jarnac
45 81 77 32
Fins Bois
★ ★ ★ / *VSOP / Très vieille Réserve* (20 Jahre)

MENAGE À TROIS: Jules Robin

MENAGER (B.): Salignac

MENARD (J. P. Ménard & Fils)
16720 St.-Même-les-Carrières
45 81 90 26
Grande Champagne

80 ha in verschiedenen Lagen der Grande Champagne, jährliche Produktion über 200 000 Flaschen, exportiert 47%, am meisten in die Bundesrepublik und nach Holland.
Sélection des Domaines (★ ★ ★, 4 Jahre) / *VSOP / Réserve Familiale* (10 Jahre) / *Tradition Impériale* (20 Jahre) / *Vieille Réserve Extra 42%* (ca. 35 Jahre)/ *Grande Fine Ancestrale 45%* (45 Jahre).

UNI-Handelsgesellschaft, Am Felsbrunnen, 6600 Saarbrücken, Tel. 06 81/ 8 77 34 / gehört zur Gruppe Rolf Herzberger, s. Nicolas Napoléon

MÉNORVAL (H.): Punier

MENTOR: Monnet

MENUET (S.C.A. de la Tonnelle Menuet)
16720 St.-Même-les-Carrières
45 81 91 55
Grande Champagne

★ ★ ★ (4 Jahre)/ *VSOP* (6 Jahre)/ *Vieille Réserve* (6–10 Jahre) / *Extra (15 Jahre)/ Vieux Cognac* (40 Jahre)
Gumprecht von Schlieben, Tiefer 5, 2800 Bremen 1, Tel. 04 21/32 03 35: *Vieille Réserve + «Tres Vieille Réserve»* (3 + 4)

MERCIER (Paul & Gérard)
Le Pible, SO v.
16130 Segonzac
45 83 40 53
Grande Champagne
Hors d'Age 43% (30 Jahre)

MERCIER (Pierre)
Chez Mesnard, S, über D 90, v. Lignières-Sonneville
16130 Segonzac
45 80 50 20
Grande Champagne
VSOP (9 Jahre) / *Napoléon 42% (24 Jahre).*

MERCIER (Roger): Rouyer Guillet

MERIGOT (Jean): Marke von Guy Clair (s.d.): *XO* (30 Jahre)/ *Très Vieille Grande Champagne* (60 Jahre)

MERLET & FILS: Frères de Chevessac

MERLIN (Laurent)
Chez Pineau, S v.
17520 Arthenac (entl. D 251)
46 49 14 25
Petite Champagne
Vieille Réserve (20 Jahre)/*Hors Pair* (50 Jahre)

C. MERPIN & CO: Lucien Foucauld/ CCG

MESLIER (Claude)
16120 Châteauneuf-sur-Charente (Ausfahrt Richtung Hiersac, D 14, Hinweisschild)
45 97 04 97
Petite Fine Champagne (15 Jahre)/*Vieille Réserve de la Grande Champagne* (20 Jahre)
Ferner: «Cognac de la Rosille» *Vieille Réserve*

MESSIRÉ: Hardy

METAIRIE (Distillerie de la): Mazière

MEUKOW
(A. C. Meukow & Cie)
26, rue Pascal Combeau
16100 Cognac
45 82 32 10
(Gruppe *COMPAGNIE COMMERCIALE DE GUYENNE,* s.d.). Die Gebrüder Meukow aus Schlesien haben diese Firma 1862 gegründet, sie blieb bis zum 1. Weltkrieg deutsch, wurde dann als Feindeigentum enteignet und an Engländer verkauft. Im Verbund der *CCG* entfaltete sie vor einigen Jahren neue Aktivität. Der Verkauf liegt heute bei etwa 400 000 Flaschen im Jahr, überwiegend Export. Angebot: *VS* (★ ★ ★) / *VSOP* / *Napoléon* / *XO* / *NPU Fine Champagne V.R.X.O.* / *Très Vieux Rarissime 41,3 %.* Bis vor einigen Jahren gab es zwischen *VSOP* und *NPU* nur *«Cordon d'Or Extra Age»;* diese Qualität wurde dann ersetzt durch die beiden neuen. 1985 in kleiner Menge: 1937 Borderies (also 48 Faßjahre).

Rochefort

M. MICHAUD & CO: Favraud

MINARD FRERES: Tochtergesellschaft und Handelsmarke von *GEORGES COURANT* (s.d.). Früher Lieferant von Faßware, auch in die Bundesrepublik, dann Flaschengeschäft, besonders nach Holland und Monaco. Nun bei *CCG*

MINARGENT
17170 Aulnay-de-Saintonge
46 33 10 24
★ ★ ★/*VSOP*/*Napoléon*

MOCO: Berger (Gautier/Aigre)

MOITARD (L.): CCG

MONAC Frères: Les Grands Chais de France

MONDÉSIR: Gautier/Aigre

MONNET
(J. G. Monnet & Co S.A.)
52, Avenue Paul Firino Martell
16100 Cognac
45 82 57 11

Die 1838 als *SOCIÉTÉ DES PROPRIÉTAIRES VINICOLES DE COGNAC* gegründete Firma war ursprünglich ein Verband von Weinbauern, die sich gegen die Vormacht der großen Handelshäuser wehren wollten. 1897 übernahm sie der Vater Jean Monnets (1. Präsident der Hohen Behörde der Montanunion). Zwischen 1958 und Mitte der sechziger Jahre erwarb dann die *SCHARLACHBERG STURM & CO*, Bingen, die Aktienmehrheit.
Monnet hat keinen eigenen Weinbesitz, sondern kauft bei anderen Produzenten. Den Anteil an Faßware mitgerechnet stellt die Firma jährlich knapp unter einer Million Flaschen her.
Qualitäten: *Fine Dry Cognac for long drinks / VS Club Sélect /* ★ ★ ★ ★ *Tradition / VSOP / Anniversaire / Napoléon / Josephine Fine Champagne / XO / Extra Belle Réserve* als Josephine Extra Belle Réserve auch in Kristallkaraffe (in Deutschland auch VSOP).
Monnet-Handelsmarken: *Bérac, Bourdon, Boussac, Damour, Discus, Grand Maître, Grillon, Martin & Rogée, Mentor, Mornac, Renaissance.*
Weinbrennerei Scharlachberg, Saarlandstr. 62–66, 6500 Bingen,
Tel. 0 67 21/18 30

MONTAGU: Comandon

MONTAUZIER (Pierre)
Bors, SO (7 km, D 709)
16190 Montmoreau-St.-Cybard
45 60 32 86
Bons Bois
Vieille Réserve Napoléon.
Vorher tel. anmelden

MONTBLANC (Jules): Royer

MONTERU: Comandon

MONTIGNAC (Destillerie de)
A. J. Beimert & Fils:
Baron de Montignac

MORANDIERE (Pierre)
St.-Georges-des-Agouts, W v.
17150 Mirambeau
46 86 03 36
Fins Bois
Produktion Ende 1983 eingestellt, aber die Bestände reichen noch eine Weile.
★ ★ ★/*VSOP*

MOREL (A. G.): Salignac

MOREAU (Jean-Marie)
Domaine de Colinet
Touché bei
17270 Montguyon
46 04 11 25
Bons Bois
★ ★ ★ (4 Jahre)/*VSOP* (6–7 Jahre)

MORICE: Royer

MORIN (Pierre): Cognac von Pierre Croizet (s.d.)
Fine Bois
Napoléon/Extra/Vieille Réserve

MORNAC: Monnet

MORNAUD & Co: Castillon-Renault

MORTON: Adet Seward

MORTON (William): Rouyer Guillet

MOSSION (Louis)
Vaux-Rouillac, S v.
16170 Rouillac
45 96 77 78
Fins Bois
Cognac 60% aus dem Faß, 10 bis 12 Jahre alt, natürlich reduziert ohne Zusatz von Wasser

MOUCHEBOEUF (Jean)
Pierre Folle
17270 Montguyon
46 04 19 72
Bons Bois
★ ★ ★ *45%/Réserve* (7 Jahre)/*Napoléon* (11 Jahre)

MOULIN (Claude)
Macqueville
17490 Beauvais-sur-Matha
46 26 63 73
Fins Bois
Sélection (6 Jahre) / *VSOP* (10 Jahre) / *Napoléon* (15 Jahre) / *Vieille Réserve* (21 Jahre)

MOULIN DE CIERZAC
St. Fort-sur-le-Né (D 731 Cognac-Archiac), 45 83 61 32
Gutes Restaurant (mit Zimmern), bemerkenswerte Cognac-Auswahl

MOULIN DE LA GRANGE
(Christian Thomas)
46 49 96 13
NO der Distillerie Lorignac (N 730 Royan-Bordeaux), NO v. 17240 St.-Dizant-du-Gua, wo im Château de Beaulon auch Auskunft gegeben wird.
Handelsmarke für Supermärkte und Ketten: ★ ★ ★ / *VSOP / Napoléon*
ARWO, Müllerweg 10, 3002 Wedemark 15 (Resse), Tel. 0 51 31/20 12

MOULLON
10, rue Grande
16100 Cognac
45 82 06 27
Das 1852 gegründete Haus gehört zur *CCG* (s.d.) ★ ★ ★ / *VSOP / Grande Champagne / Napoléon Extra / Rarissime / Fine Cognac Impériale Napoléon*

MOUNIER (Henri): Handelsmarke von Unicoop (s.d.), ca. 150 000 Fl. pro Jahr. *VS / Napoléon / XO / Vieille Réserve* (Gr. Ch.)

MOYET (Claude)
Montour Guille, NW v. Nercillac
16200 Jarnac
45 83 86 28
Fins Bois
(näher über Cognac, NO D 156)
★ ★ ★/*VSOP* (9 Jahre)/*Vieille Fine «Flamme d'Or»* (ca. 20 Jahre)

Ets. MOYET S.A.
62, rue de l'Industrie
16104 Cognac
45 82 04 53
Direktion: 48 rue du Château d'Eau, 75010 Paris
42 08 44 65
Mme Chabrerie, M. Georges
Eher kleines Unternehmen, gegründet 1864; erregte 1984 Aufsehen, als es eine Reihe sehr alter Cognacs auf den Markt brachte, mit ungewöhnlich genauen Angaben der Mischungen und Jahrgänge (nicht auf dem Etikett, was verboten ist, aber in begleitenden Unterlagen). Alter und gute Lagen erklären recht hohe Preise für (da nach jeweiligem Faßvorrat getrennt) ziemlich kleine Mengen. Das Moyet-Angebot lautete 1985: (Preise entsprechend ansteigend):
★ ★ ★ / *VSOP / XO Napoléon / Fine Champagne* (ca. 12 Jahre) / *Grande Champagne 53,6%* (!), ca. 18 Jahre, natürlich reduziert / *XO Cognac Fût 10, 14* und *21 (Pet. Ch. Archiac, F. Bois Hiersac, Bord. Burie* + etwas *Grand Cognac,* 1965, 1973; noch im Faß) / *XO Fine Champ. Fût 49, 50, Nr. 8 (Gr. Ch. Segonzac, P. Ch. Archiac,* 60er u. 1973) / *Cognac Extra Fût 6* (etw. von Anfang d. Jahrhunderts, 30er Jahre, 1962, *Gr. Chr. Segonzac, P. Ch. Rouffiac, Bord. Burie, F. Bois Hiersac) / Très Grande Fine Champ., Fût 19, 20 (51% Gr. Ch. Segonzac, 49% P. Ch. Germignac,* 1902, 1906, 1960) / *Cognac Extra, Tonneau 1* (wie Fût 6, etwas anderes Verhältnis / *Très Vieille Fine Champ. Tonneau 6 u. 19* (1902, 1906, 1960) / *Très Vieux Cognac Tonneau 9 (Gr. Ch., Ch., Bord., F. Bois 1906, 1929, 1943, 47, 52;* Mischung 1960–65) / *Très Vieille Fine Champ. Tonneau 8 (Gr. Ch. Segonzac, P. Ch. Archiac 1902, 06, 24, 30, 47) Tonneau 5* (wie 8, etwas andere Mischung, noch im Faß) / *Très Vieux Cognac Fût 1 (Gr. Ch., P. Ch., Bord., F. B. 1848, 58, 93, 1906, 29;* Mischung 1945–1948) / *Très Vieille Fine Champ. Fût 3, 4* und *2* (*Gr. Ch. Segonzac, P. Ch. Cierzac + Archiac* in verschiedenen Mischungen 1848, 58, 1906 und einige andere, deren Nachweis nicht mehr gelungen ist).
Andere Handelsmarken des Hauses: *Chotard, Entrepôts Charentais, René Niel* (s. d.), *Remuzat, G. Roller, P. Roulleau, St. Sulpice.*
J. H. Lüttge, 2000 Norderstedt, Marommerstr. 17, Tel. 040-525 13 90.

MUMM: Augier

P. MURAT: Brugerolle

MURRAY (Françoise)
Gimeux, SW v. Cognac (D 47)
16130 Segonzac
45 82 27 74
Grande Champagne
«F. & D. Murray» *Vieille Réserve* (Gr. Ch.) (12 Jahre)

NAPOLEON VSOP: nicht nur unschützbares Qualitätszeichen, sondern auch eingetragen für eine Abfüllung der Grande Distillerie Alsacienne *CONFIDENTIA*, 67330 Kirrwiller

NAUD (Philippe & Jean-Michel)
Le Buisson de St. Laurent-de-Cognac (S der N 141 Cognac-Saintes, nach Javrezac)
16100 Cognac
(45) 82 39 04
Borderies
★ ★ ★/*VSOP/Réserve/Siècle d'or*
Caves de France, Liège (Belgien)

NAULIN: Dupont

E. NEIRAUD & CO Fine Cognac: Georges Neiraud, 46, rue Champs du Château, 16100 Cognac

NICOLAS
2, rue Valmy
94220 Charenton b. Paris
43 75 92 00
Drittgrößtes Wein- und Spirituosen-Handelshaus Frankreichs mit zahlreichen Filialen, das bedeutendste der Region Paris. Führt Cognac-Eigenmarke. 1984 hat *RÉMY MARTIN* (s.d.) die Mehrheit übernommen, was zu einer Erhöhung seines innerfranzösischen Marktanteils führen dürfte.
Prestige-Cognac von Nicolas: *Grande Champagne Réserve Impériale.* Weiter im Angebot: *Grande Champagne Hors d'Age, Réserve Nicolas.* Einen 42% *Grande Champagne 1858* konnte ich vor ein paar Jahren im berühmten Restaurant *ALAIN CHAPEL* (Mionnay bei Lyon) kosten.
Handelsmarke: *Royal Marquissac*

NICOLAS NAPOLEON
6, rue Auber
75009 Paris
47 42 99 68
5, rue de la Montagne
57600 Forbach
(8) 7 85 05 52
Wein- und Spirituosenfirma, die auch Cognac unter Eigenmarke anbietet:

VS ★★★ / VSOP / VSOP Gr. Fine Champ. / Napoléon
Rolf Herzberger KG, Postfach 948, 6600 Saarbrücken, Tel. 06 81/8 77 91 (ist Mehrheitsgesellschafter)

NICOT (Jacques): CCG

NICOU (Edmond)
Chez Cornet, W v.
Aujac, NW
17770 Brizambourg
46 25 01 50
Fins Bois
★★★ (5 Jahre)/*VSOP* (8 Jahre)/*Vieille Réserve* (15 Jahre)

NIEL (René)
62, rue de l'Industrie
16100 Cognac
45 82 04 53
Handelsmarke von E. Moyet S.A.: ★★★/★★★ *Fine Ch./VSOP/Vieille Réserve Spéciale*

NOBLET (Robert)
Tarsac, N v.
St.-Saturnin
16290 Hiersac
45 96 92 71
Fins Bois
Schild in La Vigerie, an N 141
VSOP (12 Jahre)/*Vieille Réserve* (16 Jahre)

NORBERT (Alain)
Chez Nadoud, D 731 v. Barbezieux
Condéon
16360 Baignes-Ste. Ragegonde
45 78 55 14
Fins Bois
VSOP (6 Jahre)

NORMAND (Roger): CCG

E. NORMANDIN & CO: Gautier (Aigre)

J. NORMANDIN-MERCIER
Château de la Péraudière, kurz vor 17139 Dompierre-s-Mer (NO v. La Rochelle N 11)
46 34 28 11
1872 gegründet, noch im Besitz der Familie Normandin. Zunächst Handel mit Faßware, dann einige Jahrzehnte ohne Aktivität, 1979 neuer Start mit Zielrichtung gehobene Gastronomie. Produktion etwa 40 000 Flaschen im Jahr, davon ein Viertel Faßware. 40 % Export, hauptsächlich USA und Australien.

Vieille Fine Champ. (15 Jahre) / *Grande Champagne Vieille 50 % / Grande Champagne Réserve* (30 Jahre), für USA «Napoléon» / *Petite Champagne Vieille 56 % / Très vieille Grande Champagne* (70 Jahre)
Vieille Fine Champ. (15 Jahre) / *Grande Champagne Vieille 50 % / Grande Champagne Réserve* (30 Jahre), für USA «Napoléon» / *Petite Champagne Vieille 56 % / Très vieille Grande Champagne* (70 Jahre)
Weinimport Rutishauser
Erlenmeyerstr. 4
8750 Aschaffenburg
0 60 21 – 4 20 97
(Paul H. Natus)

NORVIN: Castillon-Renault

Jean-Marie Normandin, der die vorübergehend eingeschlafene Firma Normandin-Mercier zu neuem Leben gebracht hat

ODEON: Unicoop

ORANCO: Rouyer Guillet

ORDONNEAU (J.)
La Grolette, S v.
16370 Cherves-Richemont
45 83 24 69
Borderies
VSOP (8 Jahre)/*Napoléon* (15 Jahre)/ *Hors d'Age*

ORPHI: Unicognac

OSHIDORI: Prunier

OTARD
Château de Cognac
16101 Cognac
45 82 40 00

Ursprünglich *OTARD DUPUY & Cie, gegründet 1795.* Im Besitz der Familie Ramefort; die Getränkefirma *ST. RAPHAEL* (Martini & Rossi) hält eine Minderheitsbeteiligung. Keine eigenen Weinberge; Ankauf der vier hauptsächlichen crus. Der Verkauf 1984: 2,2 Millionen Flaschen; 91% wurden exportiert. Hauptmärkte: Singapur, Malaysia, Belgien, Großbritannien. Fernost bringt mit 25% des Volumens über 50% des Exportumsatzes. Faßware für die skandinavischen Monopole. Der Firma gehören auch die Cognac-Marken *Exshaw* (s.d.) und *Boulestin* (★ ★ ★ / VSOP / Napoléon, fast nur in Frankreich) und als weitere Handelsmarke *Ecusson.*
Otard-Qualitäten: ★ ★ ★ (4 Jahre)/ *VSOP Baron Otard* (7 Jahre) / *Princes de Cognac* (ca. 15 Jahre) / *Napoléon,* auch als «Réserve d'Austerlitz» (Fine Ch.) / *XO (ca. 35 Jahre, Anteil von 1906) / Extra* (ca. 50 Jahre, Gr. Ch., Anteil v. 1902)
Söhnlein Rheingold KG, Söhnleinstr. 8, 6200 Wiesbaden, Tel. 0 61 21/25 01

PACAUD (Robert)
Le Maine Garnier, N v.
Chérac
17610 Chaniers
46 96 44 61
Borderies
★ ★ ★ (5 Jahre)/*Napoléon* (8 Jahre)/ *Vieille Réserve* (17 Jahre)

PAGEL (Jean): Larsen

PAIN (André)
Chez Besson (S Burie)
St. Sulpice-de-Cognac
16370 Cherves-Richemont
45 83 84 68
Borderies
VSOP (8 Jahre)

PAIN (René)
Chez Jouannais/Les Béguillères
St.-Sulpice de Cognac
16370 Cherves-Richemont
45 83 85 81
Borderies
★ ★ ★/*VSOP*

PALISSY (Bernard): De Didonne

PALLAS: von Unicognac für Armagnacfirma J. & J. Pallas, Domaine de Cassanel, 47600 Nérac,
53 65 01 51

PAQUERAU
Chez Perruchon, Str. v.
16250 Blanzac-Porcheresse nach Châteauneuf
45 64 03 11
Fins Bois
Cognac 65% (2 Jahre)/★ ★ ★ (4 Jahre)/*Vieille Réserve* (13 Jahre)

PARAPHE: Castillon-Renault

Auch an der Charente rollen die «Boule»-Kugeln

PARCA (Yvan)
Les Buges, N (über D 22) v.
Ste. Sévère
16200 Jarnac
45 83 88 98
Fins Bois
★★★/*VOSP/Napoléon* (13 Jahre)

PARDON: Pernod Ricard

PART DES ANGES: CFC

PASCAL COMBEAU: Gautier (Aigre)

PASQUET (Jean-Luc)
Chez Ferchaud
Eraville (W D 84)
16120 Châteauneuf-sur-Charente
45 97 07 49
Grande Champagne

Kleiner Familienbetrieb von hohem Niveau, liefert Faßware für ein großes Cognac-Haus und produziert nur etwa 700 Flaschen für anspruchsvollere Kundschaft: *Napoléon* (14 Jahre) / *Grande Réserve* 22 Jahre) / *Très Vieux Cognac 42%* (50 Jahre). Gedenkt, ab 1986 auch jungen Cognac aus der Petite Champagne anzubieten.

PASQUINOT: Ricard (Gilbert)

PATRIARCHE: Prunier

PATRICIA: G. Courant/CCG

PAUL FRERES: Barriasson

PAULET: Château Paulet

L. PAULHIAC & CO: Camus

PAULY: G. Courant CCG

PAYNAUD (Edmond)
Bouteville (Ortsmitte)
16120 Châteauneuf-sur-Charente
45 97 03 85
Grande Champagne
VSOP (6 Jahre) / *Vieille Réserve* (28 Jahre)

PAYSANS CHARENTAIS (Cognac des): Unicoop

PBG Distribution: Camus

PELLETANT (Guy)
Rouffiac
17800 Pons
(Schild an D 124)
46 96 40 78
Petite Champagne
Réserve / Napoléon (8–9 Jahre)

PELLETANT (Odil)
La Chevallerie, N v.
St. Amant de Nouère
16170 Rouillac
45 96 74 61
Fins Bois
★★★/*VSOP/Vieille Réserve* (15 Jahre)

PELLISSON S.A.
30, Avenue du Général Leclerc
16102 Cognac
45 82 16 16
Die früher selbständige Cognacfirma gehört seit längerem zu Hennessy und ist für den Konzern hauptsächlich mit anderen Spirituosen und Pineau tätig. Die Cognac-Produktion geht jedoch weiter, wenn auch in kleinem Umfang, etwa 40–50 000 Flaschen pro Jahr, mit ★ ★ ★ / ★ ★ ★ *Fine Champ. / VSOP / Napoléon / Mondial Extra* (Fine Champ, Alter wird mit etwa 25 Jahren angegeben).

PELLUCHON (Michel)
Chez Tachet, W v.
St.-Sulpice-de-Cognac
16370 Cherves-Richemont
45 83 84 44
Borderies
★ ★ ★ */ VSOP / Vieille Réserve*
(15 Jahre)

PELTIER-MAURIN (Jean)
Les Florenceaux (N v. Ambleville)
Juillac-le-Coq
16130 Segonzac
45 83 47 21
Grande Champagne
VSOP / Vieux Cognac (ca. 12 Jahre)

PELTON: Gautier/Aigre

PERNOD RICARD
142, Boulevard Haussmann
75008 Paris
43 59 28 28
Frankreichs größter Produzent von alkoholischen und nichtalkoholischen Getränken, siebtgrößter der Welt, hat auch ein stattliches Cognac-Gewicht. Das Unternehmen *BISQUIT,* eine der zehn größten Cognac-Firmen, ist direkt in den Konzern eingegliedert. Über ihre Gesellschaft *CUSENIER* hält die Gruppe auch 99 Prozent des Kapitals von *CHÂTEAU PAULET,* das über weitere Cognac-Marken verfügt, aber ziemlich selbständig operiert. P. R. Handelsmarken: *Baron Randolph, Laroche, Lespinat, Pardon, Prince de Goyon, S – Fine Cognac, Soubiron*
In der Bundesrepublik ist die Gruppe vertreten durch
IGM, Koblenz

PERODEAU (A.): Royer

PERQUIS & FILS: Georges Courant

PERRIN (Jean)
Les Courades, NW
16130 Segonzac (D 18 + D 95)
(45) 83 41 38
Cognac de Propriétaire 43 % (12 Jahre). Kleine Produktion. Anmelden, da das Begleitformular für Cognac erst aus Segonzac beschafft werden muß. Überwiegend Stammkundschaft

PESQUIER (Paul): Ricard Juillac-le-Coq

PETIT (Albert)
Les Petits Dinets
Courgeac, W v.
16190 Montmoreau-St. Cybard
(45) 60 30 03
Fins Bois
Vieux Cognac (10 Jahre)

PETIT (André-Yves)
Berneuil, SO v. Barbezieux
16480 Brossac
(45) 78 55 44
Bon Bois, an der *Grenze* zu *Fins Bois:* ★ ★ ★ */ VSOP* (8 Jahre) */ Napoléon* (20 Jahre) */ Vieille Réserve, auch 43 %* (60 Jahre)

PETITE GARONNE (G.A.E.C. de la)
(M. Salles)
Sonneville
16170 Rouillac
(45) 96 51 84
Fins Bois
VSOP (9 Jahre)/*Vieille Réserve* (11 Jahre)

PEUCHET
95, Avenue Victor Hugo
75116 Paris
45 53 83 23 und
12, Avenue de la Drionne
78380 Bougival
49 69 00 06
Spezialisiert in Präsentation alter Cognacs, meist in auf alt getrimmten Flaschen; der Inhalt ist es *oft* wirklich. Die Sorten: *Vieille Diligence Gr. Ch. / Vieille Réserve F. Ch. / Plantié du Chêne G. Ch. / Réserve de l'Empéreur Gr. Ch. / Tierçon Vénérable Gr. Ch. / Marquis du Lys Gr. Ch. / Héritiers d'Audicourt Gr. Ch.* Dazu sehr alte Jahrgänge: *1885* und *1893 Fine Champagne, 1834* und *1875 Grande Champagne*

PEYROT (François)
Marancheville
16200 Jarnac
45 81 16 70
Grande+Petite Ch.
★★★ (6 Jahre) / *VSOP* (8 Jahre) / *Réserve VSOP FCh.* (12 Jahre) / *Réserve Napoléon Gr. Ch.* (19 Jahre)

PHILIPPE DE CASTAIGNE (Sté)
(Ph. Vallantin-Dulac)
Domaine de Lafont
Mérignac, W.
16200 Jarnac
45 81 77 36
Fins Bois
40 ha und Zukäufe, Jahresproduktion etwa 100 000 Flaschen, 65 % Export. *Réserve Ancienne/Extra Vieux.*

2. Marke: *COMTE DE LAFONT:* ★★★ *Fine Pale / VSOP*
Thierry's Wine Service, London

PHILIPPON (Jean)
Le Logis, SW
Mosnac
16120 Châteauneuf-sur-Charente
45 62 53 79
Petite Champagne
40 ha. *Très Vieille Réserve (30 Jahre)/ Très Vieux Cognac 44 %, Héritage de mes Aieux (1914)*

PIERRE (Gustave) & Co: Gautier/Aigre

PIERREFONT: Gautier/Aigre

PILLET (Rémi)
Les Moines
Nancras
17600 Saujon
46 94 70 18
Bons Bois
Ca. 3000 Flaschen im Jahr. ★★★ (4 Jahre)/*VSOP* (10 Jahre)/*Hors d'Age* (14 Jahre)

PINARD (Georges)
Foussignac, NO (N 141, D 66) v.
16200 Jarnac
45 81 14 55
Fins Bois
Betreibt biologischen Anbau. ★★★ (4 Jahre) / *VSOP* (7 Jahre) / *Napoléon* (11 Jahre)

PINAUD (André)
Dompierre-sur-Charente (D 24 Cognac-Saintes)
17160 Chaniers
46 91 01 06
Borderies
VSOP / Napoléon / Hors d'Age / Fine Cognac / Réserve Familiale (mehr als 20 Jahre)

PINEAU (Claude)
Les Maines, NO v.
Ste. Lheurine, W v.
17520 Archiac
46 49 12 59
Petite Champagne
★★★ (9 Jahre) / *VSOP* (14 Jahre) / *Napoléon* (20 Jahre)

PIONNEAU: Camus

PISSOT (Guy)
Le Four à Chaux, D 10
Mainxe, S v.
16200 Jarnac
45 81 10 06
Grande Champagne
★★★ / *VSOP / Vieille Réserve* (15 Jahre)

PLAIZE (Denis & Fils)
La Tonnelle, NW
17150 Mirambeau
46 49 61 71
Fins Bois
30 ha. ★★★/*VSOP/Napoléon/Vieille Réserve* (15 Jahre)

PLANAT & CIE.: Camus

PLUCHON (Jean Claude)
5, rue Arago
16000 Angoulême
45 91 92 62
Besitz in Grande Champagne (b. Salles d'Angles). *VSOP* in drei verschiedenen Preislagen

POLLIGNY: Jules Robin

POL PRAINTON & CO.: Bache-Gabrielsen

POMAREL: Gautier/Aigre

PONIATOWSKI: Brugerolle

PORTEJOIE (Jean)
Roumillac, SW v.
Malaville
16120 Châteauneuf-sur-Charente
45 97 08 48
Grande Champagne
Réserve/Vieille Réserve

POUCHET FRÈRES: Larsen

POUILLOUX (René): Prunier

POUILLOUX (Robert)
Peugrignoux, NO v.
Pérignac, NO v.
17800 Pons
46 96 41 41
VSOP Gr. Ch. / Napoléon Gr. Ch. (12 Jahre)/*Vieille Réserve P. Ch. /* Junge: *Fine Cognac / Grande Fine Champ. Sélection / Fine Champagne*

POUSSARD (Félix)
l'Essard, N v.
Javrezac
16100 Cognac
45 82 26 89
Borderies
★★★ / *VSOP / Napoléon*

POUZET (Jean-Pierre)
Popegrain, NW v. Burie (D 731)
Villars-les-Bois
17770 Brizambourg
46 94 91 74
Borderies
★★★ (4 Jahre) / *VSOP* (12 Jahre) / *Vieille Réserve* (19 Jahre)/*Très Vieux Cognac* (27 Jahre)

PRADIER: Brugerolle

PRÉVOST & Co: Royer

PRINAL & CIE.: Brugerolle

PRINCE BERTRAND: La soloise SARL, 16370 Bréville

PRINCE DE FRANCE: Comp. Française des Champagnes

PRINCE DE GOYON: Pernod Ricard

PRINCE HUBERT DE POLIGNAC: Unicoop

PRINCE LAURENT: Les Grands Chais de France

PRINCE LOUIS: Castillon Renault

PRINCE ROBERT: Exshaw

PRIOULAT (Pierre)
La Vallade, NO v.
St.-Fort-sur-le Né
16130 Segonzac
45 83 72 19
Grande Champagne
★ ★ ★ (5 Jahre) / *VSOP* (10 Jahre) / *Vieille Réserve* (18 Jahre)
tel. verabreden

PROPRIÉTAIRES VINICOLES DE COGNAC (Société des): Monnet

PRULEAU (Pierre)
Cheminé, SO (D 145)
St.-Bonnet-sur-Gironde
17150 Mirambeau
46 86 01 04
Fins Bois
★ ★ ★/*VSOP*

PRUNIER S.A.
7, Avenue du Général Leclerc
16102 Cognac
45 35 00 14

Das im vergangenen Jahrhundert gegründete Unternehmen, heute im Besitz der Familie *Burnez,* stellt Cognac, Liköre und andere Spirituosen her. Es besitzt eines der pittoreskesten Häuser der Altstadt in Cognac als Verkaufsraum, die «Lieutenance» (hinter der Markthalle). Eigene Weinberge hat Prunier nicht. Die Cognacproduktion beläuft sich auf etwa 600 000 Flaschen, dazu kommen noch etwa 200 000 von der assoziierten Marke *ALBERT ROBIN* und etwa 100 000 Liter Faßware; 90 % werden exportiert.
Hauptkunden: Großbritannien, USA, Benelux, Japan, Kanada, Bundesrepublik

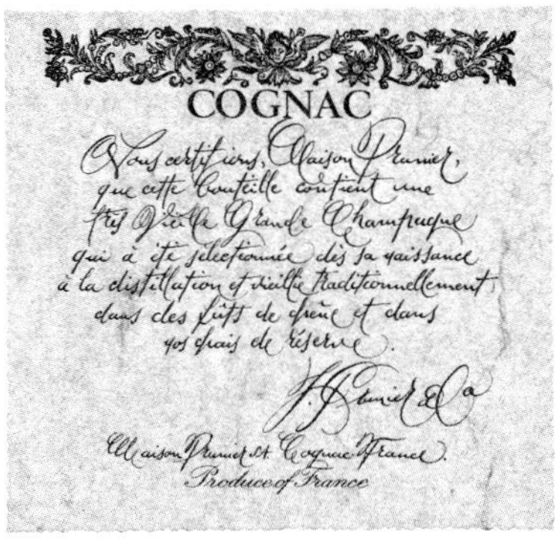

Angeboten werden: ★ ★ ★/*VSOP/Napoléon/Réserve de la Famille/XO/Très Vieille Grande Champagne/Galleon Extra* (Glaskaraffe in Form einer Galleone aus dem 17. Jahrhundert). Prunier verfügt über Handelsmarken wie *Louis Baron, C. Brissac, Briand & Co, Burnez, Charrier, Château de Brives (Petite Champ.), Comte de Germignac, Docks St. Jacques, Duparc, De Marsy Cordonnier, Général de Montrandy, Jos. Germain, Grand Connaisseur, Marlive, Ménorval, Oshidori, Patriarche, Pouilloux (René), Pullman, Renaud (Gay), Turbot (Ch.), Yuan Yang.*

U. a. Max Piehl, Hamburg, Tel. 0 40/ 78 13 13

G. B. DE PULIGNY: Brugerolle

PULLMAN (Hr) & Co: Prunier

PUYRAJOU (R.)
La Pijarderie
Anais S v.
16560 Tourriers (N 10 N v. Angoulême)
45 20 60 18
Fins Bois
★ ★ ★/*VSOP/Très Vieille Réserve* (15 Jahre)

QUANCARD Père & Fils, und CHEVAL QUANCARD: Weinhandelshaus (Beaune und La Grave d'Ambarès), vermarktet Cognac De Guyon (Larsen)

QUELLYN ROBERTS & CO.
11/23 Watergate Street
Chester CH1 2JX
(244) 2 05 15/6
Weinhaus, das auch Jahrgangscognacs «early landed late bottled» führt, darunter *AUGIER (1948+49), OTARD und HINE.*

QUERON & CIE.
Macqueville
17490 Beauvais-sur-Matha
46 26 60 11, 26 61 93
★ ★ ★/*VSOP/Napoléon/Antique/Hors d'Age* (50 Jahre)

QUINTAL (N.) & Fils: Royer

QUINTARD (Bernard)
Le Baronneau, N v.
Burie
17770 Brizambourg
46 94 90 41
Borderies
★ ★ ★

QUINTARD (Paul)
Le Palain,
16370 Cherves Richemont
45 83 26 85
Borderies
VSOP (10 Jahre) / *Réserve* (15 Jahre)

S.C.I. RABAUD
Domaine de Nanclas, NW v.
16200 Jarnac
45 81 03 91
Fins Bois
VSOP/Vieille Réserve

RABELAIS: Frapin

RABY (Fernand)
Moulidars
16290 Hiersac
45 96 91 33
Fins Bois
★ ★ ★/*VSOP/Vieux Cognac* (20 Jahre)/*Très Vieux Cognac* (40 Jahre)

RAFFAIT (Raymond)
St.-Sulpice-de-Cognac
16370 Cherves-Richemont
45 83 84 22, 83 84 89
Borderies
Cognac 60 % / *Réserve Vieille Fine-Soleil d'Or / Hors d'Age* (18 Jahre)

La Lieutenance, eines der schönsten erhaltenen Häuser Alt-Cognacs, gehört der Firma Prunier

RAFFAUD (Michel)
Migron, SW
17770 Brizambourg
46 94 91 32
Fins Bois
★ ★ ★/*VSOP*

RAGNAUD (Marcel)
Domaine de la Voûte,
Ambleville
16300 Barbezieux
45 80 54 61
Grande Champagne

Einer der berühmtesten Namen des Cognac, abseits von den großen Firmen. Die Familie destilliert, pflegt und verkauft ausschließlich aus eigener Ernte (50 ha), ca. 60 000 Flaschen pro Jahr; die Vorräte betragen etwa das Achtzehnfache. Die Familiengesellschaft besteht formell aus drei verschiedenen Gesellschaften, deren Bestände und Interessen aber gemeinsam verwaltet und gepflegt werden:
1. INDIVISION GASTON BRIAND besteht aus Mme Denise Ragnaud (Ehefrau von Marcel R.), geb. Briand, der Witwe Jean Briand (Gaston B.s Bruder) und Mme Henriette Bonnaud; Gaston Briand, berühmter Cognacproduzent, ist 1957 gestorben.
2: MARCEL RAGNAUD, also Schwiegersohn Gaston Briands, Erbe seines 1942 gestorbenen Vaters, ebenfalls Cognac-Produzent.
3: A. RAGNAUD-SABOURIN: Ragnaud-Tochter Annie und Schwiegersohn Paul Sabourin.
Die Produktion beinhaltet aus dem Erbe Briand:
Grande Champagne 44% Héritage Mme Gaston Briand (Cognac v. 1925) /Grande Champagne 41% Héritage Mme Gaston Briand, Le Paradis (90% aus den ersten Jahren unseres Jahrhunderts, 10% aus der Zeit um 1870); diese sind lieferbar. Gelegentlich findet man noch die *Grande Fine Champagne mit 46%*
Aus den Beständen Ragnaud:
Grande Champagne 41% Héritage Mme Paul Ragnaud (1902, 1903, 1904) / Gr. Champ. Extra 43% Réserve Fontvieille (30–35 Jahre).

Marcel Ragnaud, berühmter Name, wenn von alten, edlen Cognacs die Rede ist, in einem seiner Chais in der Domaine de la Voute, Ambleville (Grande Champagne)

Manchmal, besonders in französischen Luxusrestaurants mit alten Vorräten, findet man noch Ragnaud 1929, Folle Blanche, und 1906, beide Sélection R. Baudouin (die «Pyramide» in Vienne erhält seit jeher jährlich eine Sondercoupe von 250 Flaschen.)
Aus den Beständen bzw. der Produktion A. Ragnaud-Sabourin:
Gr. Champ. A.R.-Sabourin (4 Jahre)/ *Gr. Ch. VSOP* (8 Jahre) / *Réserve Spéciale* (16 Jahre).

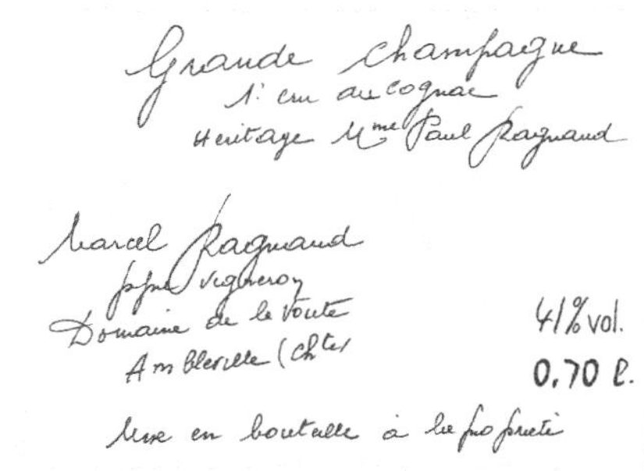

Rund 66% der gesamten Produktion werden exportiert, die Reihenfolge der ausländischen Kunden: USA, Bundesrepublik, Holland, Großbritannien, Belgien, Luxemburg, Schweiz, Dänemark, Italien.
F. Engasser, Am Brückweiherhof 6, 6680 Neunkirchen-Kohlhof,
Tel. 0 68 18/70 33 68
Weinatelier Wolf, Drachenburgstr. 36 A
5300 Bonn 2
02 28/34 20 11
oder JUMAC Markenimport, selbe Adresse, 02 28/34 50 61;
Reichmuth/Zürich, P. Clostre au Coq d'Or, Genf; van Bilsen, Tilburg

RAGNAUD (Raymond)
Mme Marie-Françoise
Le Château
(kein Schloß, sondern Ortsname)
Ambleville
16300 Barbezieux-St.-Hilaire
45 83 54 57
18 ha *Grande,* 17 ha *Petite Champagne*
Raymond war der Bruder von Marcel Ragnaud (s.d.); er ist 1962 gestorben. Nach dem Tod des Vaters Paul Ragnaud wurden Anlagen und Bestände aufgeteilt. Die Bestände wurden auch weiter von Marcel verwaltet, destilliert wurde bis 1957 gemeinsam. Von den Rebflä-

chen erhielt Raymond etwa 6 Hektar; den heutigen Bestand erreichte seine Witwe durch Neukäufe. Die beiden Zweige der Familie haben keine Beziehungen mehr. Die Kapazität des Hauses Raymond Ragnaud beträgt etwa 70 000 Flaschen jährlich; der Verkauf liegt bei etwa 25 000 (60 % Export) nebst Faßware für ein großes Cognac-Unternehmen. Beste Auslandskunden: Bundesrepublik – USA – Großbritannien – Benelux. Das Angebot:

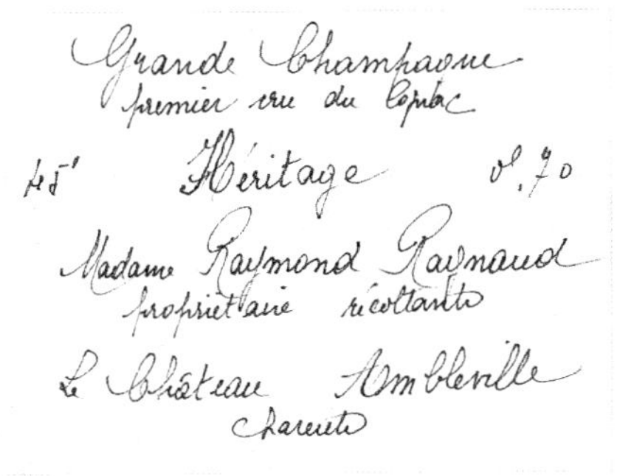

Marke *Le Château d'Ambleville, Grande Champagne: Vieille Réserve 41 %* (15 Jahre) / *Tierçon André Paul* / *Réserve Extra 42 %* (20 Jahre) / *Hors d'Age 43 %* (ca. 40 Jahre) / *Héritage 45 %* (aus den alten Beständen Paul Ragnaud), v. Anfang des Jahrhunderts.
Marke *Haute-Roche, Petite Champagne: Sélection* (3 Jahre) / *Réserve* (8 Jahre)
Jacques Weindepot: *Vieille Réserve.*

RAILLARD FRÈRES: Croizet Eymard

RAINICOURT: HARDY

RAMBAUD (Guy)
Chez Paraise, N, D 251 E v.
St. Ciers-Champagne
17520 Archiac
46 49 11 82
Petite Champagne
★ ★ ★ / *Vieille Réserve* (15 Jahre)

RAMBOUR: Puy Gaudin

RAMNOUX (Michel)
Mareuil, W v.
16170 Rouillac
46 96 73 50
Fins Bois
VSOP (10 Jahre)

RANSON (Jacques)
Domaine de l'Oiseau
Le Mas, SO v.
Verrières, SW, v.
16130 Segonzac
45 83 75 30
Grande Champagne
Cognacfamilie seit dem 18. Jahrhundert, erste Partner von Delamain (s.d.). Beliefert hauptsächlich Remy Martin. Nur sehr kleine Eigenproduktion.
Grande Fine Champagne 42 % (18 Jahre)
Grashoff,
Contrescarpe 80
2800 Bremen 1
04 21/1 47 49

RASTAGNAC: (Hardy)

RAULT (André)
Le Peyrat, SW v.
Houlette
16200 Jarnac
45 83 89 04
Fins Bois
VSOP (10 Jahre)

RAYER (Pierre)
Le Brandart, NW v. St.-Sulpice-de-Cognac
16370 Cherves-Richemont
45 83 85 11
Borderies
★ ★ ★ / *VSOP*

REAU-RICHARD & CIE.
gehört zur *CCG* (s.d.) Produktion etwa 1,8 Millionen Flaschen im Jahr, teilweise als Faßware; Cognac für Handelsketten und Supermärkte nach Maß unter deren Eigenmarken. Unter *Réau Frères:* ★ ★ ★ / *Fine Champ. VS* / *VSOP* / *Fine Champ. VSOP* / *Napoléon* / *XO* / *VRXO.*
Aus der Zeit, als *Réau Frères* noch eine selbständige Firma war, gibt es noch vereinzelte Bestände, wie etwa von der Abfüllung «Montboyer» (so hieß die Destillerie) «Très vieux Cognac», von der nur 600 Flaschen hergestellt wurden. «Montboyer» fand ich noch auf der Karte von *ALAIN CHAPEL* in Mionnay.

REBEL (Jules): Gautier/Aigre

RECHOU S.A.
Le Logis,
Angeac-Champagne (Stadtmitte)
16130 Segonzac
45 83 72 94
Grande Champagne
★ ★ ★ / *VSOP* / *Vieille Réserve* (15 Jahre) / *Très Vieux* (50 Jahre)

REGENCE: Unicognac

RELAC: Confidentia

RELANGE (Charlotte)
Le Marais, NO v.
16370 Cherves-Richemont
45 83 25 58
Borderies
★ ★ ★/*VSOP*/*Napoléon* (ca. 16 Jahre).
Auch zu erreichen in Cognac nach tel. Verabredung (45) 83 36 56
16, place Bayard

RELDA: Castillon-Renault

REMUZAT (Hélie de): Moyet

E. REMY MARTIN & CO. S.A.
20, rue de la Société Vinicole
16102 Cognac
45 35 16 16

Der dritte der größten Cognac-Produzenten. Im Vergleich zu den beiden riesigen Kollegen Martell und Hennessy ein Spätstarter. 1724 gegründet, machte die Firma einen eher bescheidenen Weg, bis Anfang unseres Jahrhunderts zunächst Elie Hériard (selbst aus einem Cognac-Haus), dann 1924 André Renaud sie übernahm. Renaud brachte Rémy Martin zur heutigen Bedeutung. Seine Tochter Anne-Marie, verheiratet mit André Hériard-Dubreuil, der bei Renauds Tod, 1965, die Geschäfte übernahm, hält 51 %, die zweite, Geneviève, ist verheiratet mit Max Cointreau und hält 49 %. Die Geschäfte führt nun François Hériard-Dubreuil.
Rémy Martin hat 150 ha Rebfläche in der Grande Champagne; Kontrakte mit etwa 1200 Winzern in der Grande und Petite Champagne sichern ihm die Ernten von 12 000 ha. Die Firma verkaufte 1984 rund 20 Millionen Flaschen Cognac. Sie weist gern darauf hin, daß zwar das Cognacvolumen der Größeren größer ist, Rémy Martin aber einen weit höheren Anteil älteren, teureren Cognacs verkaufe – 85 % VSOP, 10 % noch ältere, nur 5 % VS (★★★). Rémy Martin liefert nach eigenen Angaben rund 36 % allen Cognacs der Qualitätsstufen von VSOP aufwärts in der Welt, 48 % des gesamten VSOP-Verkaufs. Von der Produktion werden 96 % exportiert. Die wichtigsten Märkte sind: Bundesrepublik, USA, Großbritannien, Japan, Hongkong, Frankreich, Benelux. Verkauf in der Bundesrepublik 1984: 3,25 Millionen Flaschen.
Das Angebot: ★★★ *P. Ch.* (4 Jahre) / *VSOP F. Ch.* (mehr als 6 Jahre) / *Club de Rémy Martin / Centaure Royal F. Ch. / Centaure Napoléon F. Ch.* (15 Jahre) / *Centaure XO F. Ch.* (27 Jahre) / *Centaure Extra F. Ch.* (ca. 35 Jahre) / *Centaure Cristal* (derselbe in Kristallkaraffe) / *Louis XIII, Gr. Ch.*, in Baccarat-Kristall (mehr als 50 Jahre).
Als Sammlerstücke existieren wohl noch einige Flaschen «Cuvée Spéciale», Grande Fine Champagne, herausgebracht anläßlich des 250. Firmenjubiläums 1974 in begrenzter Stückzahl. Vor Jahren hat Rémy Martin das Cognac-Haus *DE LUZE* übernommen (s.d.), ebenso die Marke *RULLEAUD LARRET*. Weitere Tochterfirma: *SEGUIN & CO.* 1984 übernahm Rémy Martin die Mehrheit der drittgrößten französischen Wein- und Spirituosenhandelskette *NICOLAS*. Weitere Handelsmarke: *Etienne Gasqueton* (über Rulleaud-Larret).
Euromarken Import, Biebricher Allee 142, 6200 Wiesbaden, Tel. 0 61 21/ 63 33 44

Referenzflaschen mit Jahrgangscognac, Jahrzehnte zurück, eine Augenweide, aber auch ein nützliches Vergleichsarchiv zur Beurteilung früherer Brände, im Hause Rémy Martin

RENAISSANCE: Monnet

RENARD (L.): Dupont (Cognet)

RENAUD (Andrée): Frapin

RENAUD (Bernard): Latour

RENAUD (Gay): Prunier

RENAUD (Georges)
2, rue des Platanes
Boutiers, N jenseits der Charente v.
16100 Cognac
45 82 33 22
Fins Bois
Hat Anbau und Destillation eingestellt, verfügt aber noch über Bestände, teils sehr alte: *VSOP / Hors d'Age* (35 Jahre) / *Hors d'Age très Vieux* (1914).

RENAULT: gehört zu Castillon-Renault, s.d.
VS★★★/VSOP/Napoléon/Old Vintage Blend (O.V.B.) / Carte Noire Extra / XO Royal / Renault Extra / Age Unknown, in Kristallkaraffe *(Gr. Ch.)* / *Réserve du Fondateur* (über 50 Jahre) *Gr. Ch.* (nur 5000 produziert).
J. J. Jacobson,
Husumer Str. 200
2390 Flensburg
04 61/95 01;
Sonnberg
Schiffbrücke 16–18
2390 Flensburg
04 61/1 77 79 (für Nielsen 1)

RENAY (Louis): Castillon Renault

RENÉ (John B.): Salignac

RENÉ (H.): Confidentia

RENOU (Thierry)
17240 St.-Dizant-du-Gua
46 49 98 51, 49 94 27
Fins Bois
★★★/*VSOP* (10 Jahre)

RENOUD (Bernard)
Gimeux, SW v. Cognac
16130 Segonzac
45 82 27 49
Grande Champagne
Kleine Produktion, überwiegend für den Handel. Eigener *VSOP*

RÉSERVE CHANTILLY: Royer

REUSS (Jules): Gautier/Aigre

REX: Pascal Combeau/Gautier (Aigre)

RGB-Cognac: Rouyer Guillet

RHEANS: Unicoop

LA RIBAUDIERE
Bourg-Charente (N v. N 141 Cognac-Jarnac)
45 81 30 54
Schön gelegenes Restaurant an der Charente, ordentliche Cognac-Auswahl.

RIBEAU CASTENAC: Quancard

RIBERAUD (Pierre)
St. Ciers-de-Champagne, S (D 152) v.
17520 Archiac
46 48 30 58
Petite Champagne + Fins Bois
★★★/*VSOP*

RICARD (Gilbert)
Domaine du Faucaudat,
Juillac-le-Coq
16130 Segonzac
45 83 47 24
Grande Champagne

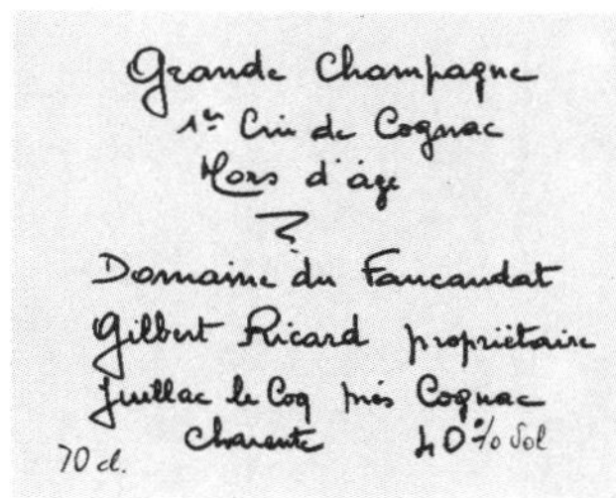

Cognac Ricard für Ketten und Supermärkte, ebenso die Handelsmarke Pasquinot: ★★★/*VSOP/Napoléon/XO.*

Außerdem für gehobene Gastronomie «Domaine du Faucaudat»: *VSOP 41 %/Très Vieille Grande Fine Champagne – Hors d'Age*, Weitere Handelsmarken: *Balino, Baron de Moerner, Paul Pasquier, Samocante*

RICCARD (F.): Salignac

RICHARD (Frères)
gehört zur *CCG* (s.d.). Angebot: *Grande Fine Cognac/Fine Champagne Aristocrate/Fine Champagne VSOP/Napoléon/XO* (Fine Ch.)

RICHELIEU: angemeldet sowohl von Godet als auch von Hardy

RICHON (Jean)
Denat
16430 Champniers (N v. Angoulême)
45 68 73 89
Fins Bois
★ ★ ★/*VSOP/Napoléon* (11 Jahre)

RIMAUD: Royer

RIVIERE (Jean-Noel)
La Barrière, O v. Mosnac
16120 Châteauneuf-sur-Charente
45 62 53 68
Petite Champagne
Vieille Réserve/Hors d'Age

RIVIÈRE (Roland)
Distillerie de St.-Pardon, SO v. Mortiers
17500 Jonzac
46 48 61 55
Fins Bois
★ ★ ★ (10 Jahre)/*VSOP* (12 Jahre)/*Special 50%* (12 Jahre/*Vieille Réserve* (20 Jahre)/*Sélection 50%* (20 Jahre)/*Vieux Cognac* (40 Jahre)

RIVIÈRE GARDRAT & CIE: Gautier/Aigre

ROBERT (Edmond & Pierre)
Les Gorces (an D 730)
Epargnes
17120 Cozes
46 90 73 19
Bons Bois
★ ★ ★/*VSOP*

ROBERT (J.): Gautier/Aigre

ROBERT (Jean)
Le Renclos, SW-Rand v. Sigogne
16200 Jarnac
45 81 60 38
Fins Bois
★ ★ ★/*VSOP*

ROBIER (Michèle)
Le Liboreau, NW v. Sonnac
17160 Matha
46 26 64 20
Fins Bois
★ ★ ★/*VSOP/Hors d'Age* (20 Jahre)

ROBILLOT (J.): Gautier/Aigre

ALBERT ROBIN: Prunier

EUG. ROBIN: Brugerolle

ROBIN: JULES ROBIN

ROBIN (Jules)
36, rue Gabriel Jaulin
16100 Cognac
46 82 17 23
Vor einem Jahrhundert eine der bedeutendsten Cognacfirmen, gehört heute

MARTELL (s.d.). Beliefert mehr Ketten und Warenhäuser als Luxuskundschaft, produziert auch Brandy und Liköre. Cognac-Qualitäten: *VS/★★★/ VSOP Fine Ch./Napoléon/Extra/Très Vieille Fine Cognac / Gr. Ch. Extra 44,2%*
Verfügt u. a. über die Handelsmarken *Condor, Dumas* (Jules), *Folligny, Marquis de Salencon, Menage à Trois, Trenet.*

ROBLINE FRERES: Castillon-Renault

F. ROCCARD & CIE.: Salignac

ROCHEMONT: Rouyer Guillet

RODIER & CO: Brugerolle

RODIN (A.) Brugerolle

ROFICA: Roffignac

ROFFIGNAC (Comte F. de)
Château-Chesnel, NW v.
16370 Cherves-Richemont
45 83 28 11
40 ha *Fine Champ.* «Prestige»/*Grande Fine Champagne/Extra Vieille Fine Champagne.* Weitere Handelsmarken: *FRONTILLAC, ROFICA COGNAC*

ROGER & Cie: CCG

ROI DES ROIS: Unicognac

ROI SOLEIL: Augier

ROLAND (Geo): Gautier/Aigre

ROLAND: Unicoop

ROLET
NV Geens Benelux S.A.
3220 Aarschot (Belgien)
00 32 16/56 83 51
Napoléon 1er cru/Napoléon 5 Star; siehe auch La Grande Bruyère

E. ROLLAND & CO: Bache-Gabrielsen

G. ROLLER & CO: Ets. MOYET

ROOS (A.): Camus

ROSET & CO (A.): Salignac

ROTURIER (Jean-Guy & Yves)
Macqueville
17490 Beauvais-sur-Matha
Fins Bois
★★★/Fine Cognac VSOP/Napoléon/ Hors d'Age (15 Jahre)

ROUBAULT (Louis)
Mareuil (Ortsmitte), N v. Sigogne
16200 Jarnac
45 96 73 72
Fins Bois
Cognac de Propriétaire 42% (8 Jahre), etwa 3000 Flaschen. Produzent ist pensionierter Beamter der Electricité de France, häufig in seiner Pariser Wohnung zu erreichen: 92, Bd. de la République, 92210 St. Cloud, (1) 6 02 40 56

ROUGE (Distillerie)
Aumagne (D 229E) NO v.
17770 Brizambourg
46 58 22 57
Fins Bois
★★★ / VSOP / Napoléon / XO

P. ROULLEAU & CIE:
Ets. Moyet

ROULLET (Serge & Fils)
Le Goulet, zw. Foussignac u.d.N 141
16200 Jarnac
45 81 14 58
Fins Bois
An der Firma ist die britische Brauerei Greene, Kings & Sons, zu der auch eine Pub-Kette gehört, mit 50% beteiligt.
VS Amber Gold (3 Jahre) / *VSOP* (5 Jahre) / *Vieille Réserve* (8 Jahre) / *Grande Réserve Napoléon / XO.*
Mühlensiepen Ernst GmbH & Co KG
Bonner Straße 177–179,
4000 Düsseldorf 13
02 11/7 96 50

ROUSSEAU-GARIN: CCG

Gve ROUSSELLE & CIE: SALIGNAC

ROUSSILE (G.C.)
Libourneau, D 22 SW v.
Linars
16290 Hiersac
45 91 05 18
35 ha. Sélection (★★★) / *VSOP* (8 Jahre) / *Vieille Réserve Napoléon* (20 Jahre)

ROUSTEAU (Guy)
Bréville, NO (via D 159 + D 48) v.
16370 Cherves-Richemont
45 80 86 74
Fins Bois
Sélection (★★★, 5 Jahre) / *VSOP* (10 Jahre) / *Napoléon* (20 Jahre)

ROUVERT & CIE: Castillon-Renault

ROUVIER FILS: Castillon-Renault

So berühmt der Cognac als Hauptprodukt der Charente ist, so mäßig ist das Angebot an Eßwaren auf Märkten und in Lebensmittelgeschäften, außer in den größeren Städten ▷

ROUX (Jean Claude)
G.A.F. Castel Sablons
St. Maigrin,
17520 Archiac
46 70 00 30
Fins Bois
30 ha. Produziert hellen Cognac als Basis für Cocktails, «Crystal Dry», außerdem *VSOP* (8 Jahre), *Napoléon* (15 Jahre).
Außerdem *VSOP «Alter Pasewalker»* und *Napoléon «Roy de Prusse»* (Alter wie oben) für Château Claire Abbaye, Hans-Friedrich und Jacqueline v. Knobelsdorff, Claribès, 33890 Gensac/Gironde, 5 73 40 40 83
Schloß Frankenberg (4), 8704 Weigenheim, 0 93 39–6 57
Die Französische Weinbotschaft, Kanzlerweg 7, 6501 Saulheim 1, 0 67 32–53 95

ROUYER GUILLET & CIE
52, rue de la Roche
17100 Saintes
46 93 01 41

Einer der ältesten Familienbetriebe, eines der ganz wenigen unter den größeren Cognac-Häusern, das noch immer der Familie des Gründers gehört; es gibt sich auch betont altmodisch. Die Guillets sind seit 1687 in der Branche (Philippe Guillet war damals Bürgermeister von Cognac; er gründete 1701 einen Branntweinhandel). 1801 führte ein Ehebund zu einem neuen Unternehmen mit dem Namen beider Partner; der Firmensitz wurde nach Saintes verlegt, wo die Rouyers ihre Anlagen hatten. Als später der Familienzweig Rouyer erlosch, erhielten die Guillets die Erlaubnis für die Namensvereinigung.
Rouyer Guillet besitzen drei Weingüter in den Borderies, zwei andere in den Fins Bois, insgesamt rund 100 ha, und kaufen aus anderen crus hinzu. 60 % ihrer Bestände sind Grande Champagne. Sie verkaufen etwa 750 000 Flaschen Cognac im Jahr, 72 % davon im Export; 75 % der Lieferungen sind *VSOP* und älter. Hauptmärkte: Fernost, Skandinavien, Kanada, Lateinamerika, Großbritannien. Cognac Rouyer Guillet oder (nur) Rouyer: *Brevet Royal* (4 Jahre) / *VSOP* (8 Jahre) / *Damoisel VSOP* (15 Jahre) / *XO* (25 Jahre) / *Rois de France* (30 Jahre) / *Vieille Borderies* (50 Jahre) / *Philippe Guillet Grande Fine Champagne* (80 Jahre).

Weitere Handelsmarken der Firma: *R.G.B. Cognac, O. et T. Bacot, Bourbon & Boussaguet, Coutanseaux Ainé, Guillet, La Grange, F. Lapoire, Jules Lefranc, J. R. Martin, Roger Mercier, William Morton, Oranco, Rochemont, Rochemond, Sauvion.*
Spitz/Linz (Österreich), Lanz Ingold, Herzogenbuchsee (Schweiz), Alphonse Simkens, Borsbeek (Belgien), James Bell & Co, St. Mary's Way, Sunderland SR1 3AN (England).

ROY (Gilbert)
Le Chaix, SO
16360 Baignes-Ste-Radegonde
45 78 40 51
Bons Bois
Vieille Réserve 50 % (12 Jahre)

ROY (Henri Roy & Co): Salignac

ROY (Jean-Claude)
Le Maine Verret, SW v.
Verrières
16130 Segonzac
45 83 75 47
Grande Champagne
★ ★ ★ / *VSOP* / *Vieille Réserve* (20 Jahre)

ROY (René)
Le Mas, SO v.
Juillac-le-Coq
16130 Segonzac
45 83 47 09
Grande Champagne
★ ★ ★ (5 Jahre) / *VSOP* (8 Jahre) / *Napoléon* (15 Jahre) / *Hors d'Age* (25 Jahre)

COGNAC DU ROY 1840: A.M.A.D.

ROYAL MARQUISSAC: Nicolas

ROYAL SAINTONGE: Salignac

ROYAL SYMBOL: Courvoisier

LOUIS ROYER & CO
23, rue du Chail
16200 Jarnac
45 81 02 72

Mehr als hundertjähriges Familienunternehmen, dessen Aufschwung unter die recht Großen jüngeren Datums ist. Früher ausschließlich mit Faßware tätig, jetzt noch zu 50 %, aber verstärkte Umstellung auf Flaschengeschäft und Pflege des Markennamens seit Anfang der 70er Jahre. Keine eigenen Rebflächen, Ankauf bei 200 bis 250 Winzern. Das Produktionsvolumen würde umgerechnet etwa 3,4 Millionen Flaschen entsprechen. 85 % werden exportiert, Hauptauslandsmärkte sind die Bundesrepublik, Skandinavien, Japan, Südostasien (besonders Korea), Benelux, Großbritannien. Das Unternehmen stellt auch Weinbrand und Pineau her und exportiert Brennweine (vins vinés) nach der Bundesrepublik, der DDR und Österreich. Zu seinen für Cognac verwendeten Handelsmarken gehören *Arbellot, Bellery* (Jules), *Bellevue, Boilard, Bredon, Chantel, Clér* (René), *Dartimon, Delyeuse, Dumas* (Alexandre),

Royer sen. (André) und jun. (Alain)

Duret (Jules), *Faustin, Fauvel, Lafont, La Trèbe, Le Duc (Pierre), Le Grand Siècle, Le Tanneur, Le Temps Jadis, Lyon & Co, Marmiton, Mathez, Mauger, Mayflowers Cognac, Montblanc* (Jules), *Morice, Perodeau, Prévost & Co, Quintal, Réserve Chantilly, Rimaud, Vallary, Vaucelle, C. Vital. Jules Duret*, bisher nur für USA, hat Spitzenqualitäten: *Fine Champagne/Grande Champagne 1ère Série/Grande Champagne Lot 024/98.*
Unter dem Namen *ROYER* werden geboten: ★ ★ ★ / *VSOP / VSOP Fine Ch. / Napoléon / Cognac Cournonsky / XO / Extra Grande Fine Champagne*, zunächst ersetzt durch *Grande Réserve Extra*, dann durch *Très Grande Réserve*. Daneben noch Cognac «Charcuterie». XO gibt es auch in eckiger Taschenflasche im Kassettenformat mit entsprechendem Etui, aber auch in Porzellan in Form eines Venus-von-Milo-Pavillons. Borco Marken-Import, Bahrenfelder Steindamm 67, 2000 Hamburg 50, Tel. 040/8 50 20 31

RULLAUD-LARRET: Rémy Martin

RULLIER (René & Francis)
Marsac (NW v. Angoulême)
16570 St.-Génis d'Hiersac
45 95 90 37
Fins Bois
★ ★ ★/*VSOP/Napoléon* (ca. 12 Jahre)

RURALIES
Autobahn A 10 Paris–Bordeaux nach der Ausfahrt Niort auf dem Rastplatz (mit Rasthaus und Tankstelle) Aiffres: gemeinschaftliche Verkaufsausstellung regionaler Produkte mit Auswahl von Cognacs kleinerer Produzenten

RUTER (Frères): Puy Gaudin

S – FINE COGNAC: Pernod Ricard

SAINT CIRQ & CO: Leyrat/Engrand

SAINT-SULPICE: Ets. Moyet

SALADIN: Castillon-Renault

SALIGNAC (L. de)
Domaine du Breuil
16100 Cognac
45 81 04 11

Dieses beachtliche Haus steht nach eigener Einschätzung etwa an Platz 10 in der Hierarchie der Cognachäuser, mit einem Verkauf von rund 1,8 Millionen Flaschen jährlich. Es gehört gemeinsam mit *COURVOISIER* (s.d.) zum *HIRAM WALKER-Konzern*, operiert aber von Courvoisier getrennt mit eigener Initiative und eigenem Programm (zu dem auch der Vertrieb von Wein und Brandy und anderen Spirituosen gehört). 70% der Cognacproduktion werden exportiert. Haupt-Auslandsmärkte: USA, Hongkong. Salignac verwendet auch andere Handelsmarken, z. B.: *Bagaron, Barlignac, Claudon, Collin, Compagnie Agricole et Viticole du Cognac, De Chavagnac, J. Dubois, V. Duclos, Frappier, Gournay, F. Gros, Mauriol, Menager, A. G. Morel, Mouget, René* (John B.), *Riccard, Roccard, Roset, Gve Rousselle, Henry Roy, Royal Saintonge, Sansac, Sugier* (Marie), *Tesco* (Eigenmarke der britischen Handelskette), *Union des Propriétaires distillateurs, Uniona Cognac, Vénérand.* Salignac-Qualitäten: ★ ★ ★ in VSOP-Qualität /*VSOP* in Napoléon-Qualität / *Napoléon / XO / Très Vieille Grande Réserve / Très Vieille Grande Fine Champagne 43%* (ca. 50 Jahre).
In der Halle des prächtigen Haupthauses hängen Dankschreiben Adenauers, Trumans und Churchills für Salignac-Co-

gnacgeschenke – an Churchill hatte das Haus im Oktober 1946 gleich sechs Flaschen Cognac von 1865 geschickt. Eine andere Flasche dieses Cognacs konnte ich noch 1986 bei Hosman Frères (s.d.) kosten.
Lucas Bols, Graf Landsbergstr. 35, 4040 Neuß, Tel. 0 21 01/54 21

SAMOCANTE: Ricard Juillac-le-Coq

SANSAC: Salignac

SAUNIER (Geo): Rémy Martin

SAUVAGET (Jean-François)
Gente, S v. Cognac
16130 Segonzac
45 83 75 57
Grande Champagne
VSOP (10 Jahre)/*Hors d'Age* (20 Jahre)

SAUVION: Rouyer Guillet

SAUZEAU (Maurice)
St. Preuil, SO v.
16130 Segonzac
45 83 45 73
Grande Champagne
Sélection (4 Jahre)/*Réserve* (8 Jahre)/ *Napoléon (12 Jahre)*

SAUZIN (René)
Deux Villes, W v.
16130 Segonzac
45 83 40 43
Grande Champagne
VSOP/Vieille Réserve (15 Jahre)

SAZERAC DE FORGE: Engrand

SEGUIN (André)
Villars les Bois
(gegenüber der Kirche)
17770 Brizambourg
46 94 91 68
Fins Bois
★ ★ ★ / *VSOP* / *Vieille Réserve* (15–18 Jahre) / *Hors d'Age* (26 Jahre)

SEGUIN & CO: Rémy Martin

SEGUINOT (Pierre, Gérard)
La Nérolle, NO v.
16130 Segonzac
45 83 41 73
Grande Champagne
/ *VSOP* / *Réserve* (12 Jahre) / Vieille Réserve.
Weinstraße Adolph GmbH
Ubierring 13
5000 Köln 1
02 21/31 24 13
Rudorfer Euroimport
Industriestraße
5590 Cochem
0 26 71/40 55
Séguinot produzieren auch den Cognac *VERSENNES, G. A. E. C. Les Versennes:*
VSOP / *Napoléon* / *XO*. Diese entsprechen in der Abstufung den Séguinot-Qualitäten.
Versennes: La Petite France, Florentiusgraben 29
5300 Bonn 1
02 28/69 13 88

SENIOR: CCG

SEPC: Société pour l'exportation des produits des Charentes Ltd.: Castillon-Renault

SERAC: Les grands chais de France

SERPLET (Pierre),
Lavaud, O v.
Juliac-le-Coq
16130 Segonzac
45 83 47 65
Grande Champagne
★ ★ ★ / *VSOP* / *Napoléon* / *Vieux Cognac* (15 Jahre)
Vorher anrufen

SERRE (Louis): CCG

SEUILLET (Etienne)
Le Rainé
17120 Cozes
46 90 71 95
Bons Bois
★ ★ ★ / *VSOP* / *Vieille Réserve*

SICA DE PUY GAUDIN
Epargnes
17120 Cozes
46 90 81 64
Bons Bois
Vermarktet den Cognac von sieben angeschlossenen Winzern. Hauptmarke: *Guérin Frères:* ★ ★ ★ (3 Jahre, 50% Fins Bois) / *VSOP* (6 Jahre) / *Vieille Réserve* (12 Jahre).
Weitere Handelsmarken: *Atlantique, l'Estuaire, Delatour, Drovineau, Henri de Brière, Rambour, Ruter Frères, Viticulteurs Saintongeais.*

SICARD & FILS: CCG

SIEUR DE PLAISANCE: Guy Testaud

SMART: Camus

SOCIÉTÉ DES VINS ET SPIRITUEUX: Monnet

SODICOGNAC: Marketingbüro bei Gautier/Aigre

LA SOLOIRE: Boutinet

SOREL: Brugerolle

J. SORIN (Vallein-Tercinier)
Domaine des Forges
Chermignac,
17460 Thenac
46 92 64 30
Vallein-Tercinier gehört auch *DUPUIS FILS* (s.d.). Die Domaine des Forges beherbergt auch das Unternehmen *GEORGES FRANSAC* (s.d.). Cognac Sorin wird nur in geringer Menge und in Qualitäten nach Bedarf abgefüllt.

SOUBIRON (Pierre): Pernod Ricard

SUGIER (Marie): Salignac

SUIRE (Paul)
(Le Chai Saintongeais-Suire Père & Fils)
Maine Péron, NW (D 248E)
St. Quantin-de-Rancanne
17800 Pons
46 49 84 86
Bons Bois
Selection (★ ★ ★)/*Réserve* (= VSOP)/
Très Vieille Réserve (20 Jahre)

SUPERLATIVE: Camus

STAUB & CIE
29, rue Marguerite de Navarre
16101 Cognac
45 32 27 27
Firma arbeitet mit und bei *Camus* (T 32 28 28); der Generaldirektor von Camus, A. Cuzange, ist einer der Eigentümer. Staub & Cie. produzieren den koscheren Cognac Lanxner (s.d.), besitzen 55 ha in Petite Champagne (30) und Borderies und kaufen dazu. Produktion wird zu 95 % exportiert, Reihenfolge der Hauptkunden: Bundesrepublik, Holland, Lateinamerika, Kanada, Hongkong, Belgien. Das Angebot: ★ ★ ★ (mehr als 2 Jahre) / *VSOP* (5 Jahre) / *Napoléon* (6 Jahre) / *François 1er* (ca. 20 Jahre). Weitere Handelsmarken: *Amiral* (★ ★ ★ / VSOP / Napoléon), und *Francet* ★ ★ ★ / VSOP / Napoléon).
Karl Heinz Haus, Am langen Feld 36, 6600 Saarbrücken, Tel. 06 81/87 10 91

SYMBOLE ROYAL: Courvoisier

TAILLEFER
(S.A.R.L. La Champagne de St. Preuil)
St. Preuil
16130 Segonzac
45 83 31 99
100 ha (60 in G. Ch., 26 P. Ch., 14 F. B.) und Zukäufe; Kapazität 250–300 000 Flaschen im Jahr. Qualitäten: ★ ★ ★ (6 Jahre)/*VSOP Fine Ch.* (10 Jahre)/ *Vieille Réserve* (Fine Ch., 16 Jahre)/ *Hors d'Age 45 %* (Gr.Ch., 45 Jahre)
Handelsmarke: *Marianne*

TALLEYRAND: Les grands chais de France.

TAMON (Jules): Camus

TAMPIER (L.): Adet Seward

TARDET (Père & Fils)
Les Châteliers,
17310 St.-Pierre d'Oléron
46 47 07 04
Bois Ordinaires
Ca. 7000 Flaschen im Jahr. ★ ★ ★ (3 Jahre) / *VSOP* (6 Jahre) / *Napoléon* (10 Jahre)

Rémy TARDIEU & CO: Bache-Gabrielsen

TARIN (Claude & Michel)
Chez Thiboire, SW v.
Tanzac, W v.
17260 Gemozac
46 94 23 80
Bons Bois
★ ★ ★ / *VSOP* / *Napoléon* / *Vieille Réserve*

TARIN & FILS: Croizet Eymard

TAVERNIER: Quancard

TEMPLIER (Paul)
Lonzac, NW v.
17520 Archiac
46 495197
Petite Champagne
★ ★ ★ / *VSOP* / *Vieille Réserve* (25 Jahre)

LE TEMPS JADIS: Royer

TERREFOUR: Quancard

TESCO: Eigenmarke der britischen Handelskette, siehe Salignac

A. TESSERON: siehe de Saint-Aulaire (Tesseron ist der Produzent, de Saint-Aulaire eine seiner Marken)

TESSERON (Jean Philippe & Fils)
Chez Besson, N v.
Migron, O v.
17770 Brizambourg
46 94 91 16
Fins Bois
VSOP/Vieille Réserve/Hors d'Age

TESTAUD (Guy)
Plaisance, NW Lamérac
16300 Barbezieux St.-Hilaire
45 78 04 61
Marke «Sieur de Plaisance»: *VSOP* (4 Jahre) / *Napoléon* (10 Jahre) / *Hors d'Age* (20 Jahre). Marke Guy Testaud: *Grande Fine Champagne d'Antan* (40 Jahre)
Gaston Frottier & Fils
Eulenburgstr. 11
6520 Worms
0 62 41/41 17/8

TEXIER Gérard (J.): Camus

TEXIER (Roger)
Montchaude, SW v.
16300 Barbezieux-St.-Hilaire
45 78 04 49
Petite Champagne
★ ★ ★ (4 Jahre)/*VSOP* (5 Jahre)/*Fine Champagne* (5 Jahre) / *Napoléon* (7★) / *Grande Fine Champagne* (20 Jahre)

THOMAS (Christian): siehe Château de Beaulon und Moulin de la Grange

THORIN (André)
Mainxe,
16200 Jarnac
45 83 32 49
Grande Champagne
★ ★ ★ (5 Jahre) / *VSOP 43%* (9 Jahre)

M. TIFFON S.A.
Ile Madame (Ufer der Charente)
16200 Jarnac
45 81 08 31
Im Besitz der Tiffon-Nachkommen (mütterlicherseits) Braastad. 40 ha Eigenbesitz in Grande Champagne und Fins Bois, Zukäufe bei etwa 350 Winzern. Liefert hauptsächlich Faßware an

Die Braastads an der Spitze von Tiffon: Jacques, Philippe, Christian (von links)

andere Firmen und nach Skandinavien, aber auch eigene Flaschenmarke. Jährlicher Verkauf, in Flaschen umgerechnet, etwa 360 000; 95% Export. Hauptmärkte: Schweden, Norwegen, USA, Belgien, Japan. Angebot: ★ ★ ★ (6 Jahre, VS für USA) / *VSOP Fine Ch.* (12 Jahre) / *Napoléon* (f. USA) / *Hors d'Age* (USA + Japan). *Extra Fine Ch.* (30 Jahre). Junger Cognac für Fine à l'eau: *Baccara*
Ferner Château de Triac: *Grande Fine* (6 Jahre) / *Grande Réserve* (15 Jahre)
Tiffon vertritt auch die Firma *Boutelleau* (s.d.)
Grashoff
Contrescarpe 80
2800 Bremen 1
04 21/1 47 49

TOURS D'ARGENT
15, quai Tournelle
75005 Paris
43 54 23 21
Das berühmte Restaurant hat uralte Cognacs im Keller, die gezeigt, aber nicht jedem ausgeschenkt werden, dazu Eigenmarke (Fine Champ.). In der Boutique: Fine Champagne 1805.

TOURNELL: Hardy

TOURREL (François): Delamain

TOUZAIN (Gérard)
rue Millardet
16130 Segonzac
45 83 42 16
Grande Champagne
Réserve (11 Jahre)

TRADITION & QUALITE: Unicognac

TRENAIS: Jules Robin

TRENET (A. C.): Jules Robin

TRESSAC SEGUIN & CO: Bache-Gabrielsen

TRIBOULET: G. Courant/CCG

TRICOCHE: Château Paulet

TRIJOL (Maxime)
St-Martial-sur-le-Né
17520 Archiac
46 49 53 31
Im wesentlichen Cognac für Ketten und Supermärkte. Anspruchsvollere Qualität unter der Marke Duboigalant (s.d.)
Trijol: ★ ★ ★ / *VSOP / Napoléon*

TRIPELON (Roger)
Domaine du Croux, SW v.
Juillac-le-Coq
16130 Segonzac
45 83 47 23
Petite Champagne
★ ★ ★/*VSOP/Napoléon/Vieille Réserve* (30 Jahre).
Bei Rückfragen und Verhandlungen Geduld erforderlich.

TROIS EMPEREURS: Domaine du Chillot

TROISGROS (les frères Tr.)
22, cours de la République
4230 Roanne (gegenüber Bf.)
77 71 66 97
Das berühmte Restaurant bietet in seiner Boutique eine außerordentliche Auswahl alter Cognacs, z. T. Spezialanfertigungen, teilweise besonders hochprozentig

TURBOT (Ch.): Prunier

TYTELL (Henry) *& FILS:* Hardy

UNICOGNAC (Union de Coopératives de la Région délimitée du Cognac et du Pineau des Charentes),
Route de Cognac
17500 Jonzac
46 48 10 99
Vereinigung von Winzergenossenschaften und Brennereien, Anfang der sechziger Jahre gegründet, unter Einbeziehung des seit 1847 in Jonzac bestehenden Cognacunternehmens *JULES GAUTRET.* Insgesamt sind etwa 3500 Winzer mit mehr als 10 000 ha Rebfläche in den crus Petite Champagne, Fins und Bons Bois beteiligt, weiteres wird hinzugekauft. Die Unicognac produziert jährlich außer Pineau und Brandy etwa 1,3 Millionen Flaschen Cognac und liefert für Groß- und Einzelhandel eine Reihe verschiedener Marken, davon 58 Prozent im Export. Hauptmarken der Unicognac sind
Jules Gautret (★ ★ ★ / *VSOP / Fine Champagne/Napoléon / Grande Champagne hors d'Age), Roi des Rois* (VSOP/Napoléon XO / Napoléon Fine Ch./Extra (Grande Ch., 25 Jahre) / Coronation
Bon Roy oder *Bonroy* (★ ★ ★/VSOP/Fine Champagne. Handelsmarken)
D'Anglar (VS/VSOP/Napoléon/Extra)
André Dorbert (★ ★ ★/VSOP/Napoléon/Extra/XO
De la Cour (★ ★ ★/VSOP)
De Forsac (★ ★ ★/VSOP)
Darnac (★ ★ ★/VSOP)
Andere Marken, meist nur ★ ★ ★ oder ★ ★ ★ und VSOP:
Cognac Union, Delignac, Bergeon, Delsay, Jules Gaujon, Marsat, Orphi, Pallas, De Lacour, Régence, Tradition & Qualité, Union, Valleroy, Vice Roi.
Cardyco GmbH, Dieselstraße, 6604 Güdingen (Saar), Tel. 06 81/87 26 50 f. Roi des Rois, Bonroy

UNICOOP (Union Coopérative des Viticulteurs Charentais)
49, rue Lohmeyer
16102 Cognac
45 82 45 77
Gegründet 1931. Zur Zeit etwa 3500 Winzer mit einer Rebfläche von 5200 ha in allen Crus außer Bois Ordinaires. Die Cognac-Aktivität des Hauses, das auch Pineau, Brandy und Likör herstellt, gliedert sich zu je einem Drittel in Faßlieferungen an Staatsmonopole (haupt-

Chai Tiffon, Jarnac, vom Quai de l'Orangerie gesehen

sächlich Skandinavien), Handelsmarken für Großkunden, deren Wünschen Marke und Qualität angepaßt sind, und die erfolgreichste, Mitte der fünfziger Jahre eingeführte Qualitätsmarke des Hauses, *Prince Hubert de Polignac.*
Insgesamt beläuft sich der Cognacverkauf nach eigenen Angaben auf ein Volumen von rund 4 Millionen Flaschen. Davon werden 60% exportiert. UNICOOP-Hauptkunden im Ausland: Belgien, Norwegen, Bundesrepublik, Finnland, Kanada, Schweiz, Schweden, Luxemburg, Großbritannien, Malaysia und Singapur, Italien, Dänemark, Japan.
Prince de Polignac: ★★★ (3 Jahre) / *VS* (4 Jahre) / *VSOP Fine Ch.* (7) / *Napoléon Fine Ch.* (20 Jahre) / *XO* (25 Jahre) / *Dynastie Grande Ch.* (40 Jahre)
Zu den Beständen des Restaurants «Tour d'Argent» in Paris gehört wahrscheinlich noch «Vintage 1904 – l'Entente Cordiale». Die UNICOOP liefert verschiedene Sondermarken an die gehobene und große Gastronomie, darunter den Cognac Paul Bocuse. Weitere Handelsmarken: *Vigier Latour* (VO / Réserve / Extra), *Lancrey, Henri Mounier, Grand Monarque, Casmèze, de Chabrac, J.-P. Mallet, Albert Martinaud, Le May, Rhéans, de Bonnefont, Valois, Unicovi, Château Gibeau, Cognac des Paysans Charentais, La Jasserie, Roland, Odéon, Grand Chevalier, Count de Beaufort, Canonnier, Grand Chambellan, Comte de La Fayette, De Pourvil, Laurent, Logis de Bonnefort, Marquis de la Fayette, Marquis Pierre de Villemin.* Cognac Bocuse wurde früher von *CROIZET-EYMARD* (s.d.) hergestellt.
Eckes Import, Bahnstraße 6, 6501 Nieder-Olm, Tel. 06136/353: Prince Hubert d.P.

UNICOVI: Unicoop

UNION CLUB: Frapin

UNION DES PROPRIÉTAIRES DISTILLATEURS: Salignac

UNION: Unicognac

UNIONA COGNAC: Salignac

VALAC: Confidentia

VALADON (Claude)
La Riverache, SW Ars
16130 Segonzac
45 82 62 96
Petite Champagne
Cognac Sélection

VALLARY (P.): Royer

VALLEROY: Unicognac

VALOIS: Unicoop

VANNIER (A.): Gautier/Aigre

VAUCELLE (A.): Royer

VÉNÉRAND (G.): Salignac

VERON: du Veron

VERSAYES: Gautier/Aigre

VERSENNES: s. Séguinot

VEUVE MACHET: *Gautier/Aigre*

VICE ROI: Unicognac

LA VICOMTESSE: de Foulhiac de Padirac

VIDEAU & CO: CCG

VIDEAU (Yvan Guy)
La Chefmalière
(kl. Geschäft auf dem Hauptplatz)
17310 St. Pierre d'Oléron
46 47 07 60
Bois Ordinaires
★ ★ ★ (4 Jahre) / *VSOP* (6★ Jahre) / *Napoléon* (10 Jahre)

VIEUXBOIZE C.V.L.S.
Siecq 17490 Beauvais s. Matha
Fins Bois
★ ★ ★ / *VSOP*

VIGIER LATOUR: Unicoop

VIGNELAC: Camus

VIGNOBLES DESTREILLES
(Robert Sauvaitre)
Le Maine Laure
Le Tâtre, NO v.
16300 Baignes-Ste.Radegonde
45 78 54 14
60 ha Petite Champ., Fins und Bons Bois
★ ★ ★ (3 Jahre) / *VSOP P.Ch.* (6 Jahre) / *Napoléon* (10 Jahre) / *Vieux Cognac* (mehr als 30 Jahre)

VIKING BRANDY: Larsen

J.M. VILLARD & CIE: Brugerolle

VINET (Guy)
Belle Isle, W v.
Brie-sur-Archiac
17520 Archiac
46 49 11 66
Petite Champagne
VSOP (10 Jahre)/*Hors d'Age* (40 Jahre)

VITAL (C.): Royer

VITICULTEURS SAINTONGEAIS: *Puy Gaudin*

VIVIENNE & Co: Gautier/Aigre

VOLLAUD (Gérard)
Chez Boursac, NW v.
Ars
16130 Segonzac
45 820101
Petite Champagne
Sélection (★ ★ ★, 4 Jahre) / *VSOP* (6–8 Jahre) / *Napoléon* (10 Jahre)

VRILLAUD (J.): Gautier/Aigre

WILDMAN (Frédérick) *& FILS:* Courvoisier

WINDHAM & COMPANY EXPORTS
Old Market Place,
Altrincham
Cheshire WA 14 4DG
(61) 9 28 94 16
Weinhaus, das uralte und alte Cognacs führt. Kontakt auch durch A + H. Segnitz, Löwenhof 2, 2800 Bremen 1, Tel. 04 21/38 80 07

YUAN YANG: Prunier

YVON: Gautier (Aigre)

Empfehlungen

Restaurants, auf die in diesem Buch wegen ihrer Cognac-Auswahl besonders verwiesen wird (siehe Kapitel «Cognac International»):

Restaurants, die wegen ihrer Cognacs an anderer Stelle erwähnt werden:

Geschäfte, auf die in diesem Buch wegen ihrer Cognac-Auswahl oder ihrer Cognac-Eigenmarken besonders hingewiesen wird:

Bundesrepublik:

Schweiz:

Großbritannien:

In diesem Buch verzeichnete Importeure

Alte Cognacflasche aus dem Museum

Partnerschaften zwischen Gemeinden des Cognac-Gebietes und der Bundesrepublik

Aigre – Fahrenkrug

Angoulême – Hildesheim

Barbezieux-St.-Hilaire – Wolfratshausen

Bourcefranc-le-Chapus (gehört zu Marennes) – Rheinbrohl

Boutiers – Bergtheim

Châteauneuf-sur-Charente – Alfter

Insel Ré: Ars und Saint Martin de Ré – Philippsburg

Jarnac – Lautertal (Odenwald)

Le Gua – Philippsburg-Huttenheim

Montendre – Sulz am Neckar

Rouillac – Wiesentheid

Royan – Balingen

Ruffec – Waldsee

Saint Trojan-les Bains – Seeshaupt

ANHANG

Kochen mit Cognac

Cognac spielt auch in der Küche eine vortreffliche Rolle, als Veredeler von Fisch- und Fleischgerichten und Saucen, ganz besonders aber für Desserts. Daß gute Gänseleber in ihren kalten Zubereitungen mit gutem Cognac angesetzt wird, ist wohl bekannt. Geflügel, aber auch Hummer, Langusten und Grillfleisch können nur besser werden, wenn man sie mit Cognac flambiert (in der Küche, nicht am Lokaltisch, und fast nie am Ende der Zubereitung, sondern kurz vorher). Saucen finden sich ergötzlich verändert, wenn man ihnen neben Eidotter Crème fraîche und Cognac zugibt. Bei Mayonnaise läßt sich der Essig oder die Zitrone durch Cognac ersetzen, allerdings darf man dann nicht so viel Senf einrühren. Auch Schmorfleisch bekommt es gut, wenn Cognac im Fond vertreten ist. Viele Tatar-Zubereiter rühren einen Schuß Cognac in ihr Hack, sie wissen schon, warum.
Auch Fischsud wird durch Cognac interessanter, und das gilt auch, wenn Sie Fisch in der Folie garen wollen: etwas Cognac bekommt ihm (und seiner Kräuterbasis) sehr;

Weinlandschaft in der Grande Champagne

Cognac Marett von 1822 aus der Privatsammlung von Jürgen Schmidt

natürlich darf es nur eine Winzigkeit sein, sonst beeinträchtigen Sie den zarten Fischgeschmack.
Wie gewaltig Cognac den Geschmack von Desserts verbessern kann, braucht man eigentlich kaum zu erwähnen. Ein paar Spritzer auf Erdbeeren oder in den Saft von gekochten Früchten, etwas mehr zum Flambieren der berühmten Crêpes Suzette; Cognac in bavaroise oder anderer Crème, nicht zu sprechen von Mousse au chocolat, von Kuchen- und Tortenteig; ziemlich viel (etwa ein Fünftel) in Sabayon... Ihr Nachtisch wird triumphieren, und Sie mit ihm. Ganz zu schweigen natürlich von eingelegten Früchten in Cognac, die denen aus dem Rum- oder Armagnactopf durchaus ebenbürtig sind, wenn nicht überlegen.
In der Küche, besonders für die Desserts, sollten Sie übrigens (anders als beim Cocktail) eine höhere Cognac-Qualität nehmen: mindestens den VSOP einer renommierten Marke, von weniger bekannten Supermarktcognacs lieber gleich den Napoléon. Man schmeckt den Unterschied. Nur die ganz alten, erlesenen der Spitzenstufe passen nicht. Ihr breites Spektrum feiner Nuancen würde in Verbindung mit anderem, ob süß oder nicht, nicht zur Geltung kommen und wäre dann glatt verschwendet – nicht nur vom Geschmack her, sondern auch vom Preis.

Mixen mit Cognac

Je besser der Cognac, desto besser schmeckt er pur, allein, unverdünnt, unvermischt, ob nach dem Essen mit Kaffee oder noch etwas später, vielleicht zur Zigarre; diese Kombination hat Winston Churchill immer wieder demonstriert. Die außerordentliche Länge des Geschmacks von altem Cognac macht diesen auch in kleinen Mengen zu einem long drink, einem langen Getränk.
Doch warum sollte die kräftige, feine Art dieses Brandes ihre gute Rolle nicht auch bei Mischungen spielen? Bei Apéritifs und Cocktails, deren Liebhaber mehr von ihnen verlangen als nur neutralen alkoholischen Geschmack, und auch bei Erfrischungsgetränken, aber auch bei der einen oder anderen Waffe gegen Kälte?
Im Lauf der Zeit haben die Freunde von Bargetränken und einfacheren Hausmitteln eine stattliche Liste von Drinks entwickelt, in denen Cognac als wichtigster Bestandteil seine unnachahmliche Rolle spielt. Im Folgenden zitiere ich ein paar Beispiele, vom Einfacheren bis zur Mischung mit mehreren anderen alkoholischen Getränken. Dabei bedarf der durstlöschende Cognac mit Wasser, in Frankreich meist als «Fine à l'eau» bezeichnet (was eigentlich falsch ist, da «fine» keineswegs automatisch Cognac bedeutet, sondern auch einfacheren Bränden gilt) wohl keiner Beschreibung mehr – Wasser oder Soda nach Belieben, mit oder ohne Eiswürfel. Etienne's (von Courvoisier) erfrischenden Cocktail habe ich schon im Kapitel «Wann man Cognac trinkt» beschrieben. Zur Erinnerung: 1 Teil Cognac, 1 1/2 Teile reiner Orangensaft, 1/2 Teil reiner Grapefruitsaft – gut mixen, auf Eiswürfeln servieren. Etienne meint, wenn man sich die Mischung gleich flaschenweise zubereite, könne man sie einige Wochen lang im Eisschrank bewahren, sie halte sich gut.

Cognac im «Eiffelturm»

Die folgenden Rezepte sind durchweg Standards. Wenn man die Mischverhältnisse wesentlich verändert, erhält man Cocktails, die anders heißen müßten, aber nicht unbedingt weniger gut schmecken. Im allgemeinen genügt es, Cognac der ★ ★ ★ Qualität zu nehmen.

Starter:

Eiswürfel – 4 Teile Cognac – 6 Teile Apfelsaft – 2 Teile Zitronensaft. Zitronenscheibe dazu.

Cognac Eggnog:

8 cl Cognac – 3 od. 4 Eidotter – 2 Eßlöffel Zucker. Eidotter mit Zucker schaumig schlagen, dann Cognac unterziehen. In große Gläser, Zimt oder Muskatnuß drüberstreuen. Für drei oder vier.

Cognac Toddy:

8 cl Cognac – 4 Teelöffel Zucker – 4 Zitronenscheiben, für vier Gläser, mit heißem Wasser auffüllen.

Dry French:

2 Teile Cognac – 1 Teil Noilly Dry – Spritzer Angostura – Eis. Mit Zitronenschale dekorieren.

Cognac Fizz:

3 Teile Cognac – 5 Teile Zitronensaft – 1 Teelöffel Zucker – schütteln, filtern. In großes Glas mit einem Eiswürfel; etwas Sodawasser hinzugeben.

Cognac Collins:

wie Fizz, großes Glas mit Sodawasser füllen, Zitronenscheibe dazu, obenauf eine Maraschinokirsche.

Cognac Sour:

Eis – 3 cl Cognac – Saft einer Zitrone – Saft einer halben Orange – 1 Teelöffel Zucker. In Portweinglas, Orangenscheibe darauf.

Nikolaschka:

2 cl Cognac im kleinen Glas, Zitronenscheibe auf den Glasrand – Teelöffel Zucker auf die Zitrone. Diese im Mund kauen und Cognac drübertrinken.

Cognac Daisy:

Je 4 Teile Cognac – Zitronensaft – Grenadinesirup. Auf viel zerstoßenem Eis kräftig schütteln, in Sektschalen mit Soda auffüllen, Maraschinokirschen hinein.

Cognac in der «Fischerkugel» von Gautier

Cognac Cooler:

8 Teile Cognac – 3 Teile Grapefruitsaft – mischen, auf Eiswürfel in großes Glas geben, mit Ginger Ale auffüllen.

Grapebrand:

Eis – 3 cl Cognac – 3 cl roter Vermouth – Saft einer halben Grapefruit – Spritzer Angostura. Gut schütteln.

Harvard:

1 Teil Cognac – 1 Teil süßer Vermouth – Spritzer Angostura – etwas Zucker, Zitronenscheibe.

Sidecar:

1 Teil Cognac – 1 Teil triple sec weißer Curaçao – 1/2 Teil frischer Zitronensaft. Eiskalt servieren. Wird auch mit Cointreau anstelle von Curaçao gemacht.

Cognac Shake:

1 Eigelb – 4 cl Cognac – 2 Teelöffel Sahne – 2 Teelöffel Zucker. Auf Eis im Mixer schütteln. Etwas geriebene Muskatnuß aufs gefüllte Glas.

Rudolph Pick-me-up:

3 cl Cognac – Saft einer halben Orange mit Eis schütteln. In Champagnerglas mit Champagner auffüllen.

Café Charentais:

4 Teile Cognac – 2 Teile Zucker in hitzefestes Glas, erhitzen, anzünden, mit heißem starkem Kaffee auffüllen, geschlagene Sahne darauf.

Altes Werbeplakat für Cognac Otard

Glögg (schwedischer Punsch) für mehrere:

1 Flasche Cognac – 100 Gramm Zucker – 1 Dutzend Nelken – 1 Stange Zimt – 1/2 l Sherry. Cognac mit den Gewürzen heiß machen (nicht aufkochen lassen), dann den (nicht erhitzten) Sherry hineinrühren. In warmen Trinkkrügen reichen, ein paar Rosinen und (ungesalzene) Mandeln zugeben. Vortreffliches Wintergetränk für Verfrorene... Anstelle des Sherry kann auch Portwein oder Madeira genommen werden oder auch roter Bordeaux.

Old Fashioned:

3 Teile Cognac – 1 Teil Curaçao – 2 Teile Zucker – einige Spritzer Angostura – Zitronenschale. Zucker in 3 Teilen kochenden Wassers auflösen, Zitronenschale hinein, abkühlen. Das übrige mit etwas Eis hinzufügen, gut schütteln, Zitronenschale rausnehmen, mit Soda auffüllen.

Coffee Cooler:

3 Teile Cognac – 3 Teile starker schwarzer Kaffee – 1 Teil Curaçao – 1 Teelöffel Zucker. Sollte eine Weile im Kühlschrank stehen.

East India:

6 Teile Cognac – 1 Teil Curaçao – 1 Teil Ananassaft – 1 Spritzer Angostura. Streifchen Zitronenschale.

Stinger:

2 Teile Cognac – 1 Teil weiße Crème de Menthe. Im Glas verrühren.

Tantalus:

1 Teil Cognac – 1 Teil Passionsfruchtlikör – 1 Teil Zitronensaft. Im Mixbecher.

Banana Bliss:

1 Teil Cognac – 1 Teil Bananenlikör. Im Glas verrühren.

Fern Ost:

4 Teile Cognac – 1 Teil Curaçao – 2 Teile Ananassaft – Spritzer Angostura. Mit Eiswürfeln lange schütteln. Cocktailkirsche dazu.

Bermuda Highball:

3 Teile Cognac – 2 Teile Gin – 1 Spritzer Orangenbitter. Mit Eiswürfeln verrühren, in großem Glas mit Ginger Ale auffüllen. Orangenscheibe.

Coofee:

1 Teil Cognac – 2 Teile Portwein – 2 Spritzer Curaçao – 1 Eidotter. Im Mixer.

Frankie Boy:

2 Teile Cognac – 2 Teile Grand Marnier – 2 Teile Zitronensaft. Mit Eiswürfeln lange schütteln. Mit Sekt auffüllen. (Grand Marnier enthält selbst schon Cognac).

Mazzagran:

3 Teile Cognac – 1 Teil Maraschino – 2 Teelöffel Zuckersirup – 1 Spritzer Angostura. Auf Eiswürfeln mit kaltem Kaffee auffüllen. Etwas gestoßene Nelke darüberstreuen.

Kalter Kuß:

3 Teile Cognac – 3 Teile Eierlikör, im Mixbecher mit 3 Eiswürfeln und 2 Eßlöffeln Vanilleeis. Nach Mixen im Glas mit Sahne bedecken, darauf Schokoladensplitter.

B & B:

1 Teil Cognac – 1 Teil Bénédictine in vorher geeistem Likörglas. B & B wird auch von der Firma Bénédictine fertig hergestellt, wobei das zweite B dann «brandy» bedeutet.

Champs Elysées:

3 Teile Cognac – 1 Teil Bénédictine – 1 Teelöffel Zitronensaft – Spritzer Angostura; mit gestampftem Eis mixen.

Lebensretter:

1 Teil Cognac – 2 Teile Portwein – Zucker. Heißmachen. Es ist klar, daß es sich um ziemlich große Teile handeln soll.

Altes Werbeplakat für den Export nach Mexiko

Wasserbombe:

3 Teile Cognac – 2 Teile Calvados – 2 Teelöffel Grenadinesirup – 1 Teelöffel Zitronensaft. Mit Eiswürfeln lange schütteln.

Chanteloup:

1 Teil Cognac – 1 Teil Noilly dry – 1 Teil Noilly rouge – 1 Schuß Crème de Cassis. Auf viel Eis, mit einer Zitronenschale und einer halben Orangenscheibe.

Chocolate Soldier:

1 Teil Cognac – 1 Teil Crème de cacao – 1 Teil Vermouth – 2 Spritzer Bitter orange. Im Mixer.

American Beauty:

1 Teil Cognac – 1 Teil trockener Vermouth – 1 Teil Orangensaft – 1 Teil Grenadine – 1 Schuß weiße Crème de menthe – ein Tropfen Portwein.

Bombay:

2 Teile Cognac – 1 Teil trockener Vermouth – 1 Teil süßer Vermouth – zwei Spritzer Curaçao – 1 Spritzer Anis. Auf Eiswürfel im Glas mischen.

Carnival:

1 Teil Cognac – 1 Teil Aprikosenlikör – 1 Teil Quinquina – 1 Teelöffel Orangensaft. Mit Eis im Mixer.

Champagner Cup für mehrere:

2 Teile Cognac – 2 Teile Curaçao – 1 Teil Maraschino – 1 Teil Vermouth – 1 Teelöffel Puderzucker – 1 Flasche Champagner. Auf gestoßenem Eis in großen Gläsern, dekoriert mit Orangen-, Zitronen- und Ananasscheiben, etwas dünner Gurkenschale und einigen Minzeblättern.

Index

Namen, die als Hauptbegriffe im ABC auftauchen, also dort leicht zu finden sind, haben wir nur in dieses Register aufgenommen, wenn sie außerhalb der Cognac-Karten und des ABC vorkommen oder dort nicht unter ihrem Stichwort (Ausnahme: Restaurants, deren Karten wir vorstellen).

Stilleben bei A. E. Dor

1874
P.chot
Bégouin
de
Réaux

Schon historische Vorräte in einem Chai von Hennessy

Bücher für Feinschmecker

TOULOUSE-LAUTREC / MAURICE JOYANT
Die Kunst des Kochens

Ein bibliophiles Meisterwerk – endlich wieder lieferbar. Über 200 Rezepte der klassischen französischen Küche, von Horst Scharfenberg übersetzt und bearbeitet, illustriert mit ungefähr ebenso vielen meist farbigen Reproduktionen und Menükarten – alle von Toulouse-Lautrec! Ein wertvoller Koch-Kunst-Band für Feinschmecker, Liebhaber und Sammler. 164 Seiten und 32 mehrfarbige Menükarten, in Leinen gebunden.

Armagnac

von Jean und Georges Samalens/Horst Scharfenberg. Heimat und Entstehung des Armagnac, Land und Leute, typische Rezepte der Gascogne. Ein kulinarischer Reiseführer und ein fundiertes Fachbuch über Herstellung, Lagerung, Pflege und Genuß dieses exquisiten Getränks. Silbermedaille der Gastronomischen Akademie! 87 Seiten, viele Abbildungen.

Cocktails, Drinks & Longdrinks
Die Welt des Cocktails

Von Gino Marcialis und Dario G.C. Querini. Das Barbuch, in dem jeder Drink farbig fotografiert ist. Von Bild zu Bild findet man phantasievolle Serviervorschläge und Dekorationsideen. Jedes Rezept ist gut verständlich beschrieben und leicht zu mixen. Gino Marcialis, der international renommierte italienische Barmeister präsentiert rund 200 Mixdrinks mit vielen Tips, Erfahrungen und allem Wissenswerten für die perfekte Bar. Ausführliche Beschreibung der über 30 Drinks-Kategorien, internationales Produktglossar und übersichtliche Gläserkunde «Welcher Drink in welchem Glas?». 144 Seiten, 110 Fotos, Großformat 27 × 20 cm. Glanzeinband oder *Luxusausgabe* in Ganzleder und repräsentativer, hochwertiger Ausstattung.

Liköre – hausgemacht

von Claus Arius. Rund 100 Rezepte für fruchtige und würzige, süße und bittere Liköre. Alle Handgriffe, Geräte und Techniken werden in Wort und Bild genau beschrieben. 151 Seiten mit 12 Farbtafeln.

Großtante Hortense
Bowlen, Punsche & Amouren

von Leonhard Reinirkens, illustriert von Tony Munzlinger. In jeder Hinsicht hochprozentig sind die Amouren der Großtante Hortense und ihre Erfolgsrezepte für Punsche und Bowlen: süffige Kompositionen, pikante Geschichten, lockere Illustrationen. Geschenkband mit 160 Seiten und rund 30 Illustrationen.

Fred Metzlers
Kulinarisches Lesebuch

Literarische Würzmischung mit Zutaten von Peter Bamm, Günter Grass, Rudolf Hagelstange, Roda-Roda, Joseph Wechsberg und anderen Feinschmeckern. Amüsante Lektüre für Genießer, Fundus für Tischreden, Quintessenz zahlloser Rundfunksendungen des beliebten Moderators. Geschenkband, 76 Seiten.

Die Sprache der Küche

von Herbert Birle. Verbesserte Neuauflage. Ein kulinarisches Lexikon für Gastrosophen und Gourmets mit rund 5500 Stichwörtern. Die wichtigsten Fachausdrücke und Gerichte der nationalen und internationalen Küche. Unentbehrlicher Führer durch Speisekarten und Feinkostgeschäfte. Ca. 500 Seiten.

Köstliche Kräuterküche

von Horst Scharfenberg. Vom Pflanzen und Pflegen, Zubereiten und Genießen. Feinschmecker-Rezepte mit Kräutern. 167 Seiten mit 12 Farbtafeln.

Stuttgarter Kochkolleg
Das schwäbische Vesper

vorgestellt von Josef Thaller. Mit Radierung von Simon Dittrich und Fotos von Edith Gerlach. 20 der besten schwäbischen Köche servieren Hausgemachtes aus alten Bauern-, Handwerks- und Pfarrhäusern. 261 bodenständige Vesperrezepte für Handwerksmeister und Bauleut, für Wengerter und Bauern, Bäcker und Metzger, Wirt' und Köch', Angler und Jäger, für Beamte und Pfarrer und ganz besonders für schöne Schwäbinnen! 160 Seiten mit vielen Abbildungen.

Stuttgarter Kochkolleg
Die neue schwäbische Küche

vorgestellt von Josef Thaller. Neue Regionalküche im besten Sinne: Leichter, frischer, gesünder und voller Phantasie. Anspruchsvolle Kreationen von 24 der besten Köche zwischen Hohenlohe und Bodensee. 160 Seiten mit vielen Farbtafeln und Zeichnungen. Silbermedaille der Gastronomischen Akademie Deutschlands!

Küchengeräte um 1900

von Brigitte ten Kate-von Eicken.
240 Schwarz-Weiß-Fotos und 40 große Farbtafeln zeigen Hunderte der schönsten Küchengeräte aus den Anfängen industrieller Serienfertigung. Ein prachtvoller Bildband für Sammler und Genießer.
Wertvolle Geschenkausstattung, Leinen im Schuber.

Email für Haushalt und Küche

von Brigitte ten Kate-von Eicken.
Ein Bildband für Genießer und ein Nachschlagewerk für Sammler: Herstellung und Geschichte, Materialien und Dekor, Technik des Emaillierens, Reinigen, Restaurieren, Ausstellen, Literatur und Museen.
192 Seiten mit 32 Farbtafeln und ca. 150 Fotos.

Alle angezeigten Bücher erhalten Sie in Ihrer Buchhandlung. Sollte ein Titel nicht vorrätig sein, kann er von Ihrem Buchhändler kurzfristig besorgt werden. Prospekte und Informationen erhalten Sie vom

HÄDECKE VERLAG

D-7252 Weil der Stadt

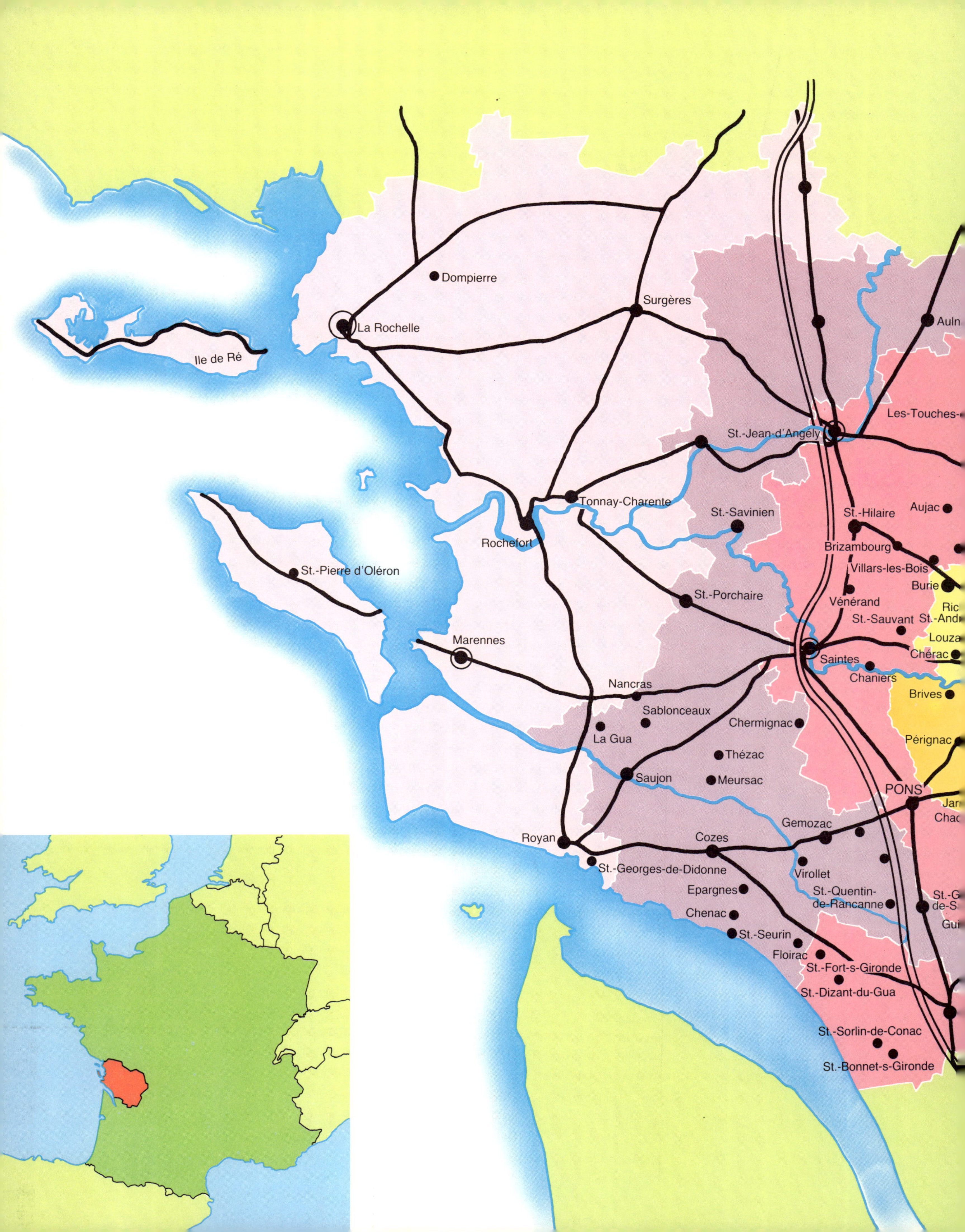
Dompierre
Surgères
La Rochelle
Ile de Ré
Auln
Les-Touches-
St.-Jean-d'Angély
Tonnay-Charente
St.-Savinien
St.-Hilaire
Aujac
Rochefort
Brizambourg
Villars-les-Bois
Burie
St.-Pierre d'Oléron
St.-Porchaire
Vénérand
Ric
St.-Sauvant
St.-Andr
Louza
Marennes
Saintes
Chérac
Chaniers
Nancras
Brives
Sablonceaux
Chermignac
La Gua
Pérignac
Thézac
Saujon
Meursac
PONS
Jar
Chac
Gemozac
Royan
Cozes
St.-Georges-de-Didonne
Virollet
Epargnes
St.-Quentin-de-Rancanne
St.-G de-S
Chenac
Gui
St.-Seurin
Floirac
St.-Fort-s-Gironde
St.-Dizant-du-Gua
St.-Sorlin-de-Conac
St.-Bonnet-s-Gironde